一个叫『西位』的地方

西南位育中学
三十载办学实践

上海市西南位育中学 编

学林出版社

中和位育，完美发展

　　上海市西南位育中学（以下简称"西南位育"或"西位"）办学进入了而立之年，学校请我为校庆纪念册作序，为此我阅读了《一个叫"西位"的地方——西南位育中学三十载办学实践》（以下简称《三十载办学实践》）。读着这些篇章，我的思绪回到了三十年前的那段岁月。那时我在徐汇区教育局工作，百姓对优质教育资源的渴望空前强烈，如何提供优质教育资源增量，满足百姓上好学校的需求，是放在当局者面前的重大挑战。我们聘请了一批刚退休的老校长，给了他们几栋刚建成的公建配套校舍和一些当年被允许的集资政策，短期内一批被社会认可的好学校涌现出来了。西南位育正是这批生逢其时、应运而生的好学校的代表。

　　办学规律告诉我们，一个好校长就是一所好学校，西南位育的成形和发展，得益于老校长的运筹帷幄。建校之初，庄中文校长提纲挈领提出"中和位育"的办学理念，设定"追求完美，力求发展"的校训，倡导"高雅务实"的校风，带领干部教师纲举目张、埋头苦干、扎实前行。在建校短短几年内，西南位育就创出了名气、赢得了口碑，由于校风好、质量高，社会信誉日增。

　　循着脉络，我也看到了"传承接棒"的校领导张建中和金琪，他们带领师生以"凝练中和位育文化　激发师生成长自觉"为办学导向的核心要义，逐渐形成了办学新格局，使办学继续保持着良好的发展势头，保持了学校在本市民办高中里质量的鳌头地位，口碑也越来越好。

徐汇区域内的中小学校，不乏百年老校，西南位育只能算是新生代的学校。可是对于这样一所盛载着社会声誉、新崛起的民办学校，我们这代教育人是眼看着它出生、成长、壮大的，对它的办学的成功得失，更觉得有给予关注和观察的价值。

西南位育中学办学者们深谙用好民办学校特有优势、实现跨越式发展的真谛，在《三十载办学实践》中，他们的与众不同的见解和办法，令人印象深刻。

三十年磨一剑，西南位育中学从哲学的层面，提出了"中和位育"的办学理念。阅读老校长亲自撰写的校本读物，可以看出，他对办学理念的诠释，是对中华传统教育思想的深刻把握，是对育人规律的透彻理解。他的字里行间演绎着办学育人所要遵循的原则：立身处世的道德标准、待人处事的思维方法、修身养性的修炼途径、顺畅发展的环境氛围。

三十年磨一剑，西南位育中学从心理的层面，提出"氛围建设"的校园文化建设思路。从"西位故事"和"西位记忆"大量的记载中，我们看到西南位育人坚持"视氛围为生命"的信念，即办学要营造学校独特的氛围。三十年来，学校坚持倡导建立"清正公道，团结合作；坦诚相见，换位思考；成人之美，助人成功；敢于担责，学会感恩"的集体氛围、教学氛围、工作氛围。用情感纽带，调适

"忙并快乐着"的情绪心态。这种人际关系、情感纽带、情绪心态，体现西南位育人和谐积极的人文价值观，也是校园文化的特质。

三十年磨一剑，西南位育从唯物辩证法的层面，来育人处事，使学校上下始终保持政通人和、心齐气顺的状态。《三十载办学实践》用了许多篇幅反映西南位育中学在领导、管理和服务方面，讲求科学性、原则性、艺术性和人性化。比如老校长在培训干部时，讲"用心讲究方法，力争妥帖办事"，用了大量的道理和案例，以如何扬长避短、活血化瘀、刚柔相济、外圆内方、适度妥协、以虚带实等辩证方法，做好师生的疏导化解工作。比如党建方面，为了避免"两张皮"现象，党委把"三驾马车"变成"三马驾车"，使党组织真正成为办学的动力引擎，党政工作无缝衔接，党政群关系融洽、机制耦合、配合默契。比如在学生培养目标设定方面，学校以对孩子一生负责为出发点，提出打好身心健康的基础、终身学习的基础和走向社会的基础。比如在课堂教学领域，学校提出三性（科学性、针对性、有效性）、三课（新授课、复习课、讲评课）、三题（例题、习题、考题）、三变（变教师为导师，变讲台为师生同台，变解惑为激疑引思），这些实在的举措，有效地保证了教学质量提升。

到了建校的第三十个年头，这把舵传到了陈勇、金琪这一届的班子手里。现在的西南位育已经发展成为拥有3个校区、80多个教学班、3500余名师生的大型民办完中。学校有过去三十年的成功经验作为基础，有"中和位育"办学理念引领，要与时俱进，追求完美，力求发展，把创建特色普通高中作为新的起点。西南位育要研究社会、家长对优质教育的需求，分析公立校办学存在的局限，利用好民办校特有的优势，办特色项目，育特长学生，继续保持与公立办学互为补充的态势。

展卷细读，掩卷深思，这本书既是一部办学史、一本经验集，也是一部方法论案例汇。搞教育办学校是一项高尚的事业，可落到实处又是具体的一堂堂课、一项项活动、一道道题目、一句句劝导。它不需要深奥高调，翻新花样，需要的是返璞归真、不忘初心，兢兢业业、埋头实干。西南位育过去的三十年是这样过来的，希望西南位育的未来，能继续在"致中和，天地位焉，万物育焉"思想引导下，摆正位置，实现生长发育、发展化育、万物并育的教育使命。

李骏修

上海市教育委员会原副主任、上海市徐汇区教育局原局长

2023 年 8 月

中和立校
以启山林

成长自觉
薪火相传

继往开来
再筑华章

浅说
"中和位育"

庄中文

　　"中和位育"是中华传统文化中关于律己修身、待人处事、齐家治国等方面的一个极重要的思想方法和道德标准，是儒学学说的一个核心理念。根据"古为今用""传统、现代、现实"相融合的原则，我们尽力用现代观念去诠释"中和位育"，扬其精华，弃其糟粕，并把它作为我校一个重要的办学理念。我曾在建校第三年（1996 年 8 月）为我校写过《致中和，天地位焉，万物育焉——关于校名的来历》一文，现在建校已三十年，我也已成为进入 90 岁的蹒跚老人，趁思维虽已糊涂但尚未完全糊涂的时候，再整理一份《浅说"中和位育"》。因为我是一个中学的基层实际工作者，缺乏探讨儒家学说的功力，所以只能从基层工作实践的视角与感受浅浅地说一些我对"中和位育"的理解，其中必有"不妥""不准""不全"以及"不合乎学术规范"之处，请指正与补充。我的文字功底也很浅，表述得冗长而枯燥，能力有限，只能致歉了，敬请大家运用各自的智慧，以生动的文采来阐述"中和位育"的内涵及其应用。

一、出处

　　早在五千多年以前，尧传禅给舜时，在庭上告诫舜，曰："允执其中"；后来，舜禅让给禹时，也在庭上告诫禹，曰："人心惟危，道心惟微，惟精惟一，允执厥中。"（允：诚信、公平、公正、真诚。执：掌握、坚持、施行、执行。其：这。厥：这。中：中和之道。惟：只有。危：凶险、多变。道：自然规律。道心：为与前句"人心"在文字上对应，写为道心。微：微妙、幽微、细微，难以轻易明白。精：精神专注。一：一心一意。）这被称为"虞庭十六字心法"，意思是：人心是凶险的、多变不测，道心是玄微的，难以明白，我们只有精心专注，一心一意，真诚地去把握与执行这个"中"。

三千多年前的《易经》，一个重要思想是求中贵和，不走极端，避凶趋吉。

两千五百年前，孔子提倡"中庸"。庸：用也，常也。也就是说，平常、时时处处要用好"中和之道"。

孔子的孙子子思著有《中庸》一书。《中庸》开宗明义写了两段话。第一段："天命之谓性，率性之谓道，修道之谓教。道也者，不可须臾离也，可离非道也。"（天命：自然界赋予人的秉性。性：天性。率：遵循。道：自然的普遍规律，天性自然的道理。修道：修身养性。教：教化。须臾：片刻。）这段话告诉我们："中和位育"是符合人性的、符合天道（自然规律）的，是片刻不能离的。第二段："喜怒哀乐之未发，谓之中；发而皆中节，谓之和。中也者，天下之大本也；和也者，天下之达道也。致中和，天地位焉，万物育焉。"（未发：没有显露出来，或虽有表露，但没有任何失度出格的地方。

皆：都，指方方面面，或指一贯如此。中节：适度，符合礼仪准则。皆中节：从方方面面去看，都适中。大本：天下最大的根本。达：通达、发达。道：道路、道理。达道：四通八达的康庄大道，或是天下普遍通行的准则与道理。致：做

▲ 校园文化三景之中和位育石

到很细致、很精致的程度。育：生长发育、发展化育、孕育、培育、训育、养育，万物并育、生生不息。）子思用人们的情绪表露作比喻来定义"中"与"和"，说明我国两千四百多年前的古人已十分重视人们的情绪管理。

"致中和，天地位焉，万物育焉"，人们把中和之道做到精致、细致、极致的程度，那么天、地、人的位置就摆正了，这样就能辅助天地化育万物了，万物就能生长发育、发展化育、生生不息了。"中和位育"一词出之于此，"位育"校名来之于此。勉励我校师生，要在"致中和"指导下，摆正位置，实现生长发育、发展化育、万物并育的使命。

子思用"中和位育"四字正确而具体地表述了"中庸"一词，这样就大大有利于我们去学习理解与实践运用"中庸"的思想方法及道德标准了。

宋代大思想家程颐评论《中庸》一书，曰："其味无穷，皆实学也。善读者玩索而有得焉，则终身用之，有不能尽者矣。"（实学：实实在在的大学问。玩索：体会探索。不能尽：一辈子也受用不完。）

在我们现在所处的新时代，党中央把"和谐"列为社会主义核心价值观之一，提出"人类命运共同体"的理念。从尧舜至今，"致中和"成为中华民族的一个特性。我们要本着"弘扬传统美德，培育时代新人""古为今用"的原则，将传统、现代、现实相融合，扬其精华，弃其糟粕，以习近平新时代中国特色社会主义思想为指导，用辩证唯物主义观点去学习与运用"中和位育"理念，为把我校办成"百年老校"奠基。

二、涵义

（一）"中"

1."中"的含义

"中"是一个多义词，在"中和位育"一词中，有些"中"的含义是不适用的，我认为适用的有如下三点：

（1）"在一定范围""在两端之间"

"在两端之间"指在最低端"A"与最高端"B"之间，即 A（底线极限）≤ 中 ≤ B（顶点极限），类似数学上的定义域，例如在校中、在班中、在家中。

我们在关心、思考、处理某个事物或某个事物的一个侧面时，首要的是搞清楚这件事（或这件事的某一个侧面）的最低极限与最高极限的两个端点。我们只能在"两极之间"的范围内思考与运作。如此做了，虽然还会发生诸多不够妥帖的地方，但至少不会犯颠覆性的大错。在特殊的条件下，我们可以而且必须做到"极"（最低极或最高极），例如日常生活中需要冰块或蒸气时，就将水温调到 0 ℃ 或 100 ℃。在类似这样的"特殊情况"下，到"极"才是适合的，但不要超过极。在通常情况下，要"抱残守缺""示弱守拙"，不要"锋芒毕露""盲目攀比""好走极端"，因为"月满则亏，水满则溢"。最好的状态是"月将圆而未全圆，花已开而未全开"之时。那些"急功近利""恃强好斗""好走极端"者，都不会长久，往往都是轰轰烈烈开始，"一地鸡毛"收场。戒之，戒之！

（2）"适合""适宜""恰到好处""无过无不及"

"适合的才是最好的"，我们把它称之为"中"，例如中意、中看、中听、中用、中肯。

中意：适合心中的意愿。中看：看着很舒服、很合意。中听：听着很舒服、很合意。中用：用着很合适，能顶事。中肯：讲得很适合、很真诚，切中要害。总之，适合、恰到好处称为"中"。

上述第一点讲了"中"是在一个事物两极之间的范围内，但这个"一定范围"比较宽广，还必须找到该事物的要害、该事物的"恰到好处"的平衡点（或一个很小的区段）。这是"中"的第二个含义。

（3）"正对上""恰好合上""射中""切中要害"

因为世界是普遍联系和变化发展的，人们会受到成见、偏见、情绪、私利等干扰，因此必须通过认真地探索思考与不断地修正调节，才能把握那个"恰到好处、不偏不倚、无过无不及"的适中点，力争中到这个"标的"。这是一个"求中"的过程。整部《易经》讲的就是如何在各种情况下"求中"。

我认为"中和位育"的"中"，含有上述三个涵义。"中和位育"的"中"，不是有关中字的所有字义都可适用的，而是有"特定含义"的，主要是指：在一个事物（或一个事件）的最低端底线与最高端极限的两端之间的那个最适宜、适合、合理、恰如其分、恰到好处、不偏不倚、无过无不及、最能使事物平衡发展的那个点（或短小的部位）。

中字还有其他一些含义，但不适用于"中和位育"的特定涵义。在"中和位育"一词中，"中"是一个判定词，不是一个数量词。

例如"与两端等距离"叫"正中"，"与四周等距离"叫"中心"。"正中"与"中心"虽有可能成为"适中点"，但概率很小。以一根金属棒为例，只有当整个金属棒同质、同密度、笔直无弯曲，截面同形、同面积，支架底部是水平面，外界风速、气温均匀而适当等许多条件全备时，正中点才能成为适中点。因此，"正中点"不能成为判定适中点的依据。有些人望文生义，认为正中才"合理、适中"；有些人则别有用心，用"折中"来混淆是非，糊弄群众，以掩盖其不负责任乃至圆滑奸诈的行为。

又如，中的字义里有"中游""中等""中不溜儿"等，这些完全不适用于"中和位育"里的涵义。中游、中等只是一个在周围同类的群体内相对而言的一个发展程度的表达，而不是一个判定是否"适中"的依据。我们根据党的路线、方针、政策、法规，用辩证唯物主义指导，在实践中努力"求中"，寻找种种相关的"适中点"，力求寻到合适的自我定位，以利于我们在学习与工作、合作与交往等方面选择最合适的目标、途径、方式、方法，帮助我们形成人心齐、发展顺、效益高、折腾少的良好局面，取得"力争上游"的最佳效果。

2. "中"的性质

"中也者，天下之大本也。"(《中庸》)

中是天下万物最大的根本，是正确践行"中和位育"的根本，是判断对与错、是与非的根本。如果偏心、偏激、过极了，或倚权、倚势、强横了，那么"和、位、育"都无从谈起，就会不断出问题，处处受损害。宋代大思想家程颐曰："正未必中，中则无不正也。"既中且正地律己修身、待人处事，才是天下最根本的立身处世之道。

（二）"和"

1. "和"的含义

和是指多个事物（或多因素、多系统、多部门、多方面、多方式、多方法）之间的和谐协调（包括有序配合、互尊互勉、互补互辅、交流互通、互进共成、合作共赢）。

2. "和"的特点

一是包容多样性。

万物并育，丰富多彩，才构成世界。有多种事物、多种思路、多种风格，就会有差别、有矛盾，就需要去协调，以求和谐，于是就必须讲究"和"。矛盾是事物发展的动力，而正确处理矛盾，创设和谐协调的局面，是事物发展的必要条件。

在多样性的相关事物之间，用智慧去异中求同、求同存异，建立一定范围、一定程度的和谐关系。多种不同才艺有序组成的团队才有力量；多种能力层次有序构成的群体才更稳定；多种不同风格的人员有序聚合的集体才有活力；多种不同智慧的巧妙凝聚才会使人聪明。西周时的史伯说："和实生物，同则不继。"实实在在的"和"，能万物并育、生生不息。追求千篇一律的同，必然死气沉沉，不能继续发展。所以要包容、尊重、珍惜与鼓励多样性，并能用智慧去找出多样性之间的相同点，构建和谐的关系。"和"是多样性的统一，一个单位的成员，在性格、爱好、能力、特点、优点、弱点等方面是不一样的，但在奋斗目标、主要理念、根本原则上是有一致共识的，这样才能组成一个和谐进取、生气勃勃的团队集体。"领导"的责任一是要"识人"，把准各人的长处与潜能；二是要做好"整合"工作，激活潜能，扬长互补。各美其美，美美与共。

二是互尊互勉。

每个人都有优点与缺点，无一例外，"天生我材必有用"。彼此要互相尊重，互相欣赏，真诚赞赏和虚心学习对方的优点长处，这样才能开始建立和谐协调的关系。人们的综合实力是有差别的，若综合实力相对强的人轻慢相对弱的人，那么照此逻辑，比你更强的人也轻慢你，如此一来，和谐的进程受阻塞，和谐的局面遭损害。其实综合实力相对比你差的人身上也有许多你所不及的长处和优点，互尊互勉、互帮互学才是正道，才是实现和谐协调的必要条件。

三是互补互辅。

主动配合、互补互辅是事物处于和谐状态的重要表现。"互补互辅"要适位而行，辅者要主动热情；受辅者要自觉自强，彼此共建同窗情谊，大家在互补互辅中共同成长。

四是交流互通。

大家在真诚交流沟通中增进彼此的了解、理解、谅解，进而渐渐地对相关问题形成一些共识，逐步建立和谐协调的关系。交流互通是创造"和谐协调"局面的重要途径。如果有情况不交流，有想法不沟通，彼此不互动，表面相安无事，实则心理距离很远，那就谈不上"和谐协调"了。

五是合作共赢。

互进共成、合作共赢，和谐协调才有基础。相互之间帮人进步、助人成功；合作愉快，相互共赢，不孤傲骄慢，也不自卑离群，人人惜缘积福，共进、共赢、共成。明代吕坤有言:"肯替别人着想,是第一等的学问。"

六是在通常情况下,为人要善和,心态要平和,待人要仁和,关系要温和,方法要柔和,刚柔相济,质刚用柔,说话时力求在内容、用辞、语气、声调、场合等方面做到得体恰当;在特殊条件下,"质刚用刚,以牙还牙"才是恰当的做法,当有了较好结果后,就应择机"见好就收",不要逞强。

要落实这六点,需要团队成员一起动手,做大量实实在在的细致工作,更需要全体成员律己修身,注重自我修养,单靠发号召和规劝大家要以"和为贵"是远远不够的。"和为贵",贵者宝也,应该用真心去万分珍惜;贵者重也,必须下功夫去共同营建。

3."和"的性质

"和也者,天下之达道也。"

多样化的事物之间既有差异又和谐协调,这为事物的继续发展创设了一个顺畅发展的好环境。"和"是大家公认的一个道德准则。

"和"是一个整体的"适中点""平衡点",它不是各相关个体"适中点"的叠加拼凑,各个体必须对自身原本的"适中点"作相应的调节,使之与整体的"适中点"相一致,才能实现"和",所以"和"是兼顾上下、左右、前后、内外、表里各种因素的"中","和"也是"中",是更大范围、更高层次的"中"。"中"与"和"是统一的,是一家。我们平时说的"中道"就是指中和之道。一个团队内的成员,在性格、爱好、能力、专长等方面是多样的,但在奋斗目标、主要理念、根本原则等问题上应是一致的。"中"与"和"是融合在一起的,中了才能和;和了就说明事物相关的方方面面对整体而言都做得较为"适中"。

因此,要紧紧依靠全校师生员工一起动手,不要光靠空泛地喊口号,而要切实具体地共同营建和谐温馨的氛围,创设和谐协调的环境。在事业发展、团队建设、个人长进、家庭生活等方面,都要防过极、避偏执,谨慎踏实地"求中""用中""贵和"，真诚自觉地反思微调、律己修身，共同努力营造一个和谐协调的良好局面，开辟一条顺畅通达的康庄大道。

有子曰："礼之用，和为贵。先王之道，斯为美，小大由之。有所不行，知和而和，不以礼节之，亦不可行也。"礼仪制度规则的运用，以和谐为最宝贵。过去君主的治国之道，也是以这个为最美好。无论是小事还是大事，都要遵循这一条原则。但是遇到不可行的时候，如果只知道和谐的重要性，为和而和，不用礼的准则去节制，也是行不通的。

（三）"位"

1."位"的含义

"位"即位置。"位置"的含义也是多侧面的，有方位、域位、岗位、职位、地位、学位、层位、辈位等。"位置"实际上是特定的时间、地点、条件下一个人所处的特定"位置"，他所担负的特定社会角色（所担负的特定责任和相应拥有的特定权利义务，以及必须遵守的相关法规纪律、道德原则、礼仪准则）。

"位置"问题是一个极关键的问题，一个人如果对自己所处的位置认识有偏，则其言语、行动、结果皆会有偏；如果认识有错，则言语、行动、结果皆会有错，乃至带来某些祸害。因此要时时刻刻告诫自己努力把"位置"问题处理得更好。我根据个人的肤浅认识，罗列如下九点：

（1）定位

根据不同的时间、地点、条件，要能及时准确地确定自己应处的"位置"（应担当的社会角色），如果不能根据时间、地点、条件的变化而及时转换自己的角色定位，那就会出现"错位"。例如家中已有子女的成年人，在单位上班都有一定的职位，回到家后，就应及时转换成抚育子女的好父母角色；又如在学的青少年，在家里是"小太阳""小王子""小公主"，到学校就须转换成主动求学、尊师守纪、天天向上的好学生角色。如果受挫时，心神不定、精神不振，放松工作与学习，或贪图安逸、不思进取，不能完成任务，那就失位了。如果顺利时，头脑膨胀、行为过极，那就越位了。"错位""失位""越位"都是在"致中和"上做得不到位的表现。

我们一定要学会根据时间、地点、条件的变化，及时准确地把准自己应处的角色定位，努力践行应尽的义务。

（2）正位

人生必须以正为基。易经六十四卦，几乎每卦都提出"贞吉"之类的词。贞的意思是正与固，即告诫我们要一以贯之地坚持以正为基。易经第五十卦鼎卦提出："君子以正位凝命。"（凝：凝聚、坚凝、坚定。命：使命。）君子要效仿鼎的精神，端正位置，凝聚精力坚定地完成"上天"赋予的使命。

一定要端正位置，不偏、不歪、不邪，始终站于正道之位。如有偏差要及早发现，坚决立即回归正道。

内心充满阳光，向真、向善、向美、向上，自强不息、不辱使命。正觉、正念、正行、正规，行正风、交正友，用正能量，结正果子。

构建防风墙，学会拒绝，斩钉截铁地抵住各种歪邪不正之思想言行，不踩红线，不打"擦边球"。人生数十年，乃至百余年，世事曲折多变，要一以贯之地求中持正，很不容易，唯有坚持"贞吉"信念，不断反思微调、反省修身，有过即改。唐朝柳宗元曰："立身一败，万事瓦裂。""正位"是人生的大事。

（3）时位

"位置"是随着一个人所处的时间、地点、条件的不同而随时变换的。以一个成年男子为例，他在家时是"丈夫"；出了家门，在小区内是居民；走在路上是"行人"；坐上公交、地铁是"乘客"；到商店购物是"顾客"；到银行存钱、取钱是"客户"；到学校是"老师"；在工作岗位上或许是"校长"，但平时与教师、职工相遇时是"同事"……马克思说，"人是一切社会关系的总和"，身上担负着许多种社会角色。由于时间、地点、条件变化多端，人们必须学会善于根据情况，瞬间准确转换自己应担负的社会角色，并明白自己应承担的责任（权利与义务），以及必须遵守的礼仪、法则、规则、文化习俗。如果出现"角色错位"，要及时觉察与调整；否则就会谬误百出，矛盾丛生。

（4）识位

一是要认识你所处位置的重要意义。"位"无论大小高低、时间长短，都要认真待之，为人要敬位。人们在位置上做得如何，对社会、单位、家庭、个人会产生不同的影响，一定要"恭敬谨慎"。诚之！诚之！

二是要明白所处"位置"的职责范围、目标任务、权限界限、法纪法规、规章制度、礼仪规范，以利于全面履职、自觉遵纪守法，如此可以避疏漏、免偏颇、不妄作。

三是要熟知所处位置必备的业务知识、基本技能、社交网络，努力学习，尽力补缺。

四是要了解所处位置应具备的基本的工作作风与方法，以利于与团队成员融洽相处、协力工作。

五是遇到工作上有失误，或受到上级或下属的批评时，要有"推功揽过"的雅量。要修身律己、正确认识自己，莫骄、莫怠、莫奢。不能"甩锅"，把责任推卸给别人，即使自己受到误解或委屈，也不要立即推诿，要有勇于担责的气概，如果感到很有必要作些解释，以后择时稍作说明就是了。

（5）履位

一个人在所处的位置上必须敬谨严肃地践履应担负的职责使命。只有实干才有可能办成事，懈怠败事，空谈误国，精确而鼓动人心的口号虽然是重要的，但若缺少切实的步骤与措施，那只能成为"悦耳而不中用"的摆饰，结不出实果。

实干是成功的必要条件，但不是充分条件，如果鲁莽蛮干，则"妄作凶"，

《易经》第十卦履卦，把"履践"比喻为"履虎尾"，要执礼谦恭、谨慎小心、如履薄冰，"刚中"而用柔，细致而周密，如此，老虎"不咥人"。若自以为是、盛气凌人、任意为之、鲁莽妄作，则在践履过程中必矛盾不断，使彼此心生郁积、难以成事，以致被"虎咬"，"咥人，凶"。

（6）到位

做过了，不等于任务完成了。虽然文饰是必不可少的，"言之无文，行而不远"，但只图表面，则似水中浮萍，不能落地生根，难以结好果。虽履位艰难，但坚持行走向上，则必有收获，如果遇阻萎缩，终将一事无成。

"到位"是根据自己肩负的职责，把应做的事，一直干到底，落到实处，结出不辱使命的硕果。

这个硕果是必须向着"目标""使命"不断靠近的实果，也是为今后发展奠基的实果，而不是那些急功近利、华而不实的东西。

这个硕果，是有针对性地切实解决一个又一个实际问题而得来的硕果，我们要努力提高自己发现问题、分析问题的能力，"以问题为导向"，不断反思微调，提高千方百计去解决问题的实际能力。

这个硕果，是努力以"致中和"的精神，用"求中、贵和""刚柔相济"的方法，合法、合规、合情、合理地取得的。

做人要做一个"靠谱"的人，无论"为学"还是"做事"，都要力求让人"放心""称心"。

（7）配位

为人"德"与"位"应该相匹配。这里说的德是广泛的，包括道德、智力、能力、实绩以及所得的名与利。孔子曰："德薄而位尊，知小而谋大，力小而任重，鲜不及矣。"（鲜：很少有。不及：不遇到。鲜不及矣：这是隐掉了"灾祸"两字的短缩句，意思是很少有不遇到灾祸的呀！）一个人的道德水准、思想境界、气质修养、知识基础、处事能力、阅历经验、胆识大小、身体状况等方面要力争与所处的位置相配，如发现有不相配的地方，要努力勤学苦练、修身养性、补缺补差，也可自行调正位置。要牢记孔子的话，德不配位，"鲜不及矣"。

（8）善位

善位指善于站好自己所处的位置。在这里只说一点：善于协调好与方方面面的关系。各人所处的位置，我把它比喻为"卡"字中间的一横，一横不能太长太短，上部是一个上字，下部是一个下字。

上面有许多领导部门与监管部门，下面有需要我们爱护、照料、关心、惦记的人群，中间一横是表"自身"，这一横要长短适度，太长太短都会与上、下不对称，还会涉及横向的部门与人群的利益与感受。这一横既属于上字，又属下字，要与上下紧密相连、和谐相处。我们要善于以"致中和"为指导，与上下、左右、内外、远近的相关部门或人群真诚交流，力争有一个和谐协调的良好关系，力争有个较好的口碑。

（9）适位

前面所列的八个小点，目的就是要我们力争时时处处适位而行。首先要根据时间、地点、条件的转换，及时调整好自己的角色定位，明白自己角色的使命、职责、法规、礼仪、必备技能，力争适位而行；但由于情况与形势的复杂多变与自己认识水平、实际能力的局限，不适位的言行常会发生，应加强学习，注重反思微调，律己修身，确保摆正位置，不辱使命。

上面提了九条"做到位"的含义，我说了一些带规范性的想法，要做得很好，难度很大，但要努力去做，要在实践、反思过程中不断去落实，我过去在这方面就做得很不够。

2. "位"的性质

"位"是践行"中和位育"的关键。

"致中和"，是要靠人去实现的。而"人"能否做到"致中和"（把中和做到极致），关键在于人能否摆正自己所处的位置。若位置偏了，认识必偏，随之行动也偏，甚至"过极"；那么，其结果必受损，乃至遭殃。因此必须"正位凝命"，摆正位置，不辱使命。

位置怎么才能摆正呢？行"中和之道"，把"中和"做到极致，不断排除自以为是、私心太重、情绪过激等弱点。

因此"致中和"与"天地位焉"是互为因果的。"天地位焉"是践行"中和位育"的关键。

关于人所处的位置，前面列举了九点，其中最根本的一点是摆正人在天地之间的位置。人生活在天地之间，人是自然界的产物，要遵循自然规律，遵循天道、地道、人道，如果无视客观规律，必受惩罚。所以《中庸》开篇第二句写的就是："天命之谓性，率性之谓道，修道之谓教。"天性赋予人的是本性，遵循人的本性就是道，把道修明白并推广于众人就是教化。这表明"致中和"是符合天道、地道、人道的自然规律。

（四）"育"

1. "育"的含义

"育"含有生育、养育、发育、教育、化育之义。创造生育、细心养育、生长发育、精心教育、发展化育、万物并育，生生不息。

2. "育"的特征

其一，主体是生命体（包括种子）。这个"生命体"能从"无"到"有"地创造生长、发展向上、生生不息。因为是一个生命体，更须细心对待。

其二，这个生命体内在有生长发展的活力。任何事物的变化都是内外因共同作用的结果，"育"更是如此。教育、培育、训育、化育，"教""培""训"是外因,"化"是内外因的统一。"育"的可能性在于生命体内在必须有活力,才能生长、成长、发展向上、接受感化。所以,我校把"启发成长自觉"作为办学的重要理念。

其三,生命体的生长发育、成长化育是一个不知不觉的渐变过程,因此我们要重视其细微的变化,要如《尚书》所言"苟日新,日日新,又日新"地日积月累、积沙成塔、集腋成裘,不能拔苗助长,要有耐心,持之以恒。

3. "育"的性质

"育"是"中和位育"的宗旨、灵魂、主心骨。

君子践行"中和之道",求中贵和,克己修身,正位凝命,根本目的就是为了"育",使"万物并育而不相害","可以赞天地之化育"。"育"蕴含刚健中正、积极向上、顺畅发展、万物并育、生生不息的精神。

如果没有"育"的主心骨,各种歪门邪道之人都是一群"盗亦有道"者,专制霸道者则把侵略、霸权说成是"合理""合适"的,把强行服从他们的条款说成是"和谐"的;一些"混混者""不求上进者",把"折中""甘居中游"说成是"中",把问题窝着混日子,美其名为"和"。

"天地之大德曰生,圣人之大宝曰位。"(《易经》)生生不息,万物并育,是天地最大的德;圣人最大的法宝是摆正人在天地间的位置,不辱上天之使命,行"中和之道","赞天地之化育"。

我们在思考"中"与"和"的时候,丝毫不能离开"育"这个宗旨、灵魂、主心骨。

"致中和,天地位焉,万物育焉"的意思是:把中和做到极致,那么人在天地间的位置就摆正了;人遵循自然规律,遵循天道、地道、人道,践行中和之道,就能"赞天地之化育","万物并育而不相害"。

三、"中和位育"的意义

（一）这是一个立身处世的重要道德标准

"求中"，就需详细了解相关信息，找到相关事物的低限、高限两端，然后通过反复探索试验，在两端之间找到该事物的适中点（或一个小的区域），力争恰如其分，无过无不及。这个过程中包含着一个人待人处事的认真细致、谦虚谨慎、管控情绪、尊重事实、善于反思微调、不自是、不偏激、不固执、不轻率等好品德。

"贵和"，就需包容事物的多样性，善于兼顾各方，交流沟通、取人之长、补己之短，互帮互学、善找"共同点"、求同存异，使彼此和谐协调。这种宽厚、包容、关心他人、谦和待人的品格和缜密地兼顾各方、凝聚众智、汇集群力积累共识的思想作风，都是很可贵的道德修养。

"正位"，要求我们敏锐地根据时间、地点、条件的变动，及时调正自己的位置角色，力争时时处处正位凝命、中正刚毅、尽心尽职地履行职责，不辱使命；并能随时反思微调，发现偏差能及时调正、回归到正位。

"并育"，要求我们始终保持创造新生、积极向上的活力，精心培育、教育、训育、化育，生生不息地前进发展。这是第一大德，"天地之大德曰生"。

子曰："中庸之为德也，其至矣乎！"（至：到、最、极。至矣乎：至高无上。中庸作为道德标准，是至高无上的。）在孔子那个时代，他尚可以对中庸作这么高的评价，但随着时代的发展，现今它已不能涵盖24字的社会主义价值观。即便如此，从现代意义理解的"中和位育"仍是一个很重要的道德标准。

（二）这是一个待人处事的重要思维方法

"中和位育"蕴含着许多重要的思维方法，例如按实际情况作具体分析的思维

▲ 年级组长培训《漫谈"中和位育"》

方法；以正为基、刚柔相济的思维方法；求中贵和的思维方法；"时中""时位"，与时偕行的思维方法；"大本""达道""关键""并育"的思维方法；奋斗积累，从"小得"直至"大成"的思维方法；倡导"至诚之道"的思维方法等。

　　子曰："舜其大知也与！舜……执其两端，用其中于民，其斯以为舜乎！"（孔子说：舜是一个大智慧的人啊！舜……掌握相关事物的最低限与最高限两端，并在两端中间找到适中点，把这个适中点用于民众。这就是舜之所以为舜的地方吧！）这是一个有大智慧的思维方法和工作方法，它告诉我们遇到问题时，要"执其两端"，把握好该问题的"最低极限"与"最高极限"；要在"两极"之间努力找到"适中点"；"用于民"的东西（言行举措、语气表情、方式方法），都必须是"适中"的，而不是偏执极端的，万勿任性随意。

（三）这是一个修身养性的重要修炼途径

　　要完全做到时时处处符合"中和位育"是极困难的，然而排解困难的过程却是修身养性的一个极好途径。孔子用一段话形容其困难程度："天下国家可均也，爵禄可辞也，白刃可蹈也，中庸不可能也。"（均：平治，治理得太平。辞：辞去。蹈：踩。不可能：不容易做到。）怎么办？子思在《中庸》中告诉我们要用至诚之心，去践行"中和位育"。子思曰："君子之道，辟如行远必自迩，辟如登高必自卑。"（辟：譬。自：从。迩：近。卑：低。君子之道，如同走远，必须从近处开始；如同登高，必须从低处开始。）要我们下这样的决心："人一能之，己百之；

人十能之，己千之。果能此道矣，虽愚必明，虽柔必强。"要求我们朝着"不勉而中，不思而得，从容中道"的目标不断努力修炼。这个目标很难达到，但应该朝这个方向终生努力。如果能够一直坚持，"择善而固执之"，则会产生惊人的结果。《中庸》一书中写了如下一长段文字："今夫地，一撮土之多，及其广厚，载华岳而不重，振河海而不泄，万物载焉。今夫山，一卷石之多，及其广大，草木生之，禽兽居之，宝藏兴焉。今夫水，一勺之多，及其不测，鼋鼍、蛟龙、鱼鳖生焉，货财殖焉。"不仅在"求中""贵和"中要有这种精神，平时工作学习、修身养性中也应该如此。

（四）这是一个营造顺畅发展环境的重要法宝

"求中"，能使言行举止恰到好处，使人舒服；"贵和"能使团队内部以及上下左右的人际关系与工作联系均通畅协调；"并育"，能激励人们运用"万物并育而不害"的理念，生生不息，充满活力，永远向上、向善、向美。

"中和位育"是营造事物顺畅发展的一个重要法宝，用好它，有助于我们去激活力、聚众力、化阻力，使人们在各自原有基础上纵向往上持续发展到最恰到好处的理想高度，横向持续拓展到最恰到好处的理想宽度。反之，如果过分高调、过分强势、过分张扬、过分激进，则虽能博得一时的"眼球"，终将使矛盾缠身，难以前进；过分"低调""低沉"，则缺乏自信，会失去很多发展良机。

《易经》乾卦的卦辞仅四个字，"元、亨、利、贞"，学者们称之为四大天德。（元：开始、起始、创新。亨：通顺、畅通。利：于国于民有利。贞：正、固、一贯、坚定。）孔子在《易传文言》中作了精辟的注释："元者善之长也，亨者嘉之会也，利者义之和也，贞者事之干也。"（长：首长、生长、第一。元是善之首位，是天下第一善。嘉：美好、赞许。会：会合。把相关大大小小的事情办得妥帖恰当，得人称赞，那么会合起来，就能亨顺。义：适宜、公正。处事适宜，各得其所、分配合理，和谐协调，就能形成"利天下"的美利。贞：把"元、亨、利"的正事干到底，像树干那样，从头到底一以贯之地做。）可见"中和位育"与"元、亨、利、贞"四大天德是相吻合的。尤其要记住"亨者嘉之会也"，把大大小小该做的事都做得很美好，做得合人心意、广受称赞，汇集起来，就会亨顺。

四、践履

尧禅让时，告诫舜"允执其中"；舜禅让时，告诫禹"允执厥中"。两者都以允字打头。告诉我们必须以至诚之心去践行中和之道。子思曰："诚者，毋自欺也。"要求我们诚心诚意、一心一意、实实在在、光明正大地践行"中和位育"。又曰"至诚如神""至诚无息"，要求我们以至诚之心，切切实实地去不断解决"求中""贵和""正位""并育"中的实际问题，不说空话、不图浮表，生生不息、永远向上。

我们按照"古为今用"的原则，努力用党的路线、方针、政策与辩证唯物论观点去吸取"中和位育"蕴含的精华，作为我校的一个重要的办学理念。我试着"标题式"地举一些三十年建校中的例子，供大家回顾总结时参考。

（一）创业的精神状态

毛泽东主席教导我们："人是要有一点精神的。""创建"与"创业"是从无到有、从小到大一步步发展的，十分曲折艰难。学校的创建者是全校师生员工，成功的创建者、创业者一般都具有饱满的精气神，具有激情、坚毅、自信、智慧等精神品质。有激情，才能专注目标、奋勇向前；能坚毅，才会坚持到底、结出硕果；怀自信，才可激活潜能、涌动创意、迎接挑战；用智慧，才能众力汇聚、化解险阻、开创业绩。而"致中和"蕴含着求索、用智、和谐前进的精神；"天地位焉"蕴含着正位凝命、不辱使命的精神;"万物育焉"蕴含着创造、生长、渐进积累、生生不息、永远向上的精神。运用按现代意义理解的"中和位育"的理念,有利于准确把握激情、坚毅、自信、智慧等创业必备的精神特性;有利于防止"过与不及""偏执与僵梗"等缺憾,把学校团队的精气神随时调节到尽可能良好的状态。

在学校开办初期,我们提出了"六自两求"的学校精神,"六自"指的是自尊自信、自强自治、自律自制,说的是"自强不息"的精神;严己自律、自强不息,才能使自己与他人的关系和谐,才能使学业、事业有成。"两求"的意思是说"完美"与"发展"是要靠自己与大家一起主动去"求"得的,求之才能有所得。强大的内驱力是成功的根本条件。

事物的变化是一个"发展——完美——再发展"的无限循环过程。我们则先说了"追求完美",意思是对那些已有相当基础的事或已力所能及而又必须办的事,要用力去"追求完美",使之由优点变成特点、由特点变成特长、由特长变成特色、由特色变成传统。同时,要"力求发展",意思是对那些尚未开始做的事或虽然正在做但基础还较薄弱的事,要按照实现学校总体目标的需求,选择几项力求向上发展一小步,或力求向旁扩展一小步。待这一阶段的"追求""力求"成功实现后,原本"力求发展"的那些事,已变成"有相当基础",或相关人员已发展成"力所能及"了,于是就可进入新一轮层次的"追求"与"力争"。这样就能使我们在"致中和"理念指导下,各自爱岗敬业,正位凝命,共同瞄准学校总目标,不间断地"跳一跳把果子摘下来",共同满怀信心地奋力爬坡攀登,力争每一步攀得适当、走得稳妥。如此,山虽高能登,路再远必至。我们提出了"走小步不停步、勤积累,结硕果"的"渐进积累"和"巧滚雪球"的工作思路,取得了较好的成果。

三千六百年前商朝始祖商汤的宝贵箴言"苟日新,日日新,又日新",全句意为:如果你一天有心得进步,就要每天继续有进步,坚持天天有所进步。"中和位育"有一个重要含义是创造生养、细心培育、精心教育、至诚化育、万物并育、生生不息、积极向上。毛主席题词，号召我们"好好学习，天天向上"。争取每天有进步，哪怕是进步一点点，只要坚持，终会成功。"苟日新，日日新，又日新"，力争天天向上，这是一个重要的中华传统美德。

我们又建造了一个"尊严狮子座"，上刻铭文"没有实力，何以言尊严；没有自强，何以言实力；没有改革，何以言自强"。尊严与实力要相配，彼此和谐协调；自强与改革要相配，彼此和谐协调；硬实力与软实力要相配，彼此和谐协调。

"完美"是一个相对的概念，即有条件的、相比较而言的。"完美"只是在一定范围、一定时间、一定地点、一定标准、一定人群的范围内做得比较好，若范围、时间、地点、标准、人群有了变动，则是否完美的问题也就起变化了。因此要永远地追求，绝不能呆板地苛求，也不能因自我陶醉而不求。

（二）学校发展目标与学生培养目标

初创时期，定为民办公助的转制试验校（后来改称公立转制学校，2005年转为民办学校），上级要求我们办一所讲究教育质量、讲究工作效率、讲究高雅品位的受家长和社会欢迎的好学校。我们作为学校第一批创建者，尽力以正为基，努力营造高雅校风，扬起自信风帆，将实干与巧干结合，在五育协调互动过程中自然而然地获得了一个又一个佳绩，竭力避免那种偏执蛮干、盲目加压、"技术处理"之类的浮表"质量"。经过十二年的初创期，取得了可喜的成果。

2005年，学校转为完全民办后，由张建中、刘晓艳、金琪等接任学校校长、书记，2022年陈勇接任校长，他们坚持把"中和位育"作为一个重要的办学理念，并先后提出"平衡与突破""危中找机""激发成长自觉"等宝贵思路。他们提出："学校里不完美的领导与不完美的老师通过巧妙整合与通力协作，要尽可能办成相对完美的事业。"这与"六自两求""用改革自强赢得尊严"的思路是相一致、相衔接的。他们确定了"人文立校、适位育人，为建设百年名校打好结实基础"的总体目标。

先说人文立校。《易经·贲卦》"观乎人文，以化成天下。"在《现代汉语词典》中，"人文"有两个解释，一是指"人类社会的各种文化现象"，二是指"强调以人为主体，尊重人的价值，关心人的利益的思想观念"。"人文精神"，指"一种主张以人为本，重视人的价值，尊重人的尊严和权利，关怀人的现实生活，追求人的自由、平等和解放的思想和行为"。我们要用我国现代社会主义的文化去化人、化事、化学校，坚持用人文建设学校，用"中和位育"理念，以"致中和"待人处事，摆正位置、不辱使命，力争稳稳地跻身于优校之列，屹立于社会之中。人文立校是恒久发展之良策，也是事关学生健康成长、老师成功发展的一个重要指导思想。

再说"适位育人"。这是教师、学生的根本职责。识位才能适位，老师们要牢记自己职业岗位的重要性，明白做本校教师岗位的特殊性，尽心教书育人，与西位共命运；要正确认识自己，扬己之长、避己之短、补己之缺，力求最妥帖有效地做好教书育人工作；要细致踏实地落实因材施教原则，努力使不同基础、不同特点的学生人人不断有进步，个个走上不同的成功之路。《易经》第四卦蒙卦，是专门讲启蒙教育的，要老师们拥有包蒙的情怀（包容孩子发生的蒙昧现象），要"果行育德"（对孩子们发生的问题要果断及时地进行培养教育，不拖延、不推诿），努力修炼"蒙以养正，圣功也"的本领。老师对学生要刚中，刚毅地践行中和之道；学生待老师要柔中，恭顺谦逊地践行中和之道。

学生要积极践行与认真落实"适位育人"的要求，每个学生个体所具有的德、智、体、美、劳诸因素的基础水平是不一致的，是各人互有长短的。在同一个年级内，各人具有的基础水平和兴趣、爱好、特长也是不一样的，因此，每个学生都应贯彻"适位育人"的方针，各人都要把握好自身的德、智、体、美、劳五育诸因素在同龄中所处的大体层次位置，以及适合自身基础和特点的发展目标。全体同学对五育诸因素中必修的最基础的内容，都要下狠功夫、苦功夫、细功夫，有些内容不要用"死功夫"，要渐渐学着用巧办法去习得，用我校倡导的"细功夫、活办法、好心态"的成功九字诀，努力把这些必修的最基础的内容学懂、练熟、悟通，力避有大的遗漏和差错。在此基础上，各人根据自己所处的层次位置与特长爱好，找到自己的"最近发展区"，下决心"跳一跳，把果子摘下来"，继而在新的基础上，再找"最近发展区"，再努力"跳一跳，把果子摘下来"。如此循环往复，"天天向上"，坚持不懈地"适位育人"，即使原本基础相对较差而起点较低，也能在走小步、不停步的过程中常有"小胜利"，而持有较好心情，若能如此锲而不舍，必结良果。有一个在我校高中借读的男生，他原本学习基础较差，进了职校附设普通高中班，他咬劲十足，"走小步、不停步"地前进，高考时录取到一所上海普通的大学，大学毕业后，通过了国家公务员考试，这是"适位育人"、积小胜为大胜的结果。基础较好的学生更要用好"适位育人"的理念，我校有许多优秀学生，能充分发挥他们的基础好的优势，敢于站出来与名校的强者比高低，此类例子很多，我仅举2000届三位高中毕业（他们是1993年学校开办时进我校就学，在我校连续读七

▲ 庄中文校长和学生交流

年的学生）以及那时初三的一位女学生的例子，说说当时我校一批优秀学生的精神
状态。2000年那一届高中毕业的女生胡晓庆，当时是我校学生会主席，是我校第
一个考取北京大学英语系的毕业生，到北京大学读书期间，当上了北京大学学生会
主席，被评为北京市三好学生，毕业后担任了一个知名剧团的导演。第二位男生姚
建华，他高中毕业时，已是我校学生中的一位中共党员，被复旦大学录取，但当时
复旦的师生大多不知道西南位育中学是何等学校，他没能被选为学生干部，他就联
合几位复旦同学组成"志愿者"队伍在人民广场一带为民服务，他的学业水平、人
品、能力日渐显示，成了大学里的学生干部。大学毕业后，他被复旦大学留校当老
师，现任复旦大学传播学系主任。第三位男生周申，经高考，以浙江大学上海卷第
一名的成绩，收到浙大物理系录取通知，同时又收到中央戏剧学院导演系的录取通
知，他在中央戏剧学院研究生毕业，成为一名有所成就的导演。第四位当年的初三
女生俞舜芬，那个时候徐汇区政府决定从中学生中选拔"区长助理"，经过几轮选
拔，只剩下上海中学等四所名校代表与我校俞舜芬共五人，小俞不畏与强者竞赛，
成功获得冠军。他们这种勇攀高峰的精神气概，鼓舞着我校初创期的广大师生奋力
去一步一步地向优质学校之列迈进。现在我校的许多优秀学生继续保持与发扬着这
一股劲头，同时也有一部分基础良好的同学虽继续努力保持着较为优良的水平，但
在生活条件日趋优越、学校也有了相当声誉的环境下，似乎缺少了一些"欲与天公
试比高"的豪情气概，未能充分发挥"基础良好"的优势与潜力，未能更好地实施
"适位育人"的举措，可惜了！"适位育人"是践行"中和位育"办学理念的一个很
好举措，我赞成！

儒家学说中有不少保守的成分，但也有许多鼓励人们弘扬志气、积极向上，
告诫人们不要"甘居中游"和"沦为下游"的经典名句。子贡曰："纣之不善，不
如是之甚也。是以君子恶居下流，天下之恶皆归焉。"纣王的不善，没有传说中的
那样严重。所以君子厌恶处于下游的境地，因为一旦处于下游境地，人们就会把

天下的坏名声都归结到他身上。孔子倡导《中庸》，其中一个重要要求，是要我们言行恰当、举止适宜，为顺畅发展创设良好条件，以便取得最佳的成果。

（三）氛围建设

学校是培养人的地方，全校师生员工一起努力营造亲和向上的群体氛围，构建和谐协调的人际关系（包括师生关系、师师关系、生生关系、领导与被领导关系、家校关系，还包括对上级敬重、对校外谦恭等诸多方面），这些都是与学校前途命运息息相关的大事。"人文立校"的一个重要方面是用良好的文化氛围化育全体师生。

我们强调"向校风要质量""视氛围为生命"的想法，提出了三大氛围建设：

一是严肃的求学问风气与亲和的家庭式温馨完美结合的集体氛围；二是亲切勤快、严细求索的教学氛围与静心求学、奋力攀登的学习氛围；三是忙着并快乐着的工作氛围。

我们还提出了"高雅务实、至诚求索"的校风建设要求。学校里最重要的关系是师生关系，学校的主体是学生，起主导作用的是教师。对此，我们提出了"共建民主平等、合作和谐、尊师爱生"的新型师生关系；提出了"老师人人是心理按摩师"的要求，落实我校"考试练习三步曲"的过程，同时也是一个师生之间、生生之间相互心理疏导、心理按摩的过程；提出了课堂上进行师生共振教学的探索（情感共振、知识共振、思维方法共振等）。

德育工作中，体现"中和位育"理念的"年级七主题教育"（每个年级一个主题），已延续了二十五年，教育内容愈益贴近学生实际、与时俱进，教育方式愈益以学生自主活动为主，富有创意、丰富多彩、氛围浓烈。"年级七主题教育"与多种多样的学生社团活动一起，已成为我校的一个良好传统。

氛围建设中，"校内领导"的筹划与引导也是很关键的因素。我这里说的"校内的领导"不是就职级的概念而说的,而是泛指校内带领人们向前行进的人,包括校长、书记、主任、教研组长、年级组长、备课组长、各社团的负责老师等。我认为全体教师都是"带领人们向前行进"的"领导",因为教师上课,所以教师是主导者;班主任是全班的"领导者",不管带领数百人、数十人、几个人还是仅两三人的备课组,也不管带领的是同事还是学生,都是"带领"人们向前进的角色。大家都是这个"风雨同舟、荣辱与共的共同体"中的一员,我们这些人员的精神状态、思想境界、思维方式、谋划措施、工作作风、处事方法、语言修辞等方面,都会对所带领的这个范围内人员的心情状态、群体氛围、工作业绩、专业发展等方面产生影响。因此,我们都要努力保持奋发向上的精神状态,树立公仆意识、感恩情怀;尊重别人,好好说话,使谦下待人与严细作风两个方面和谐统一;崇尚民主作风,广泛交流、聚智汇力,使"广开言路"与"上下同欲"两个方面和谐统一,共同营造良好的校园氛围,推动学校工作的发展,感恩下属的配合支持,共成事业。

我校初创期的教工群众在风雨同舟、荣辱与共、命运相连这种好风气的推动下,一鼓作气,用时十余年,使西南位育中学挤入优质学校之列;并心甘情愿地紧缩待遇福利,省下钱来,在原本6000多平方米校舍的基础上,再造了6000多平方米,还陆续购买了7套居民用房作为教工校外宿舍,为学校日后的发展增添了不可缺少的物质条件。然后再花二十年时间,与时偕行,保持"高位运行",使学校在许多方面又有了很多可贵的新突破。

我们学校运用了"中和位育"等办学理念,成功度过了三十个年头,现在学校的师资队伍、领导班子、校园设施等条件均大大优于初创期,一批青年教师成长得很快、很好,学校的潜力很大,上级对我校的关心与领导更加有力,学校的明天会更好!

论"追求完美，
力求发展"

校训刍议

庄中文

　　西位把"追求完美，力求发展"列为学校的校训。训，含有教诲、开导、准则之意，即通常所说的训导、训练。我们认为一所学校的校训，就是这所学校进行教诲、开导的总精神，进行行为操练的总准则，也可以说是学校的校魂。

　　为统一全校师生认识，步调一致地向前迈进，就我校的八字校训，作如下简要论述：

一、"人是要有一点精神的"

　　人与动物的根本区别之一是：动物只能适应自然界，而人有思维，能够能动地改造世界。人能够在实践中发现和认识客观规律，能够运用对客观规律的认识去能动地改造世界。人无论是认识世界还是改造世界，都是需要有一点精神的。原因如下：

　　1. 学习前人的经验是要有一点精神的

　　人要认识世界，就必须学习前人积累的丰富的知识。而要把前人创造和积累起来的经验和知识学到手，真正学懂、学会、学好，就得用顽强拼搏、奋力攀登的精神去静心求学、刻苦练习。"书山有路勤为径，学海无涯苦作舟"指的就是这种精神。

2. 在实践中认识和掌握客观规律是要有一点精神的

要在前人的基础上，对客观世界有新的认识和新的发展，就得有积极进取、勇于探索、勤于动脑的精神，努力在实践中多调查、勤积累、善思考、常总结。

3. 运用对客观规律的认识去能动地改造世界是要有一点精神的

要能动地改造世界、取得良好的结果，就必须有脚踏实地、奋力拼搏的精神，排除万难，去争取胜利、获得成功、结出硕果。

4. 要生活得愉快、幸福、有意义，也是要有一点精神的

一个始终保持积极人生的人，处顺境能乘风破浪，处逆境能奋起拼搏，处平凡能追求卓越，处人群能热忱待众。这种积极向上，不甘平庸的精神状态，会使人生活得丰富多彩、生气勃勃、不断上进，活得愉快、幸福而有意义。

总之，"人是要有一点精神的"，那些"饱食终日，无所用心"的人、"不求进取，混混日子"的人，他们只求适应，不求奋进，是违背人的本性的，他们把

▲ 校园文化三景之醒狮座与校训墙

自己降到了犬马禽畜之类的水准。爱因斯坦说:"我从来不把安逸和快乐看作是生活目的的本身——这种伦理基础,我叫他猪栏的理想。"鲁迅说:"惟有民魂是值得宝贵的,惟有他发扬起来,中国人才有真进步。"一个民族要有民魂,一个国家要有国魂,一个学校要有校魂,一个人要有灵魂,只有这样,"才有真进步"。"追求完美,力求发展"可以说是我校的校魂,让我们全校师生一起来铸造学校的校魂吧!

二、"追求完美,力求发展"的涵义

"完美"是一个相对的概念,天下没有绝对十全十美、完美无缺的事,只能在与其他事物的对照中比较出完美与否。完美是相对的,不完美是绝对的;在一个领域相对完美了,但在另一个领域还很不完美。因为有不完美,才激励着人们去不懈地追求。因此,无论工作还是学习我们都要朝着完美的方向不断地追求,使工作与学习尽可能完美一些,再尽可能完美一些,这是一种追求卓越的负责精神。我们不是"完美主义者",那些"完美主义者"以自己想象的完美标准去苛求别人,也苛求自己,常常会怨人、怨己,活得劳累而郁闷。我们是积极的"追求卓越者",把完美看成一种理想境界,对人对己不是片面苛求,而是激励追求,追求卓越,止于至善。同时,不能满足于现有层次基础上的"完美",而以更高的层次为标准,又显得很不完美,因此要积极开拓,力求一步一步向前发展,这是一种攀登精神。正是有了这一种"追求"与"力求",生命才充满活力,人生才富有意义。

关于我校八字校训的内涵,我们正在实践中不断进行探讨和挖掘,现在大家比较一致地从三个层面上去把握它的内涵:

第一个层面,对目前已力所能及的事要竭尽全力、千方百计地做得尽可能完美,对暂时力所不能及的事要按"走小步、不停步"的原则,力求在原有基础上向前发展一小步。这是从阶段性的角度来理解其内涵。

对力所能及的事应该做到以下几点。一是一定要高标准、圆圆满满地把它做好，不能马虎、粗糙、一般化。例如背书，不仅要背出，而且要背熟，背出韵味。又如读书，一定要做到读通、读顺、读流利，不读错字、不读漏字，读出语调、读出感情。二是要做得正确无误，落实到底，不能丢三落四。例如答题目，对其中会做的题，一定要努力全做对，不要有差错。三是要精益求精，追求全方位的"完美"。例如早操，在集队"快、静、齐"以及做操"整齐、到位、有力"等方面都要追求完美。又如做作业，不仅要求答题正确，而且要格式规范、字迹端正、条理清晰、独立完成、准时交卷。再如上课，不仅要保持安静，而且要坐姿正确、积极思维、热情参与、师生共振。四是要持之以恒，追求全过程"完美"，不虎头蛇尾、有始无终、临时突击、时"冷"时"热"。

对暂时力所不能及的事，要根据自身的条件寻找"最近发展区"，力求有所突破，攀上一个新的层次，攀向一个新的领域。不因骄傲自满而停顿不前，不因自暴自弃而萎缩不进，不因懒懒散散而原地踏步。梁启超说："男儿志兮天下事，但有进兮不有止。"秋瑾说："身不得，男儿列。心却比，男儿烈。"男女同学都要有自强不息的精神，力求发展，奋力攀登。

第二个层面，追求完美，贯彻教育方针，力求发展每个学生个性特长。这是从方针性的角度来理解其内涵。

一个比较完美的人才，应该是德、智、体、美、劳全面发展的。对五育的每个育，也要追求整体和谐发展，例如德育方面应该是政治思想、道德修养、行为规范、交往能力等诸因素协调发展；智育方面应该是知识、能力、智力、文科、理科、术科等诸因素协调发展；体育方面应该是生理、心理、体质、体技等诸因素协调发展；美育方面应该是基本技能、欣赏能力、乐群性格等协调发展；劳育方面应该是劳动观点、劳动技能、劳动习惯等协调发展。要学会做人，学会认知，

▲ 热闹的操场

学会健体，学会审美，学会劳动，学会运用科学的思维方法。整体和谐发展才是完美，残缺片面就不完美。要做到整体和谐发展是很不容易的，会遇到思想观念上全面与片面的矛盾、时间安排上轻重缓急的矛盾、精力分配上静心与浮躁的矛盾、生活节奏上勤奋与懒散的矛盾、性格意志上顽强与软弱的矛盾等，需要大家拿出一点精神来，去"追求""力求"。整体和谐发展不等于机械的平均发展，应该在全面发展的前提下努力发展自己的个性特长。

个性特长不完全是天生的，还要靠后天培养，要"力求发展"，才能逐渐形成良好的个性特长。一是要不断正确地认识自己，细心观察和留意琢磨自己有什么个性特长，努力培植自己的兴趣爱好；二是要在课堂教学中积极参与教学过程，在"主阵地"的实践中，锻炼与发展自己的个性；三是要有方向地扩大阅读面，如果有条件，要对自己有兴趣的某个方面"超纲"学习，为发展个性特长积累智力背景；四是要积极参加课外活动，在活动中发展个性特长；五是要努力克服拘谨压抑、腼腆畏缩、甘居平庸等心理障碍，培养在群体中自然大方、洒脱活泼的良好心理个性和善于在群体中得体地展示自己才华的活动能力，做一个群体中有亲和力和凝聚力的人。充满自信，努力做最好的自己，这是发展个性的前提条件。大家一起来创造一种既严格又宽松的氛围，热情支持各人发展良好个性，使校园充满青春活力，处处显现勃勃生机。

第三个层面，对已经有了一定基础的地方，要在提高层次上追求完美；对目前基础还比较薄弱的地方，要设法一步一步进行开拓，也就是在内涵发展上追求完美，在外延发展上力求开拓。这是从层次性的角度来理解其内涵。

例如我校的校园文化建设，在校容整洁"六无"要求方面经过大家的努力，取得了很大的成绩，受到外界的赞誉，但在公共卫生习惯和爱护公物等方面还有差距，还有薄弱环节，只能说还处于靠"管"与"查"的低层次阶段，还未上升到依靠大家的高雅文明习惯来自觉维护"六无"校容的层次，这方面还需要我们去追求完美。同时，在优雅仪表、礼貌用语、"走廊静、操场闹"的文明氛围和科技氛围、艺术氛围方面还较薄弱，需要一步步开拓前进。

又如在外语教学方面，应该说打下了较为坚实的基础，已成为我校的一个"强项"。但总体上还未达到市重点水平，需要在加强课堂教学密度、加强外语口语活动、扩大外文阅读等方面追求完美，提高层次。同时要在外语课外活动、扩大对外交往、双语教学等领域进行开拓。

再如体育工作，在"两力"（臂力、耐力）活动方面已开创了一个新的局面，群众性的跑步、俯卧撑、引体向上等体育活动已广泛地开展，但还处于起步阶段；有关开发"两力"活动的组织体系和考核制度等还未完整地建立好。因此，应在建立机制、养成习惯、形成风气等方面追求完美，提高层次。同时向提高弹跳力，建设好运动队等方面进行开拓。

总之，校训所体现的是一种建立在实事求是基础上的负责精神和攀登精神，我们要求全体师生自觉用它来指导学习和工作，使学校稳步前进。

三、实现我校"追求完美，力求发展"校训的关键

要实现"追求完美，力求发展"，须有外力的支持，更须有自身的努力，两者很好地统一时才能达到预期的目的。"外因是变化的条件，内因是变化的根据，外因通过内因起作用。"关于"自身努力"方面，我校在全体师生中提倡"自尊、自信、自强、自治、自律、自制"的六自精神。

（一）自尊自信——实现"追求完美，力求发展"的前提

人人都应该有自尊心。其一，要尊重自己的人格。做人要有志气，要干就要干得出色，不做"窝囊废"。其二，要尊重自己的潜能。相信自己有能力干得比现在更好，相信自己有能力完成一定的任务。其三，要尊重自己的人生价值。一个人的生命只有一次，要珍惜，要活得充实，活得有意义，要立志在地球上留下一点东西，不能糟蹋时间，浪费青春。

人有了自信，才会迈开步子去攀峰，从这个意义上讲，自信是成才的第一要素。校歌中唱道："扬起自信的风帆，遨游知识的海洋"，"扬起自信的风帆，让我们从这里远航"。其一，要相信自己定能比现在学得更好。满怀豪情地根据自身实际，订立"追求完美，力求发展"的目标。其二，要充满信心地去排除困难。在遇到困难时，要充满阳光地看到周围的良好环境和自身的有利条件，要相信自己有能力经过持久努力去克服面临的困难，取得应有的胜利；在遇到挫折和暂时失败时，要有信心和志气，在原地重新站起来。其三，要潇洒大方。在群众场合不拘谨，在考试场合不怯场，在认真准备的基础上，要充满自信地展示自己的才华与风采，去追求合乎自己实际的"完美"。

妄自尊大不是自尊，而是愚蠢鲁莽、浅薄低俗；自尊是十分"尊重""珍惜"自己的生命、人格、潜能。因此，真正自尊的人能虚心向别人求教，热忱争取他

人支持。盲目乐观不是自信，而是轻飘浮夸、无知自负；真正自信的人能实事求是地相信自己经过持久努力能做得比现在更好。

（二）自强自治——实现"追求完美，力求发展"的途径

在自尊自信基础上，订出符合实际的奋斗目标后，要靠自强自治去实现目标。要用自强不息的奋斗实践去"追求完美，力求发展"。

一是要有立足自身的观念。不能存有依赖思想，要依靠自身的顽强奋斗去实现目标。别人的帮助是不可缺少的，但这只能是支持我们去奋斗，而不能代替我们自身的奋斗。而且想要得到别人的帮助，也要靠自身主动去争取，不能采取依赖、等待的态度。

二是要有"不服输"的志气。经常问一问自己：在大体相同的条件下，别人能做到的，我为什么做不到？要自立自强，奋起直追。

三是要有奋力攀登的精神。实现目标要有一个艰苦的奋斗过程，犹如爬坡，要一小步一小步地攀登，经过一段时间，攀上一个台阶，然后再向新的台阶攀登……就这样一个台阶一个台阶地接近预期的目标。"世上无难事，只要肯登攀"，登攀须奋力，登攀无止境。自强不息的精神要体现在奋力攀登的过程中。

"打铁还须自身硬"，在自强不息的攀登过程中，还必须对自身的问题实行自治。治，有治理、管理、整理之意。其一，有关自身的事（例如学习规划、时间安排、日常生活以及班内的各种事务），应在成人指导下，学会自己管理自己，改变单纯靠教师和家长"管住""盯牢"才去办的拨一拨、动一动的被动局面。其二，对自身存在的种种问题，要自己主动进行治理，不文过饰非，不听之任之。其三，当发现自己的思想言行有偏离方向或不符合实际的时候，发现自己有某种心理障碍和情绪干扰的时候，要学会自己进行梳理，自己主动进行调节，一个善于经常反省、及时微调的人，才能不断地完善自己，稳步地向前发展。

（三）自律自制——实现"追求完美，力求发展"的保证

《大学》有言："自天子以至庶人，壹是皆以修身为本。"这句话讲的是，从天子到平民百姓，一律都以修身为本。

做一个有自律能力的人，才能处处以主人翁姿态去自觉实现"追求完美，力求发展"。其一，要努力变他律为自律。为保证集体生活的正常进行，共同努力去实现奋斗目标，就必须制定许多规章制度与行为规范，要求大家严格执行，这是"他律"。当一个人有了主人翁的觉悟后，就能自觉自愿地主动地去执行，并且自己对自己提出许多严格的要求，这样"他律"就成了"自律"。其二，要学会反思。一个人在群体中要经常"见贤而思齐之""见不贤而内自省之"，从榜样中、教训中得到启示，从而自己对自己立规矩，不断增加自律的新内容。其三，自律才能自觉。一个自律性强的人，能自觉主动地对待学业，自觉"追求完美，力求发展"，而不是被动应付，更不会对规章制度和教师的教育管理错误地以逆反心态相待。其四，自律是积极人生的体现。自律的内容不仅包括约束自己"不该做什么""决不做什么"的条文；更包括激励自己"一定要做好什么""一定要做到什么"的决心。

自制是成才过程中必须要培养的一种能力和品格。一是要专心致志。"聚集成才"的原理告诉我们，一个人的心思和精力不能太分散，对自己的兴趣爱好要作一个分析，分清主次缓急，兴趣不妨广泛些、爱好不妨多样些，但同时要把主要精力集中在主要的学业上，用心发展自己的个性特长，不要心猿意马、见异思迁。二是要静心求学。像诸葛亮说的那样："非淡泊无以明志，非宁静无以致远。"在市场经济的大潮下，社会上的诱惑是层出不穷的，学校是培养人的地方，学生要静心求学、力戒浮躁、抵制诱惑，专心致志地在学校系统接受严格的正规训练，为一生幸福打好基础。因此，一定要保持学校这块净土，在中学阶段，不摆阔气，不盲目追"星"，不沉迷于某种"流行"，不谈恋爱，不闹无谓纠纷，专

心致志地静心求学。联合国教科文组织编写的《教育——财富蕴藏其中》一书中说："千百万男女青年的命运是在小学毕业与进入职业生活或小学毕业与进入大学这两者之间决定的。"也就是在中学阶段决定的。三是理智地待人处事，切忌感情用事。有的学生往往碍于情面、囿于交情，身不自恃，跟随流荡；有的学生往往意气用事，因而损害了师生之间的关系以及同学之间的关系，个别学生甚至为了与某个老师闹意气而放松对该科的学习，这是很错误的。"胜人者力，自胜者强"，我们一定要从小培养自己的自制能力。

综上所述，我们提倡用"自尊自信、自强自立、自律自制"的态度去实现"追求完美，力求发展"。"六自二求"的精神，就是我校的"学校精神"，其中的"追求完美，力求发展"八字被列为我校校训。让我们一起来弘扬这种精神，一起来遵循八字校训，努力把学生培养成综合素质优良的好学生，新时代有抱负、有学识的自尊自强的新淑女，新世纪有责任感、有仁爱心的刚柔相济的男子汉；把学校建设成高质量、高信誉、有特色的好学校，群众心目中的"重点校"。

▲《追求完美　力求发展——庄中文办学思想文集》首发仪式

建设"高雅务实"校风，全面推进素质教育

庄中文

上海市西南位育中学（国商附中）创办于 1993 年，是徐汇区民办公助转制试点完全中学。学校组建了一支敬业乐教、奋发向上的教师队伍，初步形成了一套有效的教学、教育运行机制，由于校风良好、质量较高，社会信誉日增。1996 年被评为市体育工作先进单位，1997 年被评为局文明单位、区行为规范示范校，1997、1998 年被评为区教育系统好支部、区先进职工之家，教工团被评为市红旗团支部。

▲ 树立现代教育观念，推进素质教育

西南位育取得成功的一个重要原因是大力倡导"高雅务实"的校风，提出"向校风、班风要质量"的口号，以此为抓手，全面推进素质教育。

一、校风建设是办好学校的一项关键性建设

早在学校筹备阶段，我们就下决心要高标准地抓校风建设，使学生在良好风气熏陶下共同成长发展，使教师在良好风气的滋润下愉快地工作与生活，使学校在良好校风推动下有序地顺畅发展，使家长放心把孩子送到西南位育就学。

校风包括教师教风、学生学风、领导作风、校园风貌等。我们说：自然界的"风"与"气"在地球上是无时不在、无处不有的。校风也是如此，它应渗透于校内师生的行为习惯、工作学习、集体生活之中，它是学校总体精神面貌的集中反映。我们抓优良校风建设不仅要抓得有声有色、群体参与；更要做得入心入肺，内溶于血液，外显于行动，按"无时不在，无处不有"的要求去抓紧、抓实、抓好。

优良校风一旦形成，将会产生惊人的力量。它有强烈的感染力，人们只要较长时间生活在这所学校里，就会受到潜移默化的深刻熏陶；它有神奇的凝聚力，能促使全校师生认识统一、步子协调；它有强大的推动力，能激励师生积极向上，好学上进；它有群体自觉的约束力，能使全校师生不约而同地一起遵守集体规范；它有强固的承继力，能使一届又一届的学生很快地融入优良集体之中，实现良性循环，保证学校长盛不衰。

我们在办学实践中努力求索符合西位特点的校风。大家感到：西位是一所供家长选择的学校，家长对孩子寄予很大的希望；西位以"力争进入市优质校的行列"为目标，因此西位校风建设不能仅停留于"纪律良好"的标准，必须下决心建设有西位特色的高品位的校风。于是我们提出了创建"高雅务实"校风的目标。

为了使校风建设更具操作性，我们把"高雅务实"的校风细化为"四高""五

雅""六实"共十五个方面。"四高":高品位、高质量、高境界、高风格。以高品位领头,无论是工作学习的质量、思想,还是待人处事的风格都要上品。"高"是一个相对的概念,人人要根据各自的基础,尽最大努力攀登到应有的高度。"五雅":雅道、雅言、雅观、雅趣、雅量。以雅道领头,正道是雅的前提。雅是指品质上乘、精致标准、素淡和谐、美好大方。高雅不是凭空拔高,而是扎根于实地,结果于实处。唯有务实,学生才有真才实学,将来才能立足社会;学校才有固厚根基,才能长盛不衰。"六实":思想朴实、学业扎实、身体结实、作风踏实、办事落实、做人诚实。以做人诚实为基实,有了这一实,才能真正实践其余五个实。

西位创建"高雅务实"校风很有成效:校园风貌整洁优雅,日常工作活跃有序,爱校情结愈来愈浓,社会声誉愈来愈好。家长说:"这所学校风气好、质量高,把孩子送去读书很放心。"毕业生说:"母校的校风已融入我的血液,我必将终身受益。"

二、建设高雅文明的校园环境,充分发挥环境育人的作用

学校初建,学生难免有许多做得不够到位的地方,我们感到校内有许多事单靠消极限制、简单批评和分头硬盯是难以做好的。我们着力于面向全体学生,用积极向上的集体舆论引领,用高雅文明的环境熏陶。

例如学校提出环境整洁"六无"要求(地上无纸屑、墙上无印迹、桌上无涂刻、桌内无杂物、室内无垃圾、窗台无积灰,东西放在该放处)。我们一面宣传爱护校园环境的意义与责任,动员师生平时弯弯腰,把地上的纸屑拾起来;一面组织后勤力量勤打扫、勤安放、勤维修、勤粉刷,切切实实保证每时每刻有一个"六无"的环境,久而久之,学生就会在无形中养成遵守"六无规范"的习惯。

学校要求爱护草地、绿化校园。团委、学生会在全校学生中征集绿化"标牌

词"，学生们想出了"除了阳光雨露，我也需要爱的润滑""是您的高雅举止培育了我的高雅风度""本是同球生，相煎何太急"等充满高雅情意的"标牌词"，一改通常使用的"不准""不许""严禁"等警示性语句。同时，组织力量把绿化布局搞精美，把养护工作做完美。于是爱护绿化的风气在不知不觉中形成了，任意践踏草地的现象不见了，绿茵茵的草坪散发着我校高雅校风的清香气息。一个高中同学不慎把球打进了草地，他舍不得踩踏草地，竟匍匐着伸手去勾球。

又如早上的早操课，在进场、退场时，起先体育老师老是用话筒大声批评督促学生，我们感到这么做既效果不好，又与高雅风气的要求不合，我们请体育老师思考改进的办法。体育老师们探索用音乐指挥跑步进场与退场，获得了成功，体育老师还会合年级组与团委、学生会一起按"上下楼梯""进场""做操""退场"等各个环节逐项研究如何"追求完美"、如何体现高雅校风。"一日之计在于晨"，优质的早操课，不仅有利于增强体质与培养节奏感，还激扬了积极向上的精神状态，鼓舞大家朝气蓬勃地过好每一天。市教委领导来我校视察时，无意中看到我

▲ "两康工程"

校的早操课，赞为"西南位育校园一景"。有一位江西的中学校长出差来上海，路过我校校门，在墙外偶尔看到我校的早操课，很激动，回去后带了两批校长代表团来我校参观。我们还用高雅校风去带动体锻活动，墙上贴了"野蛮其体魄，文明其行为"的健体标语，场上开展"男篮女排"、"两力锻炼"（腿力、臂力）等体育活动，全校共建"两康工程"（身体健康、心理健康）活动。

在校风建设中，我们重视培养学生的自律、自治品质力，在群体中培养学生自己管理自己的能力。积极培养各级各类学生干部，增强服务意识与社会工作能力，细心指导他们的工作，充分发挥他们的作用，努力建设一个学生自我管理的运行机制。

我们还提出了让高雅校风走出校门、走向社会的要求，全校师生在社会上显露西位人的美好形象。提倡做一个"文明乘车人""文明骑车人""文明行路人"。初中各年级开展承包卫生一条街活动，全校开展与云南屏边县第二中学结对帮困活动。制定了《在家一日常规20条》，要求学生孝敬父母、礼貌待人，善待邻居、做点家务。高二学生到松江基地学农，我们没有提太多的"规定"与"不准"，而是要求他们先列出学农过程要经历的种种环节，比如半程拉练、中途乘车、入营式、宿舍内务、会堂吃饭、农业劳动、集队军训、晚上自学与就寝等，要求大家按"高雅务实"的校风与"追求完美，力求发展"的校训，逐项讨论如何去追求完美，如何去体现高雅文明。学生们为自己定了许多行动要求，出色地完成了学农任务，获得了区教育局和营地领导的极高评价。

三、抓好教风是校风建设的关键

校风建设要依靠全体教师去引导、组织、贯彻、落实，教师是学校里一切美好设想的最终贯彻者与落实者，如果缺乏教师的有力支撑，校长即使喊破喉咙也是无济于事的；再则，好校风是靠教师用好教风带出来的，教师的"不言之教"有着无法替代的巨大作用。因此，我们从两个方面下大力气抓教师队伍的风气，一是教风建设，二是集体氛围建设。

（一）教风建设

我们大力提倡"亲切、勤快、严细、求索"的教风。亲切是前提，勤快是基础、严细是核心，求索是动力。爱每一个学生，尽一切力量为学生的健康成长与终身幸福奠基，这是做教师的首要条件。像我们这种供家长选择的学校尤其要如此，我们要求教师将国家、社会、父母、师长对青少年的关爱汇集于一身，让爱渗透于教育的全过程，不论学生基础高低与表现好差，不论自己工作顺逆与心境好坏，都要坚持用亲切的教态去教书育人，关爱每个学生，关心学生的方方面面；都要笑脸迎家长，亲切待学生。"亲切"不能只挂在嘴上或流于形式，而要切切实实地体现在"勤快"的工作上。要勤快地了解学生的情况、勤快地按摩学生的心理、勤快地指导学生的行动，快反馈、高频率，一步步地助学生成功。我们制定了教学常规25条，力求切实服务好教学。亲切、勤快的教态要紧紧围绕"严细"的要求展现出来，务求落实，结出硕果。教师要十分爱惜学生的精力，发扬改革探究精神，积极求索有效的途径和办法。

我们采用相互交流教师中的闪光点与相互通报学生中的成长故事的办法，用互赏互动与成就感来激发全体教师共建高品位教风的热情。在教师中介绍优秀教师事迹，形成"宁可自己千辛万苦，一定要关爱好每个学生成长"的良好风气。我们依靠这么一支有优良教风的教师群体，使学校德、智、体、美、劳各路工作都能比较扎实地开展。

在"亲切、勤快"教风指导下，教师们抓紧课堂这个素质教育的主渠道，进行"三进课堂"的探索：双语进课堂；多媒体进课堂；辩证法进课堂。以"实效性"为基准，以"师生共振"为红线，努力使师生在知识认知、思维方法、信息交流、情绪感染等方面处于最佳共振态，切实有效地落实基础知识学习、基本技能操练与基本思维训练。努力把教改实践活动搞活、搞热，形成浓浓的探讨风气，激发精益求精的进取精神。我们的教改虽只是起步阶段，但有了一个很好的开头。

（二）集体氛围建设

在抓教风建设的同时，我们还下大力气抓好教师的集体氛围建设。教风也属于一个重要的集体氛围，它主要是从工作层面去讲的；除教风以外，还有一个重要的集体氛围，是从人际关系的层面去讲的。把教师群体建设好了，就能增强团队的合力，减少无谓的斥力。

我们在学校正式开办之前、教师初来报到之时，就提出："大家有缘来相会，一定要好好工作，愉快生活。大家共同来建设一个积极向上、和谐进取的集体，也就是共同建造幸福的生活。"要求老师们共同为营造集体氛围做大大的贡献（献

▲ 建校三周年迎新联欢会

计、出力）和小小的"牺牲"（不要太计较别人说话的高低和自己得失的大小）。要求大家一起来营造"严肃的求学问的气氛与亲切的家庭式温馨完美结合"的集体氛围。运用年级组、教研组、工会小组、非正式组织的群体等形式营造有喜互庆、有困互帮、有难互抚、有闷互慰的好风气。

对群体中出现的问题或可能出现的矛盾，不简单指责，不居高谈教，不武断评判，而是组织大家用唯物辩证法心平气和地设身处地地探讨，力争求得一个使大家心服口服的合理解释。例如："软道理"要服从"硬道理"问题；学校里"家"（专家）与"长"（负责人）的关系问题（在学校里"家"与"长"两者都重要，但"专家"更重要、更难得）；"个人正当欲求"与"成人之美"问题（个人的正当要求可大大方方地提出，但不能因此贬低别人、捅住别人，要有成人之美的雅量）等。努力引导教师在营造高品位集体氛围过程中感悟正确的思维方法，掌握待人处事的"钥匙"，从而增强个人的自化能力和群体的互化能力，群策群力搞好教师集体，带动优良校风，扎实全面推进素质教育。

自 1993 年建校起，办学五年来，发展较全面，成绩很喜人，虽生源远不如重点校，但中考、高考均处于区重点中学行列，学校风气和体育文艺都较领先。但这只是一个起步，根基不牢，今后的任务还十分艰巨。在上级部门的正确领导下，我们有信心继续不停地攀登！

论工作方法和
思想方法

———

庄中文

一、泛议管理

（一）管理是一种责任

管理者是对团队成员的人生价值，本单位、本部门任务的完成程度，以及单位发展的前途后劲负有重大责任的人。担任一定职务的人要更多地问自己：是否真心实意地愿意担当起这份责任，是否有能力与意志担当得起这份责任。

（二）管理是双向互动的

管理涉及团队内部的上下关系，涉及本团队与上级部门之间的上下关系，还涉及团队与团队之间的相互关系，处理这些关系都不是单向的，而要双向互动。

当你充当"领导"角色时，不能自认为高明，对下属居高临下，只是一味地向下布置、检查、督促，甚至动辄指责，要明白领导与被领导只是分工的不同，下属在思想境界、智慧才华、性格作风、实践经验等许多方面也有强于我们领导的。要从群众中吸取智慧与力量，进而做好服务工作。当你充当"下属"时，要像你平时要求下属的那样要求自己，使上级的政令畅通下达、妥善落实，还要积极汇报情况、想法、建议，争取上级的理解与支持。在处理与兄弟单位的关系时，不能只是单方面地考虑本单位的需要，要多为兄弟单位着想，乐于出力相助，并用智慧去调动各方面的力量为本单位发展服务。总之，不仅要注重双向交流，更要用智慧促使双向良性互动。

在上下双向互动中，管理者不仅要起好指导作用，更要做好服务工作，管理的本质是服务。

1. 汇集群智是管理者首先要做的服务工作

群众中有许多很好的想法、做法、建议和欲求，但处于分散与原始的状态，需要有人来为之服务，做好收集、梳理、提炼工作，并结合当前形势，在上级精神的指导下，整理成较为系统的意见与可操作的措施。这项服务工作应由管理者来担当。如果群众中很好的想法和做法收集不多、归纳不好，那就是管理者的服务工作不到位，说得严重一点就是失职。因此，管理不只要做"评价式"的领导，更要做"发现式"的领导。

2. 为下属创设工作条件是管理者义不容辞的服务内容

为了出色完成任务、实现工作目标，管理者还需为下属创设一些必要的工作条件，例如硬件设施、时间安排、人力组织、舆论支持、联系搭桥等。比如发现

▲ 校庆十周年系列研讨活动

下属对某项任务落实得不够好时，管理者不能马上简单化地指责下属贯彻不力，应该先了解落实得不够好的种种原因，其中可能包含着管理者服务不到位的地方，需要管理者先调整好自己的工作，再协助下属排除困难，完成任务。

3. 协调化解是管理者一项必不可少的服务内容

下属在工作过程中，必然会碰到各种各样的困难与障碍，其中很多是人际关系方面的问题，有些是单凭下属个人不能处理的，需要管理者帮助去疏通；有些主要是由于下属本人原因造成的，这也需要管理者诚恳细致地做好协调工作。在矛盾面前，管理者不应做法官式的评判员，而应做协调式的疏导员，化解种种梗阻，确保政令畅通。

4. 开发资源是管理者一定要做好的重要服务项目

下属是有思想、有感情、有才华、有潜能的人才资源，管理不仅要把团队稳住，更要把团队管活，要注重培养人才。要在团队中开发情感，使大家激情奔放；开发智慧，使大家创意涌动；开发才华，使团队五彩闪耀；开发潜能，使人力资源大幅增值。大家要互学互勉、共生共荣，使单位群体成为活力四射的团队。人们的幸福生活、人们的全面发展是我们一切工作的出发点与根本目的。

（三）管理是用"理"去"管"，要管得有理

要用条理、道理、情理、治理去实现有效管理。

1. "条理"

管理者首先要"吃透两头"，尽可能地把上级精神理解透彻、梳理清楚；把单位实际和群众的意见、建议搜集起来，然后融汇成条理清晰、目标明确的构想和措施；努力把群众中的点滴经验条理化，成为共识共享的资源，成为平时工作的思路与措施的有机组成部分；要把繁杂的工作简约化，成为可行性强的操作步骤、运作节奏；要根据新情况新经验，有条理地制定和完善规章制度，成为共同行动的准则。

管理不是忙忙碌碌地"来啥做啥""有啥做啥"，而是要用心智去"知体要""制蓝图""条纲纪""运众工""绩于成"。

2. "道理"

要把事情办好，必须使群众明白做什么、为什么要做、按哪些理念做、如何按步骤做、哪些必须着力做、哪些不能做等问题。心齐、气顺才能劲足，"上下同欲者胜"。管理者要学会说理，依靠大家一起把道理说得明白透彻，要通情达理地说、生动形象地说、真诚坦率地说、朴实无华地说、热情洋溢地说、上下互动地说，不仅说具体的道理，还要说科学的思维方法。人们口服心服了，管理就顺当了。管理者不能简单地凭借权势去管理，而要凭着道理去管人。

3. "情理"

合情合理地办事，才能实施有效管理。要管理好一个团队，是需要定规矩、讲原则的。但具体实施管理时不能简单化地动辄就说"规定是如此""原则就这样"，也不能只顾眼前，迁就应付，任意放弃原则，应该将规章、原则与面临的实际情况很好地结合起来。一件事情往往包含着好几对矛盾与多个侧面，涉及多个相关的规章和原则，因此管理者要善于进行综合考虑，妥帖合理地贯彻规章与原则，既讲原则，又有一定灵活性，在弹性限度内合情合理地处理问题。

4. "治理"

管理要切实解决前进过程中的问题，达到治理的目的。遇到出现的问题和薄弱环节，就要想到解决这些问题是管理者义不容辞的责任。管理者应该不怨、不尤、不避、不推、不窝、不拖，沉下去与群众一起治理，依靠群众，善借外力，化解矛盾，解决问题。在有效处理实际矛盾的过程中，增智慧、长才干、建情感、树威信。管理得好坏的一个重要的标准就是能否切实把单位治理得好，管理者不能仅仅起"传送带""守摊子"的作用。

管物要注重科学性、精细化、高标准，要力求严密有序、精彩卓越；理人要

▲ 青年教师管理工作培训班开学典礼

注重艺术性、人性化、高情商,要力求政通人和、互动共荣。

二、用心讲究工作方法,力争把各项工作办妥帖

(一)日常与中心结合(工作结构)

结构很重要,一些大致相同的元素,由于结构不一样,结果会完全不同;大致相同的几个方块字,可写成绝妙美文,也可组成丑陋糟粕;同样是几个音符,可谱成动人乐曲,也可形成刺耳噪声。因此,我们把精心谋划工作结构,列为三大基本工作方法之一。

平时有三类工作:常事、急事、要事(中心事)。

1. 常事

常事是指那些经常要做的事。

常事是基础。要有精品意识,在常事中见功夫、讲品位、展气质、显作风。常事是否抓得有序、有质、高雅、落实,反映着一个单位是否真正上品。单抓常

事是远远不够的。常事要由"中心事"统率，用"中心事"带动。常事又是"中心事"的重要载体，要为"中心事"奠基。

2. 急事

急事是指在一定的期限内必须完成的事或者需要应对的突发的事。

遇急事要勇于担当，要用智慧沉着冷静、稳步有序地去处理，通达为上，安全第一。

急事不一定是"中心事"（要事）。要积极而谨慎地处理好急事，但千万不能丢掉中心事。对急事处理不好，会严重干扰中心事，甚至成为形势急转直下的导火线；处理得当，可成为推动中心事发展的突破口。智处急事，不扰常事，不忘要事。不要以消极的心态去被动应付急事。急事中往往蕴含着种种机遇，要努力用智慧将危机变为转机。

3. 中心事

中心事（要事）是指有关单位发展的总目标、单位的根本任务，关乎单位前途命运的事。学校以育人为本，育人的事始终是"中心事"。

中心事要以常事、急事作铺垫，有时甚至以它们为突破口。

中心事要常抓不断线，常讲不停，要勤于积累，夯实基础。以中心事为主轴，以常事、急事为载体，三者互动互补。

到一定阶段与一定时机，就要集中主要精力抓"中心事"，务求突破。

不要割裂常事、急事、中心事三者的内在联系。那种认为"眼前工作太忙，只能处理常事、急事，等以后有机会再好好去抓中心事"的想法，不仅会使中心事落空，也会影响常事、急事的工作质量。

（二）奇谋与正规结合（工作思路）

正：常规、正面、前面、明攻、强攻、一般战术。

奇：非常规、侧面、后面、暗攻、偷袭、特殊战术。

"凡战者，以正合，以奇胜。"（《孙子》）正中有奇，不失呆板；奇中有正，不离正道，互用互补互动。

1. "以正合，以奇胜"，是一个重要的工作方法

处理常事、急事、中心事，都要先用常规的方法，从正面去积极周密地应对，也就是平时说的"兵来将挡，水来土掩"。要在运用常规上见功夫、显功力，同时还要用非常规的方法，从某些侧面去求新、求异、出奇招，出奇制胜，也就是常规思维与求异思维融合互动。

2. 奇正结合：正中有奇，不失呆板；奇中有正，不离正道

如果只是采用常规思维，按部就班、照章办事，必平庸不前。如果一味追求新奇，专赶时髦，华而不实，必零乱无序、风气不正。因此一定要"奇中有正"。

我校校训、校风、教风、学风的表述，以及集体氛围建设、教学改革思路、德育工作架构、师资队伍建设等做法，都十分注重运用"正中有奇、奇中有正"的工作方法。

（三）迂曲与正直结合（工作线路）

"军争之难者，以迂为直，以患为利。故迂其途，而诱之以利，后人发，先人至，此知迂直之计者也。"（《孙子》）

1. 要牢固树立"过程"的思想

办成一件事情，要有一个或长或短的过程。如果只满足于"讲过了""抓过了"，是要误事的。

2. 在多数情况下，事物发展"过程"是曲线的

虽然几何学上讲，两点间距离最短的是直线，但现实生活中，在许多情况下，走直线阻力大、费时多、风险大，走曲线更为适宜。

3. 用智慧把握迂直工作法

要曲得恰到好处，迂得和谐得体，成本低、效率高，这是很有难度的。

我们要用好迂直结合的工作方法，该直时就直，该曲时就曲；如果该走曲线，就要努力用智慧找到一条阻力小、费时少、成本低、效果好的最佳曲线。

无论是待人处事，还是立身处世，都要运用好迂直结合的方法。孔子曰："可与言而不与言，失人。不可与言而与之言，失言。知者不失人，亦不失言。"对"可与言"者，可直言。即使直言，也得注意必要的方式方法。对"不可与言"者，不可直言，要设法用"曲"的办法去妥善处理，例如可采用婉言暗示、待机相告、请人转告、只做不说等方法。

（四）虚玄与实在结合（工作艺术）

虚：一是指精神意识，指虽看不见、摸不着，但确实存在的事物；二是指弱、逸、寡、短。

实：一是指有形物质存在，指看得见、摸得着的实有事物；二是指强、劳、众、长。

1. 要感觉到、想得到"虚"，要十分看重"虚"

做事能有正确理念作引领、政治思想作保证，以虚带实、虚实并举、务求落实，则工作就会有声有色。

若陷于事务堆，见实不见虚，则工作就难有起色；若空口说大话，虚而不实，则工作就一事无成。

2. 要以虚带实

想"虚"应深远，务"实"应精细。无论做何事，都要这么做。

3. 要以实击虚、扬长避短

凡事预则立，准备好了再动，有把握了再干，切忌空洞发号令，随意立规矩。善于打仗者，是去战胜容易被打败的敌人。能打胜仗，是因为先完全有了战胜的把握，然后再去求战；吃败仗，是因为先急忙开战。一定要充分准备，然后才行动。

4. 要一抓到底，务求落实

千万不能虎头蛇尾。魏征曰："有善始者完繁，能克终者盖寡。"戒之，戒之！

"奇正""迂直""虚实"是用兵的三大谋略，也可移用为工作中的三大谋略，要细细品味，好好运用。

（五）刚健与柔顺结合（工作原则）

刚：刚健中正、积极向上、坚定目标、维护原则、不畏艰险。

柔：柔顺宽厚、谨慎谦和、防微杜渐、明理通达、渐进积累。

1. 刚柔相济才能生成万物、亨通成功

刚：乾性品格，有开创精神，助万物起始。

柔：坤性性格，有宽厚德性，助万物成长。

既有乾天的开创精神，又有坤地的成物厚德，两者结合才能生成万物。只有刚性，虽有起始，难以成长；只有柔性，缺乏起始，何来成长！

目标原则必须坚持，制度规定必须执行，开拓前进必须坚定。同时，胸怀应该开阔，气质应该高雅，方法应该缜密。刚柔相依、刚中有柔、柔中寓刚、刚柔互化、刚柔相济，处事才能亨通、事业才能成功。

2. "方圆功夫"是"刚柔相济"原理在待人处事方面的实际运用

"方"是刚，是原则；"圆"是柔，是弹性。

在思考问题、筹划工作的时候，要"外方内圆"。根据党和国家的政策、法规，以及做人的基本准则等，先设定一个框，我们不能逾越这个框（外方），只能在这个框架内寻找和构思效益最大化的方案（内圆）。

在实际办事的时候，应"外圆内方"。方是行事原则，圆是弹性限度。有些原则在执行时可视当时实际适当权变，但这个权变不能超出其弹性限度，办事要圆通而不离原则。适当权变的目的是为了更妥帖、更有效地贯彻好这些原则。"外圆

内方"，表现在外面的是柔和圆顺的举动，但蕴含在人的内心、事的内在的是刚健中正的原则。

要修炼刚柔兼备的品格与性格，这是完善人格、成就事业的必然条件，两者不可偏废、不可缺损，要力求完善融合。

（六）抑制与化解结合（工作方式）

1. 少用抑制方法，力避冲突形式

坚持首用、多用、巧用化解方法。大事化小，小事化了；化得完美，化得协调；化成通畅，化成卓越。

（1）少用抑制方法

"修齐治平"都要用到"抑制"的方法，"礼法"与"克己"都起着适度抑制的作用，这是很有必要的、不可缺少的，但抑制不能过度，否则会产生许多副作用。不要因贪图方便或迷信自己的权威而动辄用"管、卡、压"的抑制方法；要坚持多用、巧用化解的方法。

（2）力避冲突形式

冲突会带来很大的破坏作用，会留下很多后遗症，因此在万不得已的情况下，才用冲突的方法。

（3）首用、多用、巧用化解方法

通过交流沟通、倾听协商，将相关各方的意见融化为彼此都能接受的共识；兼顾各方的利益，融化成互利双赢的方案。这样做虽然需要花一定的时间去做大量细微的工作，不像单用抑制方法那么方便，但一旦化成共识、融成方案，由于彼此相通，就会产生长效的合力。

2. 活血化瘀，商量办事

在人际交往过程中与事情发展过程中，常常会因种种原因产生瘀积，"瘀"是

病源，"不通则痛"。要用"活血"去"化瘀"，这个"活血"之法就是交流沟通、协商融合、化解疙瘩。君子先要做好自己安身易心的修炼工作，然后去行动说话；先与别人建立深厚的交情，取得他们信任，否则会产生不必要的误解。要真诚交流、细心沟通、商量办事、活血化瘀，创造通畅发展的条件。

3. "适度妥协"需要有高尚的人品与高超的智慧

适度妥协、互利互赢是达成共识、形成方案的必要条件。如果处事思想方法僵硬或"精明而不高明"，容易使事物梗塞而生瘀。适度妥协不是无原则地迁就，而是善找彼此共同点，巧妙区分大小主次，恰当把握弹性限度，有效维护基本原则。善于适度妥协的人需要有忠于公利、善解人意、圆通大度、理智通达、谨慎细微等人品与高超的智慧。

（七）积累与飞跃结合（工作节奏）

1. 把握积累与飞跃的辩证法

量变——部分质变——基本质变——新的量变，并继续深入解决尚未完成的遗留任务……

在量变阶段，要走小步、不停步地耐心积累，不可急功近利，不能浮躁；待到部分质变后，要及时跃上一个个新台阶，如此步步攀登，直至顶点；到达基本质变后，要勇于跨入新的发展阶段，在总结经验、研究实际、分析形势基础上提出新的奋斗目标。

2. 用好"滚雪球"式的积累方法

见到好事，不能仅仅表扬过了就完事；有了成就，不能只是庆祝过了就算数。要用心把这些好事、成就作为内核，推广到面上，设法转化为常态，并从中再找出典型与经验，予以推广，似雪球使之越滚越大。

3. 把握时机，实现飞跃

要能围绕总目标，适时提出阶段性的具体目标、口号、思路，有节奏地向前不断攀登。当大体实现了"总目标"后，要汇集群智，适时制订下一个新的总目标。

（八）反思与微调结合（方法基础）

1. "反思"就是从改善自身中找出路、从丰富实践中悟思路

这是立足现实并把希望紧握在自己手中的明智做法，是一种敢于担当的品格与从容自信的气质。

2. 在反思基础上及时微调

一般情况下要忌大调、急调。微微调节，步步改善，渐渐积累，稳稳发展。实践——反思——微调——再实践——再反思——再微调……

不能只是口头上承认错误，行动上不去微调，更不能把责任推给别人，要别人去调节，而自己不作改进，这是大忌。

反思微调是完善各项工作的一个重要方法，是改善各种工作方法的一个根本途径，是提高自我修养的一个最好抓手。一个勤于与善于反思微调的人，往往工作效果良好，能力提高快速，成长发展稳健。

改善方法是个大学问。事业有成、人缘和亲，不仅靠方向准，还需要方法对。

三、用人的学问

工作方法问题说到底是人的问题，在于聚人、识人、用人、容人、育人、护人。

（一）人才与事业

网罗人才是成就大业的第一要义，发现人才的本领是领导者的首要本领。

1. 开创事业靠人才

事业无论大小，都是一个系统工程，由许多子因素综合构成，而且按照"木

桶原理"，某一子因素的突出缺陷会制约事业的整体成效。因此，要办成事业，需要有多种多样的智慧。而一个人的智慧是有限的，于是需要各种各样的人才，所以说，"网罗人才是成就大业的第一要义"。

管理者的智慧与力量主要表现在是否善于发现人才、汇聚人才、用好人才、协调人才和发展人才上面，管理者是否能干主要表现在"知贤"上面。所以说："发现人才的本领是领导者的首要本领。"

2. 长盛不衰靠人才

事业有成之后，在人事关系方面，会出现许多新的情况。由于视角不同，往往会有种种不平衡心理，出现纵向、横向的不协调现象乃至裂痕，需要管理者用智慧去沟通与抚平，否则会造成人才浪费和人才流失。这时管理者也容易或纵情傲物，或贪逸坐享；只有头脑清醒的领导，才能居安思危、竭诚待下。

（二）人才与全才

1. 金无足赤，人无完人

人无完人。人的才能、脾气各有所长，各有所短，真正的全才是不存在的，相对的全才是少见的。而且一个人的长处、短处也是相对的，某些特点，在一定场合是长处，但换一个场合则称不上是长处，甚至是短处，反之亦然。不少管理者自己不是"全才"，却以"全才"的标准去苛求下属，老是感到下属缺点多多，很不称心。天下本无完人，一心想使用完人，真是自寻烦恼。要认识到：自己是不完美的，所有的下属也是不完美的。管理者对待下属要用其长处、激其潜能，以辩证的思维、中和的心态对待之。

2. 扬长避短，安准位置

员工是多才艺、多层次、多特点的，单位的需求也是多方面、多层次、多式样的。人与岗位要搭配得很恰当，能各得其所而且整体协调，是很不容易的，涉及管理者的观察能力、认识能力、思考能力，以及细腻的态度与民主的作风。善用人才是一门很高深的学问。

智、勇、仁、信四者，若能兼备，则是一个国宝级的人物；能兼备两三项，已是很难得了；有一项，也是很可贵的。智者不一定又是勇者，善谋划，但实践精神与实践能力相对有欠缺，听他说说很有道理，靠他去做就不够理想。有些智者，在仁、信方面可能存有明显的缺陷，但善谋划，能评判，也是难得之才，应该设法"尽其谋"。

再说勇者。勇者假如又是智者，智勇双全当然很好，但不少勇者，虽然在实践中也有不少真知灼见，但从总体上说他在智谋方面相对不够出众。他们能出色完成所担负的任务，但不善表达，也不擅长对全局性的工作想出有创意的点子。这类人俗称"老黄牛"，是单位很宝贵的人才资源。

人无弃才，就看管理者的用人艺术如何。《吕氏春秋》中有一句话："天下无粹白之狐，而有粹白之裘，取之众白也。"我们的责任就是要汇集众人之长，充分发挥其才。在一个教研组内，教学风格各不相同；在一个年级组内，带班艺术各有一套。假如我们把"各不相同""各有一套"研究透了，巧妙地安排任务、搭建平台，就可以把组内的工作搞得有声有色。

3. 注重结构，巧作安排

制造一个先进的产品，不能要求所有的零部件都是最先进的，否则造价太贵，难以推向市场。构成先进产品的原件，往往大量是普通部件，只辅之以少部分的先进部件，关键在于结构设计先进。一个运动队在比赛场上，除了基础实力之外，临场时的出场成员及其排列次序也对胜负有着重大影响，田忌赛马的故事说的就是这个原理。

学校每学年要安排人事，这是一件极重要与细腻的工作。在具体安排人事时，除考虑上述智、勇、仁、信四者的原则外，还要尽可能考虑性别、年龄、性格、风格、特长等因素的互补、互动。

韩愈的《杂说四》一文议论了大家很熟悉的伯乐与千里马的问题，讲了两个重要观点：

一是千里马常有，而伯乐不常有。有些人感叹没有好马，曰"天下无马"。作者铿锵有力地说："呜呼！其真无马邪？其真不知马也！"根本问题在于我们不识马，所以此文开头第一句就写"世有伯乐，然后有千里马"。

二是成为千里马是有条件的。前提是此马"有千里之能"，但"食不饱，力不足，才美不外见，且欲与常马等不可得，安求其能千里也"。

要使"有千里之能"的马真正成为千里马，有三个条件：

一是策之以其道。要遵循千里马的特性去驾驭他。对一些突出人才，要根据其特点用好他。

二是食之尽其材。尽其需要给予饲养。对有突出潜能的人才，要用特殊的办法培养他。

三是鸣之通其意。要理解其发鸣的意思。对一些有突出潜能的人才，要善于倾听与领会他们的言论。

从"千里马"本身的角度来说，一要好好工作，二要认真进修，三要恰当展示才华。总之"千里马"本身，也不能坐等别人去发现。

（三）人才与资源

现在，各单位把原来的人事部门更名为"人力资源部"，表明人力不仅是当前可供使用的力量，更是可以开发的资源和宝库；人事工作不仅是行政性的管理工作，更是一件要用心去开发人力资源宝藏的工作。重在开发是新时期人事工作的特点，管理者要努力学会这么做。

1. 做好服务工作，调动蕴含的力量资源

学校是人才汇聚的地方，多数人都受过高等教育，又各有专长，师资队伍中

蕴含着巨大的力量，需要有人去用心开发。我们要多方面做好服务工作，包括思想沟通、帮助协调、提供支持等，使现有力量资源最大限度地发挥出来。

一个人的才能的充分发挥是需要有载体与平台的，管理者要努力设计活动，搭建平台，制订策略，助人成功。

2. 加强氛围建设，开发团队的合力资源

团队内的人才资源力量，不仅是单个力量的简单相加，群体合力可远大于（也可远小于）单个力量的总和。影响合力的因素很多，其中有三大因素：一是目标、策略、步骤的正确度与认同度；二是人员组织结构的科学合理度；三是群体氛围与团队精神的良好度。

我校下大力气紧抓三大氛围建设：一是严肃的求学问的风气与亲切的家庭式温馨完美结合的集体氛围；二是亲切、勤快、严细、求索的教风和"细功夫、活办法、好心态"的教学氛围；三是忙着更快乐着的工作氛围。良好的氛围使老年教师焕发青春，使中青年教师快速健康成长，"老、中、青"互亲、互助、互补、互动，汇合成一股自觉主动的、富有创意的巨大合力，保证了学校取得一个又一个辉煌的业绩。

3. 知情知义，开发人际的情感资源

人是富有思想与情感的。老师们渴望相互真情相处、幸遇知音。所以管理者要练就原则性与人情味完美结合的智慧与艺术，要知情知义、善待下属。

（1）相聚是缘，要知情、建情

我校的许多老师，在来我校之前，原本有多种选择，但最终选择了我校。有的老师放弃进重点中学的机会，有的放弃直升研究生的机会，有的离开原来的重点中学来到我校……我们要对此深怀感激之情，常常以"一定要善待他们"自勉，尽力使他们真切感受到"选择无悔"。

（2）生命可贵，要关爱人生

学校要为学生的一生幸福奠定尽可能厚实的基础，同时也要为教师的幸福生活和专业发展创设尽可能好的条件。在相互关爱的过程中，培植同甘共苦、同舟共济、荣辱与共的感情，形成协力用心的合力。

4. 加强培训，开发人才内在的发展资源

人是在不断变化发展之中的，人是一个未完成的作品。加强师资培训，创设教师成长发展的空间，是搞好工作、发展学校的需要，也是教师本人展示才华、实现人生价值的需要。

努力设法使大家在思想方法、思维方式上取得一致，是师资队伍思想建设的一个重要任务。不仅要使大家明白在某一个问题上的是非美丑，更要帮大家掌握总的思想方法、思维方式。通过群众性的心理疏导工作，尽可能把大家的心态随时调节到最佳状态。

四、乐群三律

培育乐群的品格，有三条原则是应该遵循的，谓之"乐群三律"。

1. 恕道：推己及人，换位思考

"己所不欲，勿施于人。"待人要讲究"恕道"。

恕道的特点是：你喜欢别人怎样对待你，你就怎样对待别人。设身处地，将心比心。

在日常生活中，从某些"强者"身上，容易看到另一种思维方式的影子：傲视下属、唯我独尊，只考虑自己的想法，不顾及别人的实情；只强调自己的要求，不顾及别人的难处；只关心自己的威信，不顾及别人的尊严；听到批评时斤斤计较，批评别人时口无遮拦等。

践行"恕道",是与人相处的基本原则。

2. 忠道：同生共济、助人成功

"己欲立而立人,己欲达而达人。"待人要力行"忠道"。

忠道的特点是：你想成功,也要助人成功；你想通达,也要助人通达,互利双赢、共生共荣。

力行"忠道",这是处理人际关系的高尚原则。

3. 智道：善解人意,成人之美

子曰："不患人之不己知,患不知人也。"要用智慧去善解人意,成人之美。

智道的特点是：别人希望你这样对待他,在合理与可能的范围内,你就这样对待他。

子曰："君子成人之美,不成人之恶。小人反是。"对别人一些美好而合理的想法与要求,凡能办到的,要热情地成全他们；假如暂时条件还不够成熟的,要讲明道理,求得理解、谅解,并把他们的想法与要求,放在心上,设法创造条件,帮助他们实现。

实施智道,需要有至诚待人的态度与洞察事物的智慧。因为别人内心的要求,有些是明白说出来的,有的是用迂回的方式含蓄表述出来的,有的只是在表情上的流露,有的则什么表现也没有,只存在他的心里。要用善解人意的智慧去察觉、去理解、去把握,并恰切地分析其合理程度及实施这些合理愿望的时机,然后设法在可能范围内帮助其实现美好的愿望。

巧行智道是处理人间关系的智慧原则。

文化立校
和合共鸣

———

上海市西南位育中学的
教育求索之路

———

金　琪　王　凡

文化是一个国家、一个民族的灵魂。西南位育中学从创建开始，就崇尚重视人、尊重人，倡导对文化、理念的学习和追求，开启了"文化立校"的求索之路。

一、初创期——文化之魂：中和位育

1993 年，乘着改革的春风，在上海市徐汇区的西南角，全国第一所公立转制中学平地而起，这是一所为徐汇教育"建峰填谷，提升底线"，扩大优质教育资源闯出新路的中学。彼时，在尘土飞扬中，学校迎来第一批 150 余名新生。简易课桌搭建的主席台下，学生们站在满是泥土、煤渣的操场上，硬件的匮乏与台上 60 岁老人激情澎湃的致辞形成鲜明对比，他便是上海市西南位育中学创办人——庄中文，一位修身以德、文化至上的教育家。他将文化融入校名之中，并将"中和位育"这一中华优秀传统文化，作为学校的根本办学理念之一，在"致中和"指导下，根据"天地位焉"的准则，达到"万物育焉"的目的。

（一）一本理念践行的小本子

庄中文校长有一个习惯，他喜欢到印考卷的油印室把废弃的练习纸的空白面订成小本子，并随身携带，中午放学到办公室找老师拉家常，随时把认为有价值的内容记下来慢慢琢磨。这些小小的笔记本不仅见证了西南位育筚路蓝缕的奋斗历程，也记下了老校长对教育的深邃思考和"中和位育"学校文化的凝练历程，久而久之形成了"蜜蜂式""海绵型"工作方法。

（二）一个理念输出的小杯子

庄校长有个习惯动作，每逢教工大会喜欢和老师们讲话，而且一讲就是两个小时，这时他手里一定有一个茶杯，随着茶杯在双手上转动，他的金句就像泉水一样源源不断，有些外地来的老师也是从听老校长的报告开始听懂上海话的。在这位智慧长者的谆谆教诲下，老师们开始学会用"中和位育"的思维模式来思考问题，比如"多角度思维""自己与自己开会""理智地承认客观现实""知足与之不足""两点论与三点论""积极人生与换位思考"。

（三）一套理念渗透的大读本

庄校长亲自撰写《追求完美　力求发展》《致中和，天地位焉，万物育焉》作为校本读物，大会、小会宣讲，从哲学思想与人文精神两个层面剖析内涵，并注入时代精神与国际视野、现代元素，融入全体师生血脉，成为学校最大亮色与宝贵文化财富。2015 年，学校编辑刊印了《追求完美　力求发展——庄中文办学思想文集》，在徐汇区教育局助推下，由上海教育出版社出版《我的办学理念与探索》。

庄校长一贯倡导"不以权力去指挥，而要用思想去统领；不是消极用制度去约束，而是积极用理念去引领"，推进任何工作都通过摆事实、讲道理的明理释义，上下形成共识而迸发活力。学校也初步形成了一支理念认同的师资队伍，条件异常艰苦，老师们却甘之如饴。

二、攀登期——文化之核：以人为本

2005 年，作为上海第一批深化体制改革的试点学校，学校毅然决然地改制成民办中学，为徐汇教育"各级各类争创一流，形成多元发展格局"做出贡献；同年，学校通过国际 CITA 认证，成为中国大陆第二所、上海第一所国际中学，为徐汇教育国际合作交流探索新模式。西南位育中学也在这一年完成了新老校长的交接，中青年骨干张建中校长带领新一代西位人坚持庄中文老校长的办学理念和管理经验，沿着老校长开辟的道路不断创新、奋力攀登。

（一）一张职业成长规划表

正如庄中文校长所言："学校以学生为本，发展以教师为本。"张建中校长在传承中强调："学校的核心竞争力在于优质师资。"伴随师资队伍的进一步扩大，

▲ 成立首届党总支　开启党建新征程

如何在保持队伍稳定的前提下，提升职业幸福感、空间度？在办学理念"关注每个教师的发展方向"基础上，张校长致力培养"一专多能"型教师队伍。

从入职第一年起，每隔五年，西位的老师总会收到一张全新且持续变化的"职业成长规划表"。这是一张明确职业发展、寻求职业理想的蓝图，在表格的变化中，教师亦实现了职业蜕变。徐迪斐老师便是受益的教师之一，徐老师虽有教学能力却无法与学生产生共振，年级组长一度希望他离开本组。在职业规划的细化与针对性调教下，徐老师最后取得了两次全市高中数学教学大赛一等奖和一次全国一等奖，现担任教研组副组长，区学科带头人。他在大组讨论时表示："我的一切都是西位给我的！"

张建中校长提倡教师不仅要精通自己的专业课，还要有特长能多开选修课、校本课，力求让每个教师不断释放潜能，从而建立起西南位育的人才高地。以化学老师为例，除了任课，还要带一个社团，而带社团，要掌握 AI、数学等多门学科的知识。在社团的发展中，教师化兴趣为动力。师生共同的提高，让每个人都尝到了甜头，也真正达到了教育的目的。在西南位育，每位教师都带社团，体育老师也不例外。"百团大战"的内容涵盖了各个学科，最终归结到"多能"这个点上，让每个教师的潜能都释放出来。

（二）一个氛围共识保障团

张建中校长指出，引导文化气氛、形成学校共识，不是少数人的事，必须建立从党政到一线教职工的传递和互动工作链。年级组、教研组、备课组、党小组建设，是学校日常管理的基础。张校长在组室建设中，努力注入文化、注入和谐，努力打造让大家有归属感的精神家园：让备课组成为最活跃的整合资源、共享经验的交流、带教平台；让年级组成为最贴心的信息沟通、情感互动的协调、合作平台；让教研组成为最有效的专业培训、教学探究的学习、研训平台；让党小组成为打通党建工作"最后一公里"的桥梁。

此外，在氛围建设基础上，更关注教师心理健康，关注教师文化追求和人文情怀培育：开展读书活动、教工社团活动和人文大讲堂，推进教师工作与生活的平衡。营造有喜共庆、有难共帮、协作默契的组室文化。强化"我与学生共成长、与西位共发展"校园共识，引导教师由"小我"走向"大我"，促使教师不再自己站在中央，而让学生站在中央，以更高境界实现自我价值。

（三）一群历久弥新西位人

要让西南位育成为师生和家长的无悔选择，如何进一步增强"西位人"的主人翁意识，张建中校长在一定历史积淀基础上，以"西位人"的传承为突破，探索并不断壮大西位共同体。

张校长以传承的西位人为抓手，关注西位二代（父母是西南位育毕业生）、西位二娃（大宝是西南位育的，二宝又到西南位育来读书）、特殊校友（曾是西位学生，大学毕业后来西位做老师）、西位父子（爸爸和儿子同是西南位育老师）……

2012届校友，现为西位教师的佘城良便三次选择西南位育。第一次选择西位，是因为学校的名望、师资与排名，他在父母的鼓励下成功进入了西南位育读书，感到荣幸和幸运；第二次选择西位，是因为热爱与追求，初三时选择西南位育继续读高中；第三次选择西位，华师大毕业后成为西位教师一员，则是文化、情感与实现价值。佘老师多次站在西位的舞台上分享自己的经历，从学生到教师，从学生到同事，角色蜕变的同时"西位人"的身份却不曾改变，这样的一份认同感和归属感，也更加坚定了他为西位奉献付出的决心。

张校长按现代管理理念，提出并践行"理念留人、事业留人、氛围留人、待遇留人"的"四个留人"队伍稳定机制，为教师创造一个良好的生存与发展环境，让每个教师步调明确、潜能释放，成为西南位育不可替代的存在。2015年，张校长主编的

《激发成长自觉——"中和位育"引领的求索之路》由上海教育出版社出版；2019年，学校摘获全国教育系统先进集体荣誉称号，这也是上海第一所获此殊荣的民办学校。

▲ 积极慎重发展新党员　不断优化队伍结构

三、突破期——文化之承：命运一体

已取得的成绩是对学校工作的认可，也是推动学校向更高层次发展的动力。针对当前民办校政策的调整，张校长带领全体西位人寻找新机，主动应对。

（一）一条规范办学路

深入学习、贯彻落实《中华人民共和国民办教育促进法实施条例》，在依法依规办学前提下，以制度建设、程序接入把理事会、校行政、校党委"三驾马车"变成"三马驾车"，科学配置各项权力与界限。

（二）一个命运共同体

张建中校长先后在老教师座谈会、两长骨干会、教工大会、党员大会上，作了《学校的高度决定学校的未来》《强化命运共同体　讲好西位新故事》《扬帆新起航　创业再出发》等宣讲，旨在动员全体教师与西位命运一体，正视新局、凝心聚力、自强突破。并开拓性成立"女婿俱乐部"，稳固并拓宽西位命运共同体外

▲ 中共上海市西南位育中学委员会成立大会

延，让西南位育的女婿们做好丈夫、当好爸爸、成为西位粉丝，全力支持自己妻子的工作，成就卓越发展。

（三）一个特色目标建

学校在平衡中寻求突破，抓住上海市特色普通高中申报契机，发挥完全中学优势，将已有文化积淀与特色亮点转化为"人文立校　适位育人"特色高中目标创建，在危机中育先机，于变局中开新局。学校建设，本质上就是一个不断用先进思想感染人、引导人、改变人的过程。人文立校将重塑学校和师生的发展空间。在张校长的带领下，全体西位人将全方位、多层次、多声部地唱响"人文立校，适位育人"的主题曲。

当年西南位育中学的诞生是改革大潮中的一颗种子，现今又成为沐浴改革春风跨入新征程的一棵绿苗。始终流淌着改革血液的西南位育中学，用文化凝聚师生，用优质助推发展！

西位故事

3

同心

理念的丰碑
智慧的力量
务实的硕果

————

回眸开创年代
庄中文校长的点滴往事

————

沈效征

　　西南位育从崛起到腾飞，为社会交出了一份份令家长满意、为大家惊喜的答卷。令人值得探究的是：这所民办完中，究竟靠什么撑起了上海优质教育新秀的一片蓝天？是什么，培育了上海民办教育百花苑中初中、高中能比翼齐飞的这朵奇葩？

　　我们回眸校史，追寻历史足迹，从中发现了一些端倪。

▲ 建校初期的西南位育中学（宜山路 671 号）

吮吸着改革的乳汁成长

1993 年初，受上海市徐汇区教育局重托，年近花甲的庄中文校长在位育中学红楼的一间办公室，开始筹建西南位育。当年 9 月，上海市西南位育中学这所崭新学校的开学钟声敲响了。

称其为"崭新学校"，不仅在于这是一所新办学校，更在于其带有陌生而神秘色彩的所谓"民办公助"的定位。徐汇民众无不带着陌生的眼光注视着她。

打上了改革的胎记

徐汇区一直是上海教育优势区，有着光荣的历史传统。20 世纪 60 年代著名的"鸡毛飞上天"的教育传奇故事，就发生在这里。1992 年，乘着邓小平南方谈话东风，在上海诞生了改革开放以来第一批约五六所民办中小学的基础上，徐汇区政府与教育行政部门立意高远、精心布局，于 1993 年推出上海市西南位育中学和上海市世界外国语学校，实现了民办校的零的突破。

其时，在以主持开辟徐家汇新商圈令全市瞩目的徐汇区区长张正奎大力支持下，区教育局长谢家骝、区教育党工委书记汪仕琴、区教育局副局长李骏修、顾奎华等领导，都为西南位育的发展倾注了很多心血！他们以改革创新思维和充满智慧的顶层设计，把原定为"田林四中"的这所新建的工建配套中学，打造为当年徐汇教育改革创新的一个重要载体。于是，一所"民办公助"（后称"转制学校"）中学，开了全市、全国的先河，在浦江之畔、田林热土呱呱坠地。

其时，设计者精心运筹："公助"，即由国家给予一定扶持，提供基本的开办设施和教职员工三年的基本工资（课时与日常开支津贴自筹），这叫送一程；"民办",即三年后"断奶"盈亏自负,另又适当扩大办学自主权,包括能收取政府核定的学费,以市场化运作。

因为当时上海市民收入普遍不高,对民办校收费,特别是对高中生收费,在徐汇区六所重点中学林立,还要面对区内颇有声望、号称"四大金刚"完中的竞争的情况下,区府、区局对能否办成一所优质民办高中部,确是为学校捏了一把汗的。当时取校名时,借力位育这块老牌子而称"西南位育";高中又傍上一所上海热门大学、热门专业,冠之于"上海国际商学院附中",都处处体现着当时决策者的呵护之苦心和用足改革之红利。

在这不平凡的年代,应该感谢时代给予西南位育难得的发展机遇。徐汇区老区长张正奎先生是这样总结的:西南位育真可谓"生逢其时、生得其所",诞生于教育底蕴特别深厚、历届区委区政府区局领导尤其重视教育、全力扶助民办的徐汇大地,真可谓天时地利人和兼得啊!

一个好校长就是一所好学校

创建之初,西位人开始强烈感受到:之所以让他们对学校前景抱有信心,是因为他们遇到了一位优秀的领航掌舵人!

说起庄中文校长,这位徐汇区的资深教育人士,1950年读高中时就加入了中国共产党,历任华光中学党支部副书记、徐汇区教育局普教科副科长(主管中学)、市二中学党支部书记、徐汇区教育局副局长、位育中学副校长等职。集四十余年的丰富教育管理经验,他在临近退休之际,走马上任创办西南位育中学。他善于思考、富有睿智,尚身强力壮,在他人生经验与历练的鼎盛时期,又一头扎进了一个全新的追梦岁月!

在建校二十周年庆典讲话中,时任校长张建中说:"西南位育的最大幸运是区领导为西南位育选派了一位好校长。"张建中校长作为一位二十年来在风雨中一路

▲ 庄中文校长

走来的西位人，正说出了全体西南位育创业者的共同心声。

　　这位徐汇区德高望重的老校长、从教四十年怀着许多教育梦想的花甲老人，带领着建校第一年47位开拓者，一切从零起步，一路风雨，一路在困难和挑战中，不断爬坡攀登，创造了一个又一个的辉煌！

　　庄校长人虽老但教育理念却非常领先，始终像海绵一样吸收新鲜事物，消化着各种教育信息，不断提炼融会，不断出思路、出方略。班子里的同志都深深记得，当时每周一上午，他总把自己在周末思考分析的结果与大家分享，从而形成大家共同的新的工作思路。

　　他受人感佩的教育智慧，源自他长期的教育管理实践磨炼，源自他极为丰富的人生经验积累，源自他深刻的哲学思辨能力，更得益于他勤于思考、勇于探索、敢于与众不同的睿智和进取精神。这一点，即使在当时的徐汇教育界，也是有口皆碑的。

　　更加难能可贵的是，拥有丰富的经验，拥有脑子一转、点子就来的敏捷思维，他却一点不浮躁，不急功近利，不求声名荣耀，以极其务实的精神，一步一个脚印。所以，在他的引领和感召下，西位校园内始终崇尚实事求是，崇尚脚踏实地。

正因为庄中文校长具有这三者非常难得的完美结合，西南位育众多的开创者在回眸学校发展史时，都有一个共同感受：在庄校长的运筹帷幄下，西南位育几乎紧紧抓住了每一个重大发展机遇，让学校始终能化险为夷，一往无前。西位人这么多年来，在学校发展的进程中，深深体验到了理念的力量，分享着智慧的甘露，品尝到了务实的硕果！

在深化改革中完美实现新老交替

2005年，全国各地转制学校还在蜂起，但在上海这座国际大都市，已基本完成历史使命。为理顺体制关系，或进为民办，或退为公办，两者取一。上海市西南位育中学，正处在一个十字路口。

盛夏假期，烈日炎炎，西南位育中学教代会代表们也热情似火。他们的投票将决定西南位育何去何从！但想不到的是，代表们的思想如此一致，100%同意区教育局拟定的《西南位育中学转制为民办的改革方案》，让当时徐汇教育党工委书记王纪元也深感意外。他赞赏西位人敢为人先的改革精神，也感叹这群勇敢的开拓者对民办西南位育未来是如此的自信！

中共上海市徐汇区委、区政府再一次成为西南位育中学深化改革的坚强后盾，始终流淌着改革创新血液的西南位育，成了当时上海乃至全国，由转制学校转为民办校的"敢吃螃蟹"的少数学校之一。

随着民办校体制的即将确立，作为首任校长的庄中文先生，深感自己年事已高，亟须实行新老传承，积极筹划和推进管理层与教师骨干队伍的新老交替，让改革发展的接力棒顺利交接。

长期来在全校有极高威信，习惯于做决策、下指令的他，在有了常务副董事长这个新角色后，面对原手下才四十出头的新接任校长，放不放心？交接要不要一步步来？老庄以自己的行动做出了坚定的回答：把包括干部管理、招生和人事等全部行政工作一步到位，彻底移交，让年轻同志放手大胆工作，自己退居二线保驾护航，做坚强后盾。教师们都看在眼里，欣喜地看到了学校"政通人和、万象更新"的未来前景。

在这个万众瞩目的时刻，老庄又一次表现得与不少民办学校老校长截然不同，他以一名共产党员的无私无畏的气度和胸怀，真心实意为后辈年轻人设台阶、架梯子、传锦囊。他的风范，在上海市民办中小学产生了很大的影响，也使他在这些老校长群内享有了更高的人望。2016 年，他获得了上海市民办教育突出贡献奖的殊荣，确是实至名归。

理念与智慧的握手

学校成立半年以后，庄中文校长的亲和力、学识智慧和他颇具个性的办学理念，已为众多教师所信服和拥戴。

一个勤于笔耕的思考者和实践者

初创的这前一两年里，庄校长几乎让每个教师都接受他最常挂在嘴上的一句话："走小步、不停步。"很快这句话在师生中口口相传，在校园不胫而走。

要知道一个新办的学校，一切从零开始，多么需要师生从方方面面都能快速有所作为、有所突破。庄校长刚开始做这前人没有做过的民办教育，肩上挑着千斤重担，心头压着万斤石头，压力不知有多大！同时，老师们初进民办学校，也感受到了巨大的心理压力。然而庄校长作为一校之长，却出其不意地推出这么一句既富哲理，又能舒缓心理压力、稳定人心的格言，让大家情绪上能够放松，似乎要把众人的压力都转到他自己一个人身上。大家心中不得不折服，其用心之良

庄校长积四十年教育之感悟，他心中放着一句话："教育事业学生为本，学校发展教师为本。"他的人本思想深深地融入了他的教育理念中。创办之初，学校面临莫大生存压力，在学校抓教学质量似乎压倒一切的档口，他却旗帜鲜明地提出师生的两康（生理健康与心理健康）工程，提出要特别关注民办学校学生的心理问题，非常超前地不断聘请有关专家为师生开设心理健康讲座。

毛泽东主席曾在文章中提出"文明其精神，野蛮其体魄"，庄校长将主席思想与学校工作相结合。他向师生提出了"操场闹、走廊静"，"中午和课余时间尽量让学生进操场"的号召。在师生共同努力下，早操晨跑，也成了全区的一个窗口。他又具体提出了"男力女型"（男生力量、女生体型）要求，开展两力工程（臂力和耐力）目标，通过厚积薄发，最后全力推出了深受师生喜爱的"男篮女排"，也才有了我国第一个到以色列留学的校友龚合璧"七年中没放过一节体育课"的中肯赞语。

庄校长从 1996 年提出"办成不挂外语校牌子、办成真正外语特色校，不挂重点校牌子、办成大家心目中的重点校"目标开始，在教育质量上不断提升，高考、中考节节拔高，给家长和学子带来了无数惊喜。西位人至今难以忘怀，学校 2004—2008 年高考的上线率连续达到 100%、本科率达到 98% 的辉煌战绩，有两年，这个100% 还是全市的唯一或唯二。

对于学生发展，庄校长又提出了"有责任感、有仁爱心的刚柔相济男子汉和有抱负、有学识的自尊自强新淑女"的目标。他超前地提出了"一切为学生一生幸福着想，一切为学生终生发展奠基"的办学核心理念，率先大力推进素质教学，面向大多数，放低试卷难度，推出考试实行附加分等有效措施。从发展外语特色，延伸至弘扬传统美德、男篮女排、机器人科技活动等四项特色项目，让早早启动的素质教育一开始就注入特别丰富的内涵。

下面这张表可以让我们对庄中文先生以先进理念引领学校发展的清晰足迹领

略一二：

庄中文引领学校发展的先进理念一览表

1993 年	发扬"六自二求"精神，倡导"走小步、不停步"
1994 年	提出加强师生心理疏导，初建"两康工程"
1995 年	布局"弘扬中华传统美德、培育时代新人"系列教育
1996 年	发掘"位育"校名内涵，提出"中和位育"思想
1997 年	推出"高雅、务实"校风与"追求完美，力求发展"校训
1998 年	总结提炼"精心营造氛围、优化队伍建设"经验
1999 年	倡导民主平等、合作和谐的新型师生关系
2000 年	力推以机器人为主体的科技实践活动
2001 年	提出给学校合理定位的指导思想
2002 年	总结"细功夫、活办法、好心态"学校成功九字诀
2003 年	提出了以"新、优、特"为核心的学校奋斗新目标
2004 年	开展"求索教育"与"问题工作法"

上海市民办中小学协会会长胡卫在一次讲话中也一语道破了西南位育成功的最大奥秘：我每次到西南位育来，庄校长都会跟我滔滔不绝地讲教育的哲学、西南位育的目标、西南位育的定位、师资团队的建设、课程的改革，可以说我每次都深受启发。而老校长的办学理念，在西南位育是一以贯之的，在实践中体现着坚韧不拔。

审时度势和对症下药是成功的两翼

光有思想理念是远不够的，还要有敏锐眼光，更要善于审时度势，懂得灵活而对症下药地去化解层出不穷的矛盾。在这方面，庄校长堪为理念与智慧合璧的一位教育行家。

水到方能渠成

记得开办第一学年，由于高中招收的大多是考重点中学失败而心情沮丧的初中毕业生，再则当时中小学德育力度远不如今天，招收的学生中，顶撞教师、旷课、校外打群架现象虽为个别，但时时扰乱班风、校风，负面影响很大。面对这一情况，教师们心急如焚，希望学校集中力量出重拳，赶快整顿校纪校风。老庄此时处变不惊，不断宽慰疏导，引导教师首先尽力不激化矛盾，尽心多家校沟通，加强教育。教师心中还是有点犯嘀咕，学校为何且战且守，不主动有力出击？

那时，学校操场也被基建施工单位长期占用，学校通过不断沟通协调，力求逐步修建和扩大操场。由于长期缺乏早操场地，致使学校学生早操水平很低，区里管体育的同志也批评过多次。但老庄闷在心中，只求尽力改善，不指责师生，不向师生提出更高要求。

直到 1995 年上半年，在老庄的号令下，学校终于出重拳了。新任政教主任与新进两位体育教师开始联手整肃校纪校规，校容校貌、校纪校规一下大为改观。渐渐地，良好的校风班风和操场作风逆转为西南位育中学众口一词的亮点，也成为西南位育"抓质量从抓校风班风开始"的宝贵经验。特别早操晨跑全部由乐曲指挥，每个班级下楼进操场路线严格划定，统一号令、整齐严明，一时成了徐汇区中小学的一个展示窗口。一位江西的外地校长出差来上海，一个偶然机会从旅馆窗口看到这番景象深为所动，后带领学校干部特地来上海观摩，等到他退休后成为一所民办学校校长后，又带领全校干部来上海学习参观，留下了一段佳话。

事后老庄讲了当时尽量忍让的原委。原来他心中有谱：要抓纪律，必须有得力的抓得起的人，抓体育，除了要有操场客观条件逐步到位外，更需要有能力、有作为的专业体育教师挺在一线；否则，主客观条件不具备而匆忙上马，反而抓疲了会误日后大事。当他慧眼识人，把一个能风风火火抓纪律的外地引进外语教师孙维洁老师，大胆放在政教主任岗位，把两位抓体育比较得力能干的蒋彬康老师和问庆海老师及时调进学校，在全体教师齐心协力配合下，一切也就水到渠成了。

凡事讲究火候与时机，看似平淡无奇，却需要足够的智慧和定力，才能谋划了然于胸而蓄势待发。

化解矛盾为先，谋求突破在后

注意倾听，善抓问题。庄校长平时总带着那本记事本，面带笑容仔细倾听。不管是平时聊天，还是饭后漫谈，都会时不时低头写下摘记，以便事后深思熟虑。在纷繁的表象中，他能敏锐嗅到背后的一些问题。

1997年，一位很有责任心的年轻班主任，因恨铁不成钢，对一位屡次不交作业的学生按班规让其到操场跑步以示惩罚。那个学生一气之下，实名写信投诉到上海一份青年学生报纸。当时民办学校还不太受社会待见，学生姓名前还署了校名，这在大家特别珍爱学校名声的校园内，掀起了轩然大波。围绕着如何避免激化矛盾并能顺利化解，老庄校长运用其丰富经验与智慧，对学生、教师、家长三方都做了过细工作，终于让问题得以解决，师生心理冲突也烟消云散，一切似乎都风平浪静。

但老庄的心没有平静，他在这看似是个案、特案的背后，敏锐地洞察到了一些重要的东西：学校有这样一批好老师，一心想抓得严一点，但如果方法不当，就会造成师生关系紧张，无形中会成为前进道路上的绊脚石。要让师生之间学会相互理解与包容，在一个教师特别有责任心的学校，可能也是必须率先跨过的一道坎。

于是他内心酝酿着一个新的工作思路，在全校启动了"建立良好师生关系"教育活动。在青年教师中推出了能构建充满暖意爱心的新型师生关系的典型——沈佳玲老师，为她召开了全校教师的专题展示交流大会。同行评议、学生推介、自我总结、领导点评，不断放大示范效应，让全校教师明白：光有良好愿望远不够，还要有好的方法、好的态度，只有建立新型师生关系才能使教育真正有效。

接着，老庄对建立新型师生关系做了深入思考和研究后，又亲自执笔，写下了《共建民主平等、合作和谐的新型师生关系》一文，作为师生重要的学习材料。以此为起点，全校共建和谐合作、民主平等的师生关系，成为校园热点而蔚然成风。

一件突发的坏事，不仅及时化解，而且因势利导，转化为学校新的发展点，又实现了一个重要的新突破。

精准把脉与对症下药

2000 年，西南位育高考喜获丰收。在该校学生第五次参加高考时，西位不仅一年上一个台阶，而且还一举取得了上线率 98.01% 的成绩，名列全市前茅。同年 9 月，在全校教师热烈欢庆高考喜讯的氛围中，大部分由高二升上来的教师组建的新一届高三班子也投入了紧张的总复习。

但这时，高三教师中，一位肝炎复发，一位犯了心脏病，门诊医生硬拽着他们住院治疗。高三前线告急，教导处忙于调配，牵动全校，这让老庄犯了愁。

连续两位高三老教师得病，这是偶然，还是一种征兆？教师病假看似是学校时有发生的寻常事，但老庄仔细观察与分析，透过表象看到了本质。他的结论是教师心理压力过重。2000 年学校大获全胜，给新一届高三教师无形中增加极大心理压力，如果这一届不超过上届、再创辉煌，何以去见"江东父老"？这种过重心理压力比什么都可怕，一定会把教师身心压垮！

但究竟如何解决？必须对症下药，恰到好处：既不涣散军心，又要大幅减压，还要有持续性。

经过深思熟虑，他找到了问题的真正症结。他积极提议召开教代会，在这次教代会上，他充分准备，作了"关于学校定位问题设想"的主题报告，提出了对学校要有正确定位，决不能脱离实际、年年加码，订立超过自己能力的目标；明确提出了学校应"在层次上'力争''力保'、在名次上'讲究弹性'"的总体要求。可见，他的头脑如此清醒冷静，科学的发展理念在心中油然而生。

老庄的观点，正是大家心之所想，如此一锤定音，就非常人性化地释放了教师的心理压力，特别让高三一线教师在身心上得到了解放，也放开了手脚。

找对了钥匙打开了锁，调整了情绪心态的 2001 届高三，最后在大家共同努力下，竟然又奇迹般地实现了对 2000 年的超越！

高考又取得了好成绩，但老庄依然没有停止思考。暑假，他又从高三的成功教育实践中，总结提炼了西南位育的成功九字诀"细功夫、活办法、好心态"。这九个字，成了师生常为传诵的宝典金句。

三餐四季
灯火可亲

向燕妮

▲ 温馨的办公室一角

三餐茶饭，四季一霜，共同造就了一个叫家的地方。汪曾祺笔下的《家人闲坐，灯火可亲》，是阖家幸福的温馨画卷。如果说"家"是每个人的港湾，那么"西南位育"对于老师们而言，无疑是第二个"家"。在这里，"家"是爱的总和；在这里，老师们时时刻刻都能感受到家的温馨、家的幸福！

初夏的滋补

初夏时节，炎热中夹杂着偶尔的凉爽，虫鸣中混合着偶尔的宁静。窗外栀子花开，甜甜的花香已经飘满了整个小区。此情此景，又仿佛回到了 2003 年的那个夏天。

刚吃完午饭的王翠萍老师对室友说："我明天要去献血。""这会儿才五月，不是要暑假才献血吗？"室友小陈老师感到惊讶极了。"好像今年非典，血库也告急了，各个单位都在抽调人手献血。我今年只有一个班，所以我报名了。""那我们都是住寝室的，你家又在山东，你献了血谁来照顾你啊？""我自己能行。"小陈老师很佩服，也暗暗下决心要陪伴好照顾好自己这个好室友、好同事。

没想到第二天，小王老师所在组的年级组长蒋为琴老师就来找小陈老师。原来是年级组得知了小王老师要去献血的消息，纷纷主动要求为小王老师做一点力所能及的事情。经商议，年级组决定每天派一个老师送一些菜过去，给小王老师补身体。同时，蒋老师知道小陈老师和小王老师在一个寝室，拜托小陈老师多帮忙照顾小王老师。

就这样，小王老师献完血的当天，年级组里的叶老师就送来了排骨汤；第二天，曹老师送来了鸡汤；第三天，蒋老师送来了鸽子汤和几样小菜……在大家的齐心照顾下，小王老师很快恢复了体力，回归了工作岗位。

虽然家在千里之外，但因为有了年级组同事的关心与照顾，不是亲人胜似亲人，意外的困难就化解了。就是这样，有替学校之忧而忧的老师，有替学校之想而想的年级，一切挑战都不再是问题了。

如果说身体上的关心暖人心，那么工作上的关心同样聚人心。

秋日的佳肴

九月一到，就有了秋意。它踮起脚尖掠过树顶，染红几片叶子，云彩吹着号角，水果们把自己挂在树上展示着各自的风采。秋季考察，在西南位育中学一直是学生们非常喜爱的实践活动之一，老师们也不例外。

"……最后，我再说说老师们的安排。我们年级组历来是这样的——老师们每人在家准备一道熟食带上，不可以是买的哦，我们也来个野餐好哦？来来，大家先报报，都准备带些什么菜？"年级组长陈异平老师严肃地给大家开着秋游前的动员会，在宣布完所有学生注意事项后，转而笑意盈盈地来了这么一句。

"我带，我自己不会做，我爸爸做的饭可好了"，小胡老师抢先报上一道"鸭胗干"，说是她爸爸最拿手的菜。小梁老师报上了一道糖醋排骨。"你们一个个准备太麻烦，我一个人来，我家阿姨做菜是'一只鼎'，让她多做些好了"，热心又爽直的石老师要为大家揽下所有的活。"石老师，你是真热心，但也要给我们一些表现厨艺的机会呀！你一定要多带点么，我们稍微少带点，但是肯定要带的呀。"陈老师眯着眼睛，最后笑盈盈地一语定乾坤。

就这样，银杏树下，红白相间的餐垫铺开，各种美食被装在打包盒里，一一登场。全组的老师围坐在一起，分享着大家的美食。"你爸爸的手艺果然了得！""石老师，绝对厨艺高手啊！"……在欢声笑语中，在其乐融融中，尤其是那些新来的老师，在这一刻，更深刻地体会到了年级组老师的良苦用心——让在外不能常常回家的他们尝到"家"的味道，让在外孤单奋斗的他们能有"家人"的陪伴之感。口中的美食不断，心里的幸福感也油然而生！

寒冬的温暖

窗外寒风凛冽，而窗内，东校的办公室里，暖意融融。

编织社的王言言老师刚织好一顶帽子，在镜子旁试戴。同办公室的老师们纷纷夸赞她织的帽子好看。"喜欢吗？这顶帽子我刚织好，送给你"，王老师将帽子送给了邻桌的小李老师。"太喜欢啦，爱你！"接过王言言老师递过来的帽子，年轻的小李老师赶紧戴起来，不大不小，正正好好。"你看这淡淡的蓝色，可衬你的皮肤了。还有这条纹相间，又很时尚呢！""王老师，我也想要一顶……"住宿舍的小张老师很羡慕地说。"都织，都织，你们住宿舍的小姑娘，我一人给你们织一顶。天冷了，不要生病，不要让爸爸妈妈在家担心才好呢。"王老师像妈妈一样慈祥地看着这群新老师，眼底里都是柔情，都是爱意。

▲ 开展形式多样的教工社团活动

小刘老师刚刚休完产假回来，王老师给她的宝宝织了一个彩色的洋娃娃，娃娃的眼睛像宝石一样闪亮，头戴太阳帽，身着绿色的小裙子。"真可爱！""希望这个娃娃可以成为宝宝的好伙伴。"小夏老师的宝宝刚好上幼儿园，王老师给宝宝织了一件小背心。"这件小背心你家宝宝穿正合适，既保暖又灵活。"……

我们惊叹于王老师的手艺，更感动于她的热心。这不只是一顶顶帽子和一个个玩偶，更是王老师对同事们的关心和呵护。浅冬生寒意，微光暖人心，添一顶帽子就能感到温暖，见一缕阳光就能看到笑容。

春天的和谐

阳光微暖，云雾轻轻，草青色的春天，藏着四季的希望。窗外日光弹指过，时间的指针走到了 2018 年。

如果你走进 401，首先映入眼帘的，便是幸福树的一抹绿，在它的边上，是这样两句话——幸福树下，年轻时刻。在这两句话下，挂着老师们贡献出来的"年轻时候"的照片。布置好了以后，谁知学生比老师更起劲，纷纷在课后来到办公室，细细辨认照片中都是哪些老师，或欣喜，或兴奋，或惊讶，师生同乐，莫过于此。在时繁时重的工作之余，让老师们小小地休憩快活一下，也是组室的一大作用啊。

2018 年，与以往最大的不同是高考 3+3 改革，对于高二年级的日常教学及管理产生了诸多影响。在丁黎萍、叶春怡、张娜三位年级组长的统筹安排之下，加试和非加试同学的课程安排得井井有条；因为地理走班的原因，课程设置上出现了前所未有的难度和空白，年级组总共需要解决 186 课时的内容。在不能上语数外的条件限制下，全年级群策群力，动足脑筋，开设生涯规划课程、TED 课程、思维训练等课程。同时完成了非地理班同学的课题研究和论文答辩。为了应对改革，备课组也不得不改变以往的教学规律，对教学进度较大的调整，尤其是"合格考"内容、习题加以重新组织……

不论考试如何改革，也不论课程如何变化，努力教学、从容应对是始终不变的初衷与追求，因为你不是一个人。

家是幸福的港湾，是温暖的驿站。那些温暖，那些感动，那些柔软，那些欣喜，那些美好和更美好的事，都已经也必将在这里继续发生。四时充美，从"小家"到"大家"，是西位人追寻的诗和远方，也是西位人的人间烟火。

▲ 教职工亲子运动会

西位"法宝"之"三步曲"

刘 斌

在西南位育中学，每个人都知道这样一句话："考前力争一百分，考后一定一百分，反思微调攀高峰。"这是牢牢印刻在西位人脑海里的西位"法宝"之一。良好的学习习惯，是西位的每位老师努力培养、每个学生不断践行的高效学习不二法门。

李雪蕾老师："作业九字诀"

测验是学生学习数学的一个手段，它能够让学生对所学的知识进行巩固，并将学生对各知识点的掌握情况反馈给老师。测验取得理想成绩，功夫在平时。在日常教学中，完成课后作业是不可或缺的一个学习环节。"认真做，及时析，经常翻"是数学组李雪蕾老师对学生的作业要求。

认真做——倡导"要像考试一样认真做作业，要像做作业一样轻松考试"，切忌做作业拖拉、开小差。为了培养学生的良好习惯，每次接手低年级，李雪蕾老师总是要求家长在作业上写上完成作业的时间，来了解孩子们完成作业的情况，并与完成作业时间过长的孩子及时沟通，反思问题所在。

及时析——对作业里面的错误及时分析，督促学生完成订正。从每一道错题

▲ 午休时间教师在办公室为学生答疑

入手，分析错误的知识原因、能力原因、解题习惯原因等。分析这道题考查的知识点是什么，这道题是怎样运用这一知识点解决问题的，在分析的基础上督促学生订正，规范订正要求，倡导"有错必究不二过"。

经常翻——日常作业订正完成后，和作业卷粘贴在一起，要注意保存。积累多了，可以装订成册。千万不要束之高阁，要经常翻阅复习。在备课组中，阶段性地编写错题卷，对作业中的典型错题再次考查，督促学生针对题目所涉及的有关知识要点及原理内容认真地加以复习巩固，加强理解，培养能力，掌握规律。

唐争艳老师：用好"一张表"

对老师来说，考试可以用来检验过去的教学成果，看一看学生懂了多少，会用多少，还有多少问题需要进一步夯实与提高；对学生来说，考试是用来测试过去的学习成果的，看一看自己懂了多少，会用多少，有多少问题似懂非懂，因此考后的分析就十分必要。西位一直倡导的教学三步曲中的第二步——"考后一定一百分，切实订正不二过"就对考后分析是否有效提出了明确的标准。对于学生来说，考后需要做到的是在认真听取老师的试卷分析后，对每个错误点都务求真正理解并能独立订正。但说说容易，做起来哪有这么简单！如何帮助每位同学在大考之后进行分析、梳理、再学习，力求考后一百分呢？数学组唐争艳老师就用"一张表"助力学生。

每次大考后，她都会根据学生试卷的完成情况填写一张表，罗列出试卷中每个小题错误的学生人数，分析错误的具体原因，如果是比较共性的问题就随堂分析，并在课堂中针对此题错误的同学进行提问或是答题接龙，帮助学生夯实知识点，让学生知其然更知其所以然；如果是个性问题则会在表格中做好标注，课后一对一分析，与学生有问有答，帮助学生真正理解错误原因，订正不二过，同时也让学生真切地感受到老师对他的关注与关心；表格中也总会有几个标注星号的学生，大都是考试情况波动较大的学生，老师会与其点对点沟通，帮助分析归纳错题原因，引导学生学会如何考后自查，努力做到不二过。其实这样的一张表并不特别，西位有许许多多这样的老师，用类似的形式、用各种方法进行着考后对自我的反思微调，以及对学生的纠错监测。只有凭借西位老师们这一个个细微功夫，才能不断推进教学的良性发展，推动学生的自我成长，才能迎来下一个阶段的共同进步！

许岚老师：助力后进生

英语组的许岚老师，作为年级组长，在统领年级发展的同时，尤其关注后进生，用"三步曲"的办法，促进他们的进步与转变。对于层次较差的学生而言，"考后一定一百分"往往只是停留在口号中，还远未落实在行动上。对于这些学生，偶尔的一次巩固练习是远远不够的，只有多元、反复、耐心地推进，才能接近"考后一定一百分"的理想境界。

某年伊始，班里来了位从福建转学过来的学生，接连几次考试默写都是大片空白，分数自然都比较靠后。一问情况，原来这位学生在福建那边仅仅学过两年英语，巨大的学习落差让他无所适从，他原本的学习优势荡然无存，紧张和焦虑充斥着他的整个家庭。对于这样的学生，当务之急是要手把手地教会他英语的学习方法，让他努力跟上现有的学习节奏，再想方设法弥补之前拉下的知识点。

于是每天中午和放学，许老师都把他叫到身边，一方面帮助他解答当天的学习疑惑，解析相关知识点；另一方面鼓励他课后做好词汇的积累、语法点的梳理，搞懂每一道题，搞清每一个知识点，做到课课清、天天清。此外用点滴的进步激励他不灰心，不放弃，在心理上战胜敌人，总有一天能见到曙光。经过大家的共同努力，逐渐地，这位学生能听懂上课的指令，跟上上课的节奏了。再过一阵子，他的英语笔记也能像模像样了。考前的成绩虽然差强人意，但对于每次考试之后的错题，我们总是坚持搞懂每一道题，通过错题整理、错题复现、词汇积累、语言点扩充等手段，努力做到"考后一百分"。在一次次重做错题的过程中，这位学生的错误率逐步减少，自信心也随之增强。效果慢慢有了呈现，经过一学期的共同努力，这位学生的期末考试成绩已经能接近均分了。

实践再一次证明，"考后一定一百分"的目的在于让学生重视自主订正，增强

▲ 西位教师辅导学生

学习的主动性，引起学生的有意注意，增强学生听课时的注意力。通过考后的一次次练习，学生的正确认识及时得到强化，偏向和错误及时得到纠正，真正做到理解和掌握每一道题。"考后一定一百分"也是一种习惯上的培养，长期坚持，学生的学习责任心、自觉性会有显著的提高，更好地激发学生的成长自觉。对于教师而言，只有对每次考试情况都进行分析总结，对每一个知识点的得失分情况都了如指掌，对每一个知识点的失分原因都分析透彻，然后反思在教学过程中存在哪些问题，在以后的教学中如何改进，讲评时才能有的放矢，教学中才能更有针对性。

庞颖：反思微调，攻克写作壁垒

"三步曲"不仅对学生有用，对老师亦然，老师可以拿来改善自己的教学，最终让学生受益。语文组的庞颖老师就在自己的语文教学中，生动地诠释了"反思微调"的作用。

说到初三语文，占比 60 分的作文是大头，开学后才写了两次作文，语文组庞颖老师就发现了一个棘手的问题：学生写作容易偏题。尽管一稿写完，二稿都有可圈可点之处，但换个全新的题目，又会偏题。有的学生在初次审题时，缺乏审题意识；有的虽然知道详略安排，但无计可施。

更有趣的是，学生二稿交得积极，可面批时却不善于表达自己的想法。庞颖老师观察下来，主要原因还是学生缺乏思考的路径。这个困局不破，写再多的作文也没用。

不久，就迎来了第三次作文。庞颖老师尝试对自己的作文教学做了调整。

"这次的作文题目是……，请大家自行审题，然后写作。"一些同学不禁一愣，对，这次庞老师不做审题指导了。教室里多了眉头紧锁的神情，多了打草稿的同学。老师终究不能一直扶着学生走，中考的战场必须由学生独自面对，而养成独立思考的习惯，是找到思考路径的前提。

作文讲评课上，庞颖老师先让学生说说自己的审题思路，再提出审题的不二法则"关键词＋修饰语"。接着要求学生自己出个题目，让其他同学审题。从考生到出题者的角色转化，不仅激发了学生的学习兴趣，而且让学生站在更高的视角看待考场作文。出题同学神情得意，回答的同学也不甘示弱，庞颖老师更因同学们富有审题意识的言辞而欣慰。再写新的题目，同学们各个跃跃欲试，整体行文思路也有显著提高。

"你们的行文思路有了很大突破，而且还存在质的飞跃的可能。"看着同学们好奇的目光，庞颖老师开始教大家如何把"详"处写"实"。以学生都喜闻乐见的篮球比赛为例，庞颖老师让大家以思维导图的方式，画出一项篮球比赛中可描写表现团队协作的地方。从语言到眼神、从身躯到脚步、从队员到观众、从场地到阳光，通过思维导图，学生的视角逐渐拓宽。"原来，这也能写啊！"学生们恍然大悟。从此，同学们的作文提纲中的"详写"部分，就有了多角度的思考。

从此，作文的一稿二稿不再是老师要求怎么写，而是学生认为自己应该怎么写，自发三易其稿的学生也越来越多。有了思考路径，写作就变成了一件学生愿意尝试的学习项目。

没有一条路是重复的，学生的变化，就决定教师在教学中要不断反思微调，寻得最佳路径，这也是教学的魅力所在。

西位记忆

——

峥嵘

3

蓬勃而倔强

写给西南位育
三十周年校庆

倪俊骥

2023 年是母校建校三十周年，作为第一届毕业生，受邀写这篇文章，倍感荣幸之余，也有很大的压力。此文几易其稿，也让我重温了交不出作业的焦虑。

我尝试把三十年前母校初创时期的样子呈现出来，那时的西南位育与今天如此不同。

母校如今已经令学生和家长趋之若鹜。而三十年前，我却是因为中考发挥严重失常，从区里顶尖的公办学校"掉落"到西南位育的。与我相熟的初中老师对我的选择非常惊讶："小家伙疯了吧？那么多还不错的公办高中不选，干吗去一个刚开的民办学校？校舍还没建好呢。"曾经沧海难为水，既然没有考上目标学校，那其他公立学校我也不愿意去了，我就是要找一个全新的学校，大家都从头开始。现在回想起来，这样的选择主要是基于青

▲ 倪俊骥

春期的叛逆，完全谈不上理智。

我就是这样误打误撞来到西南位育，如我所愿，真的彻底从头开始了。1993年开学时，操场是不存在的，那个位置是一片泥地，长着一棵大树。校舍倒是建好了，但教室里的电扇、窗帘都是开学后才安装的。而且只在八个教室放置了课桌椅，因为一共也就八个班级，四个高一，四个小初一。此外，师资数量欠缺，除了几门主课的老师有保证外，很多副课老师都靠外借。

虽然硬件条件艰苦，但师资绝对高配。最早的一批老师，大多是来自知名中学的骨干教师，他们的能力、经验、师德绝不亚于重点中学。更难能可贵的是，老师们都非常认真。一个学校的好坏，生源的重要性绝不亚于师资，老牌学校因为在生源选择中占据优势，老师或许可以稍有放松。但在初创阶段，西南位育的生源并无保障，老师们因此格外用心。我们能体会到每一堂课都是老师们精心备课后才讲授，作业的批改认真细致，老师还会主动找出学生的缺失和不足，给予针对性的指点、加练，而课后甚至放学后，有问题到办公室，是随时能找到老师的。

因为学校没有历史，当时确实有些迷茫：我们到底在什么水平，不知道；能考什么档次的大学，也不知道。但对我来说，倒是卸下了所有的包袱，专注眼前的学习就好，未来不用多想，想也没有用，反正我们考成什么样，学校就是什么样。有一次庄校长开大会时把手一挥，用普（浦）通（东）话说："同学们，路子靠你们去开创。"我听出了一种豪迈。

老师认真教，我也认真学。我的高中学习从自我反省开始。我初中的学习不差，但因为杂事太多，成绩起伏很大。那年我先是错失本校的直升机会，又在中考中发挥失常，原因归结起来就是不踏实。于是高中阶段我彻底改变方式，开始用一种近乎蛮干的方式学习。老师布置的作业是不够的，我会自觉做题加量；题目光会解是不够的，必须刷成肌肉记忆；错题更是绝对不放过，不仅要多订正几遍，而且还要对比类似的题目，反复寻找自己犯错的原因。这是一种很死板的读书方式，也就是所谓的"结硬寨、打呆仗"。高中三年我几乎就是在读书、刷题中度过的。这些年流行一个词叫"小镇做题家"，形容的就是我高中的状态，学校东边一公里有个小闸镇，我就是小闸镇做题家。

西南位育的办学风格是提倡素质教育，不死读书，多才多艺，发展个性。我高中的读书方式完全与之背道而驰，这不是西南位育的风格。但再往深层看，充分认识自己，寻找适当的方法解决问题，这又恰恰是西南位育教书育人的目标。中考的失利对我是极大的打击，也是极大的警醒，为了确保高考不再失手，我只有用超常的努力换取更多的确定性。中考没考好，我就是不接受、不服气，更不认输。考场上丢掉的东西，要从下一个考场上找回来，这股脾气变成了强大的自驱力，让我在高中拼了命学习。这也就是母校倡导的找到自己吧！当时学校走廊上挂着一幅古人家训"人有三成人"，我是其中典型的"知羞耻成人"。

想来初创时学校也是如此，没有名声、没有资源、没有历史，一切都靠踏实苦干去争取，老师们付出如此心血，都是从无到有创造学校的未来，其实学校和我一样，也没有退路。

回想起来，学校初创时的这段经历，与那个时代的大背景不可分割。1992 年，邓小平发表南方谈话，在纷争扰攘中稳住改革开放大局，要求上海"一年一个样，三年大变样"；1993 年召开的全国人民代表大会上，"国家实行社会主义市场经济"被写入宪法，又一轮轰轰烈烈的体制改革和对外开放拉开大幕。正是在如此积极向上、风起云涌的大时代中，才有了民办教育的兴盛，西南位育才得以孕育，在蓬勃的时代中倔强地生长。

苦中作乐穷开心，那时候虽然环境艰苦，但日子好像也没有那么难熬，尤其是当时学校人不多，师生之间特别亲近。老师的办公室是可以随便去的，为了学业问题，去休息一下打个盹也是可以的，教室里缺少什么甚至可以直接去办公室拿。有几个老师是从外地回沪的，暂时没有落实住房就住在教学楼里，这样一来，老师的家也是可以去的。打篮球是可以师生同乐的，汪珊之老师的篮球素养足以做教练，球场上被蒋彬康老师撞一下是很痛的。有一次体育课，不知道谁开了一个大脚，足球直接往教学楼飞去，一旁的老师急得跳脚：小心点！没看到庄校长在教学楼边打拳运动啊？

调皮捣蛋的坏事我们也没少干。刚开始没有操场，教学楼里又有很多教室空着，在这些空教室里偷偷踢球实属稀松平常。

现在回想那段时间，初创期的学校，青春期的学生，都是给点阳光就灿烂，来点雨露就疯长。不需要太优良的条件，也未必有严谨的规划，我们就这样蓬勃而缺乏秩序地生长着。临近高考，学校在阶梯教室里组织了一个简单的毕业仪式为我们壮行，当毕业歌唱到"巨浪、巨浪，不停的增长，同学们，同学们，快拿出力量……"时，我流了眼泪，怕丑，偷偷擦掉了。当然第一届的成果大家也知道了，高考成绩在区里排名大概第四、第五的样子。虽然和现在不能比，但对于一个全新的学校，这个成绩已经堪称骄人了。

抚今追昔，始觉流年似水。学校的初心在于传道授业解惑、正心教书育人，无论遇到何种困难，我都希望西南位育不忘三十年前初创时的艰苦，以及师生一心，倔强、野蛮而又韧性十足的成长历程，希望母校凭借这种创业精神穿越所有的不确定。我们早已完成了作为第一届学生的"使命"，未来则留予后来者，无论老师还是学生，希望每一代的西南位育人都能勇敢地担负起属于自己这个时代的责任。

老校友不曾远离，我们时时关心着母校的发展。如果有为母校效劳的机会，我们随时候命——我们是西南位育无比光荣的第一届。

倪俊骥，1993—1996年就读于上海市西南位育中学，现为国浩律师（上海）事务所管理合伙人。

幸运的少年

胡晓庆

1993 年，幸运的少年成为西南位育第一批预备班的学生。

1997 年，幸运的少年成为西南位育第一批直升班的学生。

2000 年，幸运的青年成为西南位育第一个考取北京大学的学生。

2023 年，西南位育已经培育了无数优秀的学子，创造了无数"第一"的荣誉，幸运的中年人也是其中一分子。

这个幸运的少年、青年和中年人都是我。西南位育建校三十周年，我与有荣焉。

我人生中许多美好的时光与遇到的美好的人都和西南位育有关。小时候对自己的幸运并不自知，如今年过四十，有了孩子，回看往昔只想说，在西南位育的那七年是上天赐给我的礼物。在这里，我肆意生长，被爱包围，才有了今天的我。我的人生一大幸事就是从事了自己喜欢的职业——舞台剧导演，而戏剧的萌芽就源于西南位育。

初二时，大伙儿要去淀山湖过 14 岁集体生日，规定每个班

▲ 胡晓庆

都得出节目。作为当年班上的活动积极分子，我赶紧拉着小伙伴们商量，不知怎么就天马行空地编了个少年英雄救美的故事。到现在我还记得，那时的自己少年胸怀、激情澎湃，一回家就"唰唰唰"地在本子上堆砌出无数对话和旁白，半小时的戏半天就搞定了。那种创作速度，我至今未超越。演出结束，老师们的评语纷至沓来，其中有位高中部极有名气的返聘语文老师的话我至今还记得。她说："虽然还不知道戏的形式，但非常能写，是个才女。"我是个才女……写作文时老要憋半天才能挤出十个字的恐文少年，竟然也有笔下生花的时候。

后来到了高一，有篇课文是欧·亨利的《警察与赞美诗》，老师鼓励我们将它改编成课本剧。同学们都很愿意演，却没人愿意写，他们把改编和导演的任务都扔给了我。那年有部特卖座的电影《泰坦尼克号》，我一直对它的结局耿耿于怀。于是，我把两个故事结合了一下，把主人公设定为罗丝的前未婚夫卡尔，将故事发生的时间设定为泰坦尼克号沉没之后。那时他已是一无所有的流浪汉，想去监狱了此残生，却屡屡不得愿。后来他遇到了一个卖玫瑰的小女孩儿，思想突然发生了变化，决定好好地活下去，却不想被警察抓进了监狱，陪伴他的也只有那一朵玫瑰。这个剧的名字就叫《天堂的玫瑰》，因为罗丝的英文名是 Rose。当时我们在全年级公演了，得到了同学的喜爱和老师的鼓励。从那时候开始，我隐隐约约开始相信，或许我真有这方面的才能。

之后，不只是我，其他同学也在老师的鼓励下开始编戏、导戏、演戏，慢慢就形成了排演话剧的氛围。快升高三时，我们忽然忧伤地想，是时候向这段戏剧生活道别了，以后就没机会了。这便成就了我们在校期间最大的演出行动——音乐话剧《雷雨》。班上的俊男靓女都被动员了起来，包括语文老师刘亚晶。一直以来，她都像个姐姐一般看护、引导着我们，这次，她更是勇敢地站上了舞台，扛起了妈妈鲁侍萍的角色。我们让四凤唱了《往事随风》，让鲁妈唱响《橄榄树》。现在想想挺好笑，但那时真心觉得没有比我们更伟大的艺术家了。当老师不断地肯定你的才能并鼓励你大胆尝试时,你就是世界上最幸运的少年。

其实,在学校的这段舞台经历连戏剧启蒙都算不上,可它铸就了我记忆中最美好、纯粹的画面。当我的兴趣在老师的呵护、肯定和引导下渐渐抽丝、发芽,当我在戏剧的道路上不断了解自己并愈发自信,当我的兴趣和职业合二为一,我可以很确定地说,我是幸运的少年。少年的心灵是脆弱的,除非为她心灵施肥的花匠心怀慈悲;少年的才能是幼稚的,除非为她撑起一片天的胸膛无比宽阔。在西南位育的那些年,我就是一个幸福的少年。

胡晓庆,1993—2000 年就读于上海市西南位育中学,现为舞台剧导演。

意想不到，
我心中的母校

张轶敏

　　母校即将迎来三十周年庆典，回忆起自己在母校度过的三年青春岁月，心中充满感慨。我想借此机会向母校表达我的感恩之情，同时回忆一下在母校的成长经历。

　　记得刚进入西南位育时，它还是一所新建不久的民办高中，与年少学子对未来充满憧憬所不同的是，我对这所学校了解不多，毕竟没有高考战绩，心中难免有些许的不确定。而接下来的三年，在这里，我遇到了诸多意想不到，度过了美好而难忘的高中时光。

　　第一个意想不到——干劲十足的教师团队。

　　当年西南位育的老师主要由返聘的退休教师和新毕业的年轻教师组成，我的班主任刘老师就是那样一位貌美如花的"小年轻"，和隔壁班的另一位化学刘老师组成了一道靓丽

▲ 张轶敏

的风景！别看老师们年龄差异大，对学生的"紧逼围"可毫不手软，当初被刘老师盯着放学后留下来背课文的场景还历历在目。感谢母校有这样一批优秀的教师团队，她们通力合作、教书育人、干劲十足，为我们的学业打下了扎实的基础。

第二个意想不到——内松外紧的成长氛围。

不知半军事化的出操晨跑如今还有否？当初步调一致的苛刻要求，被吐槽过好多次。但细细想来，无论你原本来自哪里、个性如何，在某一件事某一个点上与所有人同步，是件艰难而又充满意义的事情。你中有我，我中有你，整齐如一的出操画面，是西南位育挥之不去的记忆。

母校注重学生的个性发展和综合素质培养，在紧抓学业质量的同时，也给予我们足够的成长空间。球场上、图书馆、天台花园里，到处都是学生们学习和撒欢的乐土。即使是高三毕业班，也鲜少看到"书呆子"，老师们会捕捉到学生细微的变化，引领着学生向既定目标前行。

第三个意想不到——硕果累累的高考喜报。

经过了三年苦练内功，终于迎来了检验学业成果的时刻。作为一所初创不久的新校，全体师生都忐忑地等待着、期待着。终于，在人生最重要的赛场上，优异的成绩证明了我们的才华和努力，这也是对母校悉心培育的感恩和谢礼。母校教会了我们心怀梦想，勇于追求，坚定地去实现自己的目标。

最后的意想不到——一起努力的顶峰相见。

我和我先生可能是为数不多高中同学修成正果的例子，如今我们的女儿健康成长，即将步入初中。早恋固然影响学习，但也可以成为动力，用现在比较流行的话说，让我们携手并肩，顶峰相见。母校的三年，三五知己，那段共同拼搏的日子，任何岁月都替代不了。

展望未来，期待母校可以继续培养出更多优秀的人才，我们以你为荣。

张轶敏，1996—1999 年就读于上海市西南位育中学，现任嘉驰国际集团市场总监。

人文西位

胡菁华

　　野蛮其体魄，文明其行为，力求完美，追求发展。虽然已阔别西位校园二十载，但昔日的校训言犹在耳，字字珠玑，对我的工作和生活产生了巨大的影响。

　　西南位育令我印象最深刻的，莫过于老师对我们的谆谆教导和关爱。我初中时，因为生病需要动一个小手术，现在看来真的就是一件小事，但对于当时年龄尚小的我来说，一是不知道手术到底是什么，二是对到底什么情况才要动手术心里没底，三是对进了手术室会怎么样完全不清楚，未知的恐惧和健康的困扰让我的内心十分恐慌。我的父母显然觉得这是小手术，并没有察觉到我的心理变化，

▲ 胡菁华

我也十分乖巧地听从一切关于手术的安排。但我的班主任吴以道老师在我请假去手术的前一天，把我叫到了他的办公室，当时我不知道他要说什么，就听到他说："小刀么，没什么大不了的么。"虽然是很简单的一两句话，但无疑给我吃了一颗定心丸，在接下来的聊天中，吴老师为我舒缓了紧张的情绪和压力。第二天，我轻装上阵，恢复良好。虽然这件事很小，但在我心中，在这件事上，老师比父母更让我感受到了安全感和依靠，所谓心里踏实了，正是老师给的良药。

在西南位育的七年，是我人生最青春的七年。一路上，有在排球场上配合默契的少女，有在运动会上挥汗如雨、奋力拼搏的少年，有每日中午声入人心的广播站，有每周一让人心情激荡的升旗仪式，有满怀青春憧憬的十四岁生日，有既要除草挑粪又要做卷子的学军学农，有大家来演名著小说的语文课，有与外国友人共同举办的英文 party……西南位育给予我们每个人的回忆都是如此美好，西位的青春从来不是数理化题海战，而是德智体美劳全面发展，是男生打球女生加油的样子，是老师们在田间和我们一起学农的样子，是全年级一起去体验赤脚走鹅卵石的样子，是毕业时大家互留祝福青涩的样子，是我们记忆中喜欢的样子。

胡菁华，1995—2002 年就读于上海市西南位育中学，现任中国银行上海市长宁支行主管。

中学岁月
人生初启
谱写华章

吴遐

中学的学习和生活，是我人生宝贵的一页，留下了深刻的烙印，带给我绵长的正面影响。在初高中阶段，这段塑造人格的重要时间段，母校培养了我自信、积极、乐观、包容、开放和坚毅的性格。这些品质如同灿烂的光芒，照亮着我学习、工作、生活和家庭等的每一个瞬间。

中学岁月，是我蜕变的起点，自信的种子在这里生根发芽。母校教会了我坚信自己的价值，相信每个人都有无限的潜能。在学习的道路上，我积极追求进步，不怕困难，勇往直前。这份自信让我在人生的舞台上，始终保持冷静与从容，敢于展现真实的自我。自信如同一把坚固的伞，为我遮风挡雨，带着我奔向更高的天空。

中学生活，如清晨的朝霞，洋溢着积极乐观的氛围。母校教育使我学会积极面对生活的点滴，将困难化为奋进的动力。乐观的心态让

▲ 吴遐

我在逆境中保持豁达，看到困难的另一面。无论面对风雨还是阳光，我总能微笑着前行。这份乐观，如同一串清晨的鸟鸣，唤醒我内心的希望，点亮我前行的道路。

中学校园，是一片容纳万象的海洋，培养了我包容和开放的心怀。母校教诲让我明白，每个人都有自己独特的人生旅程，值得尊重和欣赏。在与同窗的相处中，我懂得了理解与宽容，愿意倾听不同的声音，接纳不同的观点。这种包容和开放，如同清晨的微风，吹拂着我内心的宁静与坦荡，让我在广阔的人生天空中，自由翱翔。

母校的校训"追求完美，力求发展"犹如灵魂的坐标，指引着我前行的方向。它激励我不断超越，不断进取，让我成为人生的舞者，谱写属于自己的华章。而那威武雄壮的"醒狮"，是我心灵的瑰宝，激励着我奋发向前。它提醒我要勇敢面对人生的挑战，永不言弃，迈步追梦。在追求完美和力求发展的征程中，我明白，人生的美好在于不断奋斗，不断超越。

中学学习和生活，是我人生不可或缺的成长篇章。在这段宝贵的历程中，母校培养了我自信、积极、乐观、包容、开放和坚毅的性格。这些美好的品质如同流淌的溪水，滋润着我的心田。感谢母校的教导，感激高中岁月的陪伴，让我成为一个自信的航行者、积极的追梦者、乐观的探险者、包容的团结者、开放的收获者、坚毅的奋进者。愿我继续怀揣着初高中的美好，航向明天的彼岸，继续绽放出生命的绚烂光芒，照亮未来的道路。

吴遐，1998—2005年就读于上海市西南位育中学，现任爱茉莉太平洋客户经理。

凝练中和位育文化
激发师生成长自觉

———

张建中

民办学校求生存、谋发展，避免同质化竞争，要实现中国一流乃至国际一流的"西位梦"，必须高起点发展个性化办学，力求把差异变成优势，让特色成为学校的名片。鉴于西南位育中学的完中七年学制，学生把心智成长最迅速、最宝贵的七年交给学校，我们有责任给学生指引一条实现终生持续发展的高速公路。

家长对西南位育的高标准，已不满足于仅仅考取一所好大学；明智的家长已不再着眼于孩子一时，而是着眼于孩子一生。只围绕"升学"，终究会被聪明的家长所厌弃。

建校之初，我们提出的口号是：

走小步，不停步！

弘扬传统美德，培育时代精神。

野蛮其体魄，文明其行为。

操场闹，走廊静。

追求完美，力求发展。

考试练习三步曲：考前力争一百分，复习梳理结网络；考后一定一百分，切实订正不二过；考完仔细悟心得，反思微调再攀峰。

近年，我们提出了"一二三办学理念"，进一步聚焦"成长自觉"：

一个宗旨：一切为学生一生幸福着想，一切为学生终生发展奠基。

两个关注：关注每一个教师的发展方向，关注每一个学生的成长轨迹。

三个基础：为学生打好身心健康的基础、终生学习的基础、走向社会的基础。

我们进一步把"成长自觉"的外在表征分解为三个维度、六个细目，即：

意识：具有主动性、主体性发展心理需求；能构画较清晰、适切的人生愿景和规划。

行动：有持久的追梦激情与实践；具有较高审视自我和反思微调能力。

意志：有较强的自律、自治定力；有追梦的毅力与恒心。

一、基于教育本质的实践探索

有专家认为："教育的核心含义不是教授人以知识，而是提高个人的修为，增强对生命的感受力，从而更好地认知自己，而且不断地提升自己。"

青少年成长可能是处在一种任其自然、被动混沌状态，具有消极、随机的特征；当然也可能被唤醒自觉意识，沿着自治、自律、自主的心路前行。两者不同的成长态度，决定其成长速率，其生命质量大相径庭。但事实上，大多数人可能都没有站在这两端，有的偏向前者，有的偏向后者。假设能让学生朝后者那个端点尽量靠近，无疑是教育的最大成功。由此可见，我们教育的聚焦点应帮助学生成长进入一个良性的自觉状态。

以我们西南位育人的理解，我们认为"教育"是通过关爱和尊重生命，影响其向往真善美，促进其不断激活潜能，引导其和谐融入社会、服务社会的过程。这句话包含三个要素：教育的准则是以人为本，目标在于唤醒良知、激发潜能，其最终目的在于生命个体与外部世界的和谐。一句话，是帮助其成为"最好的自己"的过程。所以，教育是一项面向未来的事业。为此，我们提出了必须为学子未来打下三个基础的育人目标：身心健康的基础，终身学习的基础，走向社会的基础。

"三个基础"，是我们学校对育人总目标的个性化表述，是全体教师一切教育行为的出发点与归宿，是我们每一个西南位育教师崇高的职业使命。

我们把"激发学生成长自觉"确定为总揽全局的核心目标，决心打一场创建办学特色的攻坚战、持久战。我们在界定"成长自觉"的内涵时，确定了"能构画人生愿景的主动意识""具有追梦激情与反思微调的实践行动"和"形成自治自律与经受挫折的意志毅力"三个维度；并在此基础上为了引导学子明晰发展方向，向全体学生提出了"五个一"的成长目标：一个打上民族底色和国际视野的现代人，一个养成健身习惯和乐观自信的健康人，一个拥有高雅气质和诚信坚毅的文明人，一个善于交流合作和仁爱笃行的社会人，一个培育志趣乐学和质疑求索的智慧人。

"五个一"目标，是西南位育学子的成长坐标，为他们明确了"学会做人"的基本要求与规范。

二、激发学生成长自觉

（一）全方位的"中和位育"文化浸润，积淀兴校、强校正能量

文化浸润、价值引领是师生成长和发展的基石。学校党政工团必须千方百计，形成合力，让文化理念转化为共识。从校园环境布置到大会小会宣讲，从总结回顾提炼到交流互动探究发展方略，从年级组、教研组、备课组建设到校园文化活动，让"中和位育"浸润到校园每一个角落，浸润到每个师生心中。为此，校长书记要经常性开展宣讲与交流，把先进理念和自己的学习心得与大家分享。近三

▲ 平衡与突破——三届四次教代会闭幕式

年，学校分别以"平衡与突破""改革与自强""和谐与进取"为主题，作了近十次大会交流。为确保学校每一个骨干教师都能将"中和位育"文化扎根于心，学校请老校长为中层干部多次宣讲和解析"中和位育"理念。

我们还致力于同龄之间、同行之间、新老之间的交流互动，共享智慧、交流情感、分享成长快乐；精心选题、精心准备，让这种心与心的碰撞成为营造氛围、增强爱校爱岗情结的文化盛宴。为此，必须把重点落实在骨干与新教师上。连续举办骨干教师培训班和班主任高级研修班，坚持骨干必须身先垂范。每年新教师上岗培训班，总把学校文化理念作为培训的重中之重。

（二）精心开展中华传统文化系列化课程建设，为师生打上中华民族底色

坚守十余年，推进"弘扬工程"。我们近两年又完善了中华传统文化熏陶的系列化课程化建设。通过专题讲座、人文大讲堂、主题班会、实践体验活动等渠道，持续开展了系列化的"中华优秀传统文化"教育。着力在总结与提炼学校优秀传统上下工夫，旨在让学校发展与教师成长都能站在思想文化的制高点上。学校先后编印和出版六本书：《追求完美　力求发展——庄中文办学思想文集》《中和位育——西

南位育中学建校二十周年德育工作探析》《西南位育人的成长轨迹》《五常新说》《我的办学理念与探索》和《激发成长自觉——"中和位育"引领的求索之路》。

精心编印了老校长的《庄中文办学思想文集》，全面推进师生对二十年办学理念的解读，撰写读后感，开展评奖与交流。召开两次读书活动推进会。"没有正确的理念，一切显得苍白""三读'西南位育'"等八位教师的生动发言，使读书活动成为感悟学校文化的大课堂。确立了弘扬中华传统文化，培育时代新人系列教育。

（三）充分挖掘七年制完中办学优势，建立高初中联动机制

充分发挥高中学生在校园里的引领、示范作用，加强初高中学生与干部的对口互动交流和团队、学生会干部岗位搭配与轮岗，形成党、团、队教育的一体化模式。

加强高初中教师之间互动，发挥高中教师专业上的引领作用；实行高初中教师的有序轮岗，多举措为高初中一体化提供有力的组织和人力资源保障。

（四）解读和谐校园潜台词，优化"成长自觉"的育人环境

行为应是人与环境相互作用的函数，而环境的核心元素是人际关系。"激发成长自觉"需要一块沃土。在氛围建设中融入"中和位育"思想始终是学校文化建设的核心内容。

我们以年级组、教研组、备课组建设为主阵地，潜心打造三个"工程"：

1. 温馨工程

营造家庭式和谐温馨的人际关系；编织坦诚共享、助人成功的感情纽带，提升"忙碌着并快乐着、快乐并成长着"幸福指数。

2. 引领工程

党团组织坚持文化引领，注重过程活血化瘀。党员要成为化解矛盾、消融难点的主心骨。

3.“两康”工程

正视师生心理压力，关注师生身心健康。学校坚持民主平等、合作和谐的师生关系，积极倡导教师由关爱到尊重、由师长到朋友的角色转化。学业上的点拨交流、不经意间的心理按摩、课后常态化的面对面交流互动，流淌着说不完道不尽的师生情谊。这种消除师生心理藩篱的教育更凸显了针对性、有效性，为“激发成长自觉”构建了一个强大的情感磁场。

把“中和位育”思想融入作为学校管理基石的三组建设。让年级组成为最贴心的信息情感平台，让教研组成为最适切的研训共同体，让备课组成为最活跃共享资源的互动单元。

（五）围绕课程建设主题词，实现学校内涵的升级与转型

推进国家课程校本化实施。通过对国家课程的深入学研，针对校情、学情，把课程标准落地为校本化的教学实施方案。在基础课、拓展课、探究课互补共振的基础上，努力在课程结构与多元化上有所发展与创新，比如把学生社团活动纳入课表。

树立课内向课外延伸、课内外融合的大课堂观念，以“活动节日化，‘节日’课程化”理念，为学生搭建更广阔的平台。包括四大特色项目、八大学生发展平台、九个主题月校园文化活动和逐年递增的以“西南位育杯”命名的市区跨校竞赛驱动平台。

策划与实施学校、年级、班级三个层面、不同年段的经典教育活动项目，做到序列化。比如预初读家信写家信活动、初一家长榜样进课堂、初二集体过 14 岁生日仪式、初三校友返校谈感悟、高一名人讲坛和城市探宝活动、高二走石子路挫折体验、高三成人仪式等。

中华传统优秀文化熏陶是我校坚守二十年的德育特色，已形成七个年级分主题的教育序列，并积极以模块化、系列化推进德育的课程化。比如预初年级的“孝敬

▲ 剪纸社团非遗传承

▲ 学生畅谈在传统文化熏陶下的成长轨迹

谦恭——爱从这里起步";初一年级的"发愤乐学——树立正确的苦乐观";初二年级的"奋斗自立——迈好青春第一步";初三年级的"敬业自强——做一个最好的自己";高一年级的"定位立志——站在人生新的起跑线上";高二年级的"挫折磨炼——成才的最好学校";高三年级的"学会负责——做一个堂堂正正的中国人"。

（六）探索课堂教学的现代化，打造"激发成长自觉"的主战场

聚焦课堂，打造"激发成长自觉"的主战场。以"三性、三课、三题、三步曲"的教学智慧，推动减负增效，提高学生能力，提升课堂效率。通过渐变方式，向课堂不断注入现代元素，努力把"三变"作为我校新型课堂文化的主旋律，为培育内生性成长与创新型人才奠基。

采用美国现代英语"SBS"作为初中口语教材，以小班化训练，实现与"牛津英语"的融合。2013年还在预初、高一推出主题教育课程，这是基于减少基础课占比，为培育志趣拓展能力的积极尝试。每周一个下午的时间，融讲、学、练与展示活动为一体开展综合性必修课，这是对传统课堂与分科教学的改革与创新，在学生与家长中取得良好反响。2014学年初一、高二又确定以"探究性课题"为主题教育，实现从激发兴趣到学会探究的提升。

（七）策划"激发成长自觉"的推进方略，落实六个驱动环节

1. 良好习惯

成长自觉从养成好习惯起步。基础年级以理性引导为先，以褒奖优秀激励，帮助学生写好"人生规划"的第一页。

2. 培育自信

激励学生"因个性而独特，因特长而优秀"。关键在于清除教师头脑里根深蒂固的"以分取人""忽视个性特质"的传统观念，逐步构建"多元化、纵向比"为导向的评价体系，让学生在发掘自身优势与特长过程中找回自信与尊严。除了舆论导向，必须在评优、评三好、推荐评价干部等方面构建新的激励机制。

3. 鼓励参与

积极鼓励学生实践、珍惜每一岗位、抓住每一机遇。对于成长期青少年更要鼓励"三思而行"与"三行而思"的融合。重在过程，享受过程，淡化结果。荣誉随着时间总会褪色，而能力与经验总能相伴到永远。人生赛场永远垂青能脚踏实地把梦想化为现实的长跑者。同时，班主任对学生成长的评估一定要从偏重结果的成功度向参与度、投入度迁移。

比如语文月课本剧排演，我们把原本少数学生参演的活动，拓展为众多学生投入的历练与体验活动，主动搭建了一个大平台：形成全班、全年级的关切与参与，引导大家主动根据自己的特长爱好承担起力所能及的场记、灯光、音响、道具、服装设计、服装收集等任务，与演员一起全心投入。这样的排戏、演戏活动呈现了丰富的人文精神滋养，注入了集体观念、协作精神、甘当配角和幕后英雄、善于吸纳他人意见、自主参与主动历练等诸多育人元素。

4. 榜样激励

建立了以年级为单元的"榜样群"。既有英雄名人的偶像，也有身边各有所长同龄人与优秀家长榜样；挖掘校友资源，让学子能站在优秀校友肩膀上，青出于

蓝而胜于蓝。体育之星、环保之星、劳动之星……评优激励活动也要随月主题活动开展而常态化依次推进。

5. 职业规划

实施以高一铺垫、高二重点、高三精细的人生规划与职业指导的教育。采取各科课堂渗透与专职教师课程设置相结合的方法，也积极物色聘请家长走进课堂。

6. 体验自主

通过自主自治，激发学生内生性发展心理需求。要引导学生明白世上没有人是可以依赖一辈子的，只有学会自主，学会担当，才是真正长大。要让教师懂得放手是爱、放手是智慧；要退居幕后，善用无形之手。不断鼓励学生在坚持自主体验中，学会反思微调、直面挫折、坚守梦想。

我们推出了一整套操场学生自主管理方案。中午与下午放学时间，篮球、排球和操场全方位开放，借球还球也由学生自取自还（为此还精心设计制作了可自行投球归还的篮排球小屋），起始和结束也用广播信号提示。这样的自主管理，培育了学生自治自律意识，也最大限度释放了操场功能。显然，一项好的制度安排就是一个好的育人平台。

一个成长自觉被唤醒的学生一定能跑得更快、走得更远。至于知识、能力、德行和升学等难免让人挂心的事，在这棵我们精心培育的"激发成长自觉"的大树上，相信都会结出一颗颗硕果。

三、激发教师成长自觉

让教师有成就感和幸福感，这是西南位育在队伍建设上的至高目标。

（一）围绕"四个留人"，打造稳定和谐的教师队伍

教师必须培育发展自觉，这才有学生的成长自觉。"四个留人"，即理念留人、

事业留人、氛围留人、待遇留人，是我校凝心聚力的宝典。西位人一直以来，视氛围为生命，精心打造凝聚力工程、共建命运共同体的经验结晶。此外，还提倡"五个一"工作法，具体如下：

1. 帮一帮，助人成功

学校的初三、高三，每年都会配备新手；我们的实验班、桥牌特色班，除了资深老教师，还总掺进青年教师。为什么？这是不言而喻的事。否则，学校就不能新老传承，就不能形成梯队。我们经验丰富的老把式，有当然的义务，去帮助这些新手和年轻人，助他们成功，让他们少一点挫折感，多一点成就感。而中、老教师心甘情愿为青年教师做后盾，无私扶持，随时补台，就是我们学校教育水平能长期在高位运行的重要保证。

2. 推一推，形成梯队

"一花独放不是春，万紫千红春满园。"西南位育中学是个温馨的大家庭，每个成员在成长过程中，都需要、也应该得到同事、同行的帮助。当老师们有能力和机缘时，要主动伸出援手，对身边的年轻人扶一把、推一推，这是不需要有人提醒，也是不求任何回报的，这是西南位育人的天性。在背后默默地点拨与助力，给别人带来暖意和灵感，同时很可能是关键的一招，让人一生难忘！只有这样，人才梯队培养机制，才可能加速形成，我校的人才高地才大有希望。

3. 激一激，用好长处

我们西南位育的每一位教师，都是宝贝，都是一座有待我们开发的金矿。如何开发？当然主要靠自己的努力和争气。种瓜得瓜，种豆得豆，这是自然规律。但是，一个人对自己潜能的认知有个过程，自信自强的激发，靠自己，也靠周围环境和同伴的鼓动、感染，自己的特长优势更需要同行的点赞和激励。只有这样，才能充满自信地珍惜自己的一技之长，才能弘扬自己独特的一面。所以，我们都要争当一个促进、鼓励、指点的心灵使者，用自己的智慧点拨，让别人豁然开朗，感受到成功而被尊重的愉悦，让我们都能在扬长激励的路上，走得更快，走得更远！

4. 聚一聚，汇集群智

我们民办性质学校，至少目前还无法吸收很多一流的教师和人才。但是我们又要办一流的教育，靠什么？我们靠的就是 1+1>2 的群体合力。所以，在我们西位，既然大家的心是连在一起的，就看我们有没有组织力和执行力，能不能搭平台、提供载体，让大家的真知灼见、集体智慧和蕴藏于个体、各组的正能量汇集起来，碰撞出火花，形成热核反应。在这里，个人、组别、年级、科目、校区的有形无形藩篱都要统统去掉。在师生的成长发展上，没有你我他，只有一个人，他的名字叫西南位育。学校的发展高于一切，学生的成长高于一切，教师的提升高于一切。只有这样，我们才有可能战无不胜，攻无不克！

5. 调一调，活血化瘀

一个再好的群体，因为不是生活在真空里，所以既会有外部环境的干扰影响，也会有内部不同见解、不同个性、不同小群体或个人利益之间的冲撞。按辩证唯物主义观，矛盾是无处不在、无时不有的。我们身处一线的两长和骨干，需要在化解日常各类矛盾和纠集上，花费一定的精力和时间。如果这些显性的或者隐形的难点不及时化解消融，则必然会使我们的日常运行机制发生阻梗，血脉不畅，长期积累下来，就会影响到学校这部运行机器，直至停摆！

如何活血化瘀？一方面，我们每个协调者，要有敏感性，问题解决于"青萍之末"，而不是"积劳成疾"。问题解决的根本，在于交流沟通。人际关系的核心就在于交流，但交流特别讲究艺术：能否扣开心门，是否对症下药？化解心结是要动之以情、晓之以理的，还需要有点耐心，也要为人家解决一些实际问题。成败在于事先能否认真做好功课，打好充分准备之仗。另一方面，我们组内每个成员自身，要学会"中和位育"地处事待人：学会感恩，感悟幸福；换位思考，善解人意；以乐于分享、乐于奉献、乐于成人之美，感受更高层次的快乐幸福。这样，许多矛盾就很容易化解，甚至消灭在萌芽状态；发生了问题，一经疏导，也能很快消融。

（二）优化"三组建设"，强化校本培训，提供教师成长热土

备课组是把握教材、共享资源的带教平台。备课组活动一定要有实效，才有生命力。备课活动是团体协作精神的试金石。教研组是专业培训、教学探究的研训平台。以语文、数学区示范教研组为标杆，让更多教研组真正成为"贴心贴肉"的研训共同体。在徐汇区优秀教研组授牌仪式上，我校数学组作了大会交流发言。年级组是协调互动、融合情感的交流平台。在年级组长主导下，落实班主任的日常带教与反思微调。努力确保每个年级都有资深班主任引领，试行校内高级班主任职级，激励优秀中年班主任能长期坚守阵地，发挥辐射作用。

每个组都让新老带教常规精致化，努力把一个常规工作做精细，把一个基础工作做扎实，这是品位，更是水平。"师徒带教"是培养青年教师最基本、最寻常的做法，关键是抓实做细。师徒带教不在形式，而在成色。师傅要全心全意，学徒要如饥似渴。一学期听学徒40节课的带教老师并不鲜见；而满怀欣赏眼光和感恩心态的学徒也比比皆是。经验证明，备课组的集体备课是师徒带教最有效的互动平台；而"教学相长"，又让师徒带教进入了一个更高境界。

师徒带教重在效果，不拘一格，方法力求不断推陈出新。第一次当班主任，第一次上毕业年级，教研组长、年级组长新上岗，必须带教送一阵。新教师家访重点辅导、家长会前集体备课、应对突发事件精心指导，都渗透于日常教育全过程。这种最朴素的双向递增能量的新老牵手，不仅传递了智慧，更积累了浓浓的师徒情谊与成长自觉的正能量。语文高级教师陈丹娅老师进西南位育中学十一年，前后带教过十八位徒弟，正如陈丹娅老师所言："对我而言，从教生涯的幸福感不

仅来自学生，还来自我的那些带教过的青年教师。"我们成立老教师教育指导团，发动青年教师采访创业老教师、老党员，举办由老同志、老教师主讲的管理研训班，对不同教龄青年教师分批开展点对点听课提点，千方百计借力老教师，用足学校内部资源。

我校规模较大，每年都要有近二十个新教师进校，这一拨拨新教师对理念文化的认同，没有三年五载是不行的。但是，刚上岗时的学习熏陶最重要，效果也最好。所以每学年对新教师的教育六月份就启动，暑假集中培训。校本读物讲解，老教师现身说法，青年教师感悟交流，让新教师一上讲台，就有继承学校文化的紧迫感。

（三）创新校本研修新模式，建设研训共同体，探索校本研修有效方式

以教研组为主导，在实践中探索渐成的主题式研修模式，以"问题切入、目标专一、流程明确、反馈及时"为特征，具有"立足岗位、贴近教材、符合需求、切合校情"的优势。各教研组因组制宜、按需定制、以效促训，呈现了多姿多彩的景象，较好地解决了如何让研修"一头热"变为"两头热"的难题。

主题式研修还与各类教学活动融为一体。比如每届校"晓荷杯教学大赛"、每

▲ 语文组"晓荷杯"比赛反馈现场

年"骏马奖"校内选推，把整个初赛、决赛、听课、评课、总结、反思全过程作为聚焦课堂的一个研修项目，确保每堂课都能留下思考，每项活动都注入研修元素。要主动为青年教师适应岗位雪中送炭。其中数学教研组从日常教学需求出发，开展了六项教学基本功系列训练：解题规范性训练、板书基本功训练、命题基本功训练、课题导入基本功训练、例题教学基本功训练、课堂小结基本功训练。在区示范教研组授奖会上他们的交流获得一致首肯。

精细化推进党组织的"指路子、结对子、树杆子、架梯子、暖心窝子"的"五子工程"，精心指导教师准确定位和寻找最近发展区。做细校本三级培训，推进紧扣需求、聚焦课堂、讲究实效的研训一体化的教研，创新学区联动的跨校研修新模式。以学区联动联修为主攻，西南位育中学自觉有责任为周边兄弟学校与学区营造一个绿色生态。参与的学校同心协力，大家都深感开阔视野、共享资源、共赢共荣而获益良多。大的学科拥有跨校资源共享的明显优势；小学科更是形成了难得的跨校团队，有了专业研修的氛围和平台。

（四）视氛围为生命线，营造校园绿色人文生态

民办学校管理者，从校长到两长，最大的责任是什么，这是我们必须要弄清的问题。要明白，我们不能老想着去管理别人。按照现代管理的理念，我们最大的责任是为教师创造一个良好的生存与发展环境，让每个成员的潜能都能释放出来。加盟民办学校的教师，他和他的家庭都承担着一定风险，学校管理者更要有强烈服务意识。而这个服务，可能主要不在于具体事务，而在于一个相对公道公正的人事生态支持下的良好发展氛围。

所以，西南位育人坚持一个信念："视氛围为生命。"我们精心营造家庭式和谐温馨的人际关系，建立坦诚相见、助人成功、学会感恩的情感纽带，调适"忙着并快乐着"的情绪心态。这个人际关系、情感纽带、情绪心态，就是西位人的

人文价值观，就是校园文化的核心。

1. 形成氛围共识，有赖于管理者的身先垂范

管理者做出榜样就是无声的号召。严以律己，宽以待人，平易近人；发生问题敢担责，充分尊重教师而绝不在大庭广众下指责批评；党政和谐合作，办事清正公道，绝不搞亲亲疏疏。对于如何正确把握人际关系、学会换位思考、学会感恩，则利用各种机会场合、大会小会，循循善诱。这都在为创设良好群体氛围烘托造势。

2. 形成氛围共识，需要源于群众智慧的配套机制

首先，淡化平行班级横向竞争的决策，为教师同行之间的合作与分享解除了思想上的藩篱。工会委员、年级组长、党小组长、工会组长、团支部书记，这群贴近一线的有心人，事事处处用成人之美雅量、帮人之困热忱、化解矛盾智慧，成为组室氛围建设的顶梁柱。而诸如为支持女教师工作而成立的西南位育女婿会，教工文化社团活动，"中和位育奖教金"的表彰激励，西位岁末迎新的"小春晚"等，都是凝心聚力不可或缺的环节。

3. 形成氛围共识，必须与"三组建设"融为一体

年级组、教研组、备课组建设，这是学校日常管理的基础。天天同室、同事，相伴、相知的备课组、年级组、教研组，是教师共同工作生活最直接、最紧密的时空所在。其中有没有"温度"，是不是"和谐"，大家都有最直接、最真实的感受。所以，在"三组建设"中，要努力注入文化、注入和谐，努力打造让大家有归属感的精神家园：

让备课组成为最活跃的整合资源、共享经验的交流、带教平台；

让年级组成为最贴心的信息沟通、情感互动的协调、合作平台；

让教研组成为最有效的专业培训、教学探究的学习、研训平台。

聚焦课程与课堂
成就教师自觉成长

张建中

一、聚焦课程，聚焦学校品质提升的主战场

（一）聚焦课程建设，夯实三个基础

1. 为打下"身心健康的基础"，确立体育在基础性课程中的特殊地位

一位校友追忆西南位育母校，"七年没有放过一节体育课"的独特评价，彰显着全校坚守"健康第一"的执著。从认真上好每一节体育课、体锻课开始，给学生一个有含金量的课堂。确保体育和体锻的课时量与课堂质量成为课程建设的一块基石，也营造着身心健康第一的浓浓校园氛围。

2. 为打下"终身学习的基础"，确立综合素养和个性发展为主线的课程建设目标

正确处理好学业成绩与能力素养关系，既要关注当下，更要着眼长远：立足课堂而超越课堂，立足教材而跨越书本，树立课内课外融合的大课堂观念，从架构选择性课程、特色性课程和综合实践课程三个课程模块入手，不断丰富课程内涵。

校园发展个性、培育兴趣的重要平台，面向全体学生，为培育志趣、孵化特长、激发潜能提供绿色通道。积极倡导"活动节日化"，鼓励学生重在参与、珍惜

过程、贵于反思微调，始终关注普及面和参与度。

3. 为打好"走上社会的基础"，确立做人与成才、学校与社会对接的课程建设准则

以年级为序列的中华优秀传统文化教育，把"树民族之根、立中华之魂"融入课堂，渗透到教育的全过程。编写《五常新说》，把"仁、义、礼、智、信"的现代解读作为阅读教材，不断推进德育的序列化、课程化。

鼓励学生从有形的课堂向无限的实践和体验延伸，充分发挥街道与各种教育基地功能，努力把课堂放到现代企业、烈士陵园等场所，积极引导学生走出校门，投身社会大课堂。

（二）课程实施校本化，焦点在于切合我校学生实际

实施国家与上级下达的任务，必须要细化为切合校情的实施方案，这是西位人一直坚持的行事准则。代表国家意志的国家课程，既要落实，又要落地。落实，意味着严格遵循课程标准，严格课时规范，即使在毕业年级，也不走样。落地，就是要结合校情、学情，实现课程校本化实施，研究因地制宜实施策略。在教导处领导下，各教研组重视国家课程校本化落实落地，是我校教研的一个重要突破方向。我校数学教研组编制针对每年段学科要求落实的细目与适合本校学生的经典教学例题，旨在让教学更贴近学生、更切合实际。他们的经验在徐汇区得到推介和认同。

（三）开展"主题教学"，在课程建设领域改革创新

这几年，我们大胆改革和创新的校本新课程"主题教学"，就是我校课程建设指导思想的集中体现。事实证明，这种融文理、跨学科，熔学与习、训练与展示于一炉的综合性课程，已收到很好效果，成为培养兴趣、发展个性的新平台，也

是符合高考选拔改革的大方向的。学生和家长的良好反响也印证了这一点。现在，学校又积极推进探究性课题研究的课程内容，也完全符合培育综合素养和探究创新能力的大方向。

1. 主题教学使我们感悟到"学习"蕴含着"学"和"习"不可偏废的两个方面

主题教学不仅对过去的文理相对割裂、学科藩篱森严有所突破，更重要的是充分体现了"学"和"习"两个方面有机结合的优势。事实证明，学生学习积极性的调动要兼顾这两个方面，缺一不可。只有输入（学）没有输出（习）的学习是很难让学生产生兴趣的，效率也是低下的。

2. "学"和"习"的输入输出方式不是单调平面的，而是多元立体的

不能仅仅有书面的作业、测验及考试，这些是习的输出，还可以有口头、形体、展示、协作等多种形式的输出；同样，"输入"也不能仅仅通过教师才能实现，同伴互助、社会实践、网络应用等，都可以达到同一目的。通过主题教学的课程实践，师生共同体验到了学习方式的多元化、立体化。重要的是，从课堂延伸到课外，从书本学习拓展到手脑并用的实践活动，是对学习的内涵的深化和拓展。

3. 如何让学生在学习过程中提高兴趣主动学习，是摆在我们面前的重要课题

我们的主题教学，在内容上贴近社会前沿和学生需求；在方式上灵活多样、学得和习得相得益彰；在教育主体上，让学生当主人，围绕学生展开。显然，学生的学习兴趣和学习主动性，得到了很大的激发，效果是明显的。

所以，我们需要反思，如何在日常教学中更有效激发学生的兴趣和主动性，如何让你的学科也能拥有更多的粉丝。这是提高教学质量和学习效率的中心环节之一，也是你未来能否成为一个好教师的重要分水岭。

（四）传统活动平台化，特色项目课程化

学生的成长需要各种平台。课堂是当之无愧最主要的平台。学校保证了平台

的数量，但其质量掌握在每位老师手中。课堂是各种平台的总源头，其他各种平台都是由其派生和延伸出来的，这是课堂和课程的拓展，是向实践的深化。在西位，我们必须确立课内和课外互动融合的大课程观念。

建设这些发展平台，最终为什么？我们心中要非常明确，不仅仅是为了让学生有机会得奖，获得一些荣誉，其过程才是最重要的。我们的根本目的在于，培育学生兴趣特长，激发其潜能和自信，促进志趣和志向的形成，使其增长比书本知识还要珍贵的实践能力和才干，在自主发展和同伴合作过程中，最后聚焦于唤醒和激发其成长自觉。

我们学校长期沉淀下来的传统活动和特色项目是最宝贵的财富，是学生发展个性特长的大舞台。像预初年级的读家信写家信、初二年级的过 14 岁集体生日活动、高二年级走石子路的切身体验，还有各年级的学生领袖骨干群体培养活动，以及初三实验班全程自主谋划的金秋晚会、每月一次的社会考察活动、高中教师进初三课堂的高初中衔接项目等，我们在一届届的传承中越做越精致。我们的平台不能一成不变，而要不断发展，力求推陈出新。学生的需求是我们发展创新的原动力。我们在实践过程中，也要及时总结反思，不断优化，向精细化方向推进。

▲ 职业精英大讲堂讲师合影

二、聚焦课堂，聚焦学校发展的主阵地

三尺讲台、四方课堂，是学校提升办学水平的主阵地，也是评价一位教师最通透的一个窗口。

（一）努力追求课堂价值

每个人都有自己的价值追求。作为一个教师，三尺讲台就是自己的岗位。教师的价值，首先体现在课堂价值上。所以，要努力把这种价值最大化，认真地讲好每一堂课。让自己在课堂上得到很好的发挥，需要花费大量的心血和精力。事实上，任何一个教师，都希望自己能讲一手精彩的课，能得到学生和同行的认可。"人性深处最大的欲望，莫过于受到外界的认可和赞扬。"把自己的工作做好，得到他人的尊重，是每个人与生俱来的天性。

因此，每位教师都应追求自己的课堂价值。其根本首先在于你要有追求的欲望和激情。强大的动力和持久的努力，才能使你的课堂教学含金量不断提升，让你孜孜以求的课堂价值充分显示出来。比如上课，师生在课堂内不断交流，这样的课就比较难上，那种一言堂的课，就是把课堂简化了。如果有四六开、五五开的交流，这种课一定很精彩。我们去听课，有老师问我，课上得怎么样，当然他自己的感觉还不错，但我告诉他，我是按表计时的，你让学生回答和活动的时间大约是多少。他马上就感到了，他说可能自己讲得多了。

（二）围绕三性、三课、三题，让学生成为学习的主人

我们在教学上总结提炼了"五个一"。其中三性（科学性、针对性、有效性）、三课（新授课、复习课、讲评课）、三题（例题、习题、考题）直接剑指课堂教学。全校教师脚踏实地探索与研究，落实于本学科、本备课组，瞄准三性、三课、

三题，不断规范教学行为，优化教学过程。

"三课"，是提高教学有效性的基础。我们强调：新授课突出科学性、有序性、体验性；复习课关注规律性、自主性，让学生学会归纳、迁移，这是学会学习的重要一环；讲评课还不可忽略鼓励性原则。教师要热情鼓励学生的独到见解、独到方法，要有一双赏识和激励学生的慧眼。

这里说一下我自己的切身体会。当年我为什么选择数学专业？一个非常非常重要的原因是当初我高中的数学老师在课堂上讲评卷子时，大大表扬了我与其他同学不同的解法，肯定了我的思路和创意。这让我大受鼓舞，记忆深刻，我从内心喜欢起这门当初觉得还有点枯燥的学科。有人说，一个好老师的一句话，有时可以改变一个学生的人生。此话真还是有一定道理的。

"三题"，是提升教学效率的重点。例题的典型性、针对性，决定了课堂教学的有效性；习题的质与量的调控，充分体现了教师在严格要求与呵护学生之间寻找最佳平衡。为了不让学生陷入题海，必须要求教师涉入题海，精选、精炼，加上快速反馈，尽力让学生有限时间的学习效率放大。试题的适切性与难度、效度、信度的正确把握，可确保教学的正确导向。为了确保试题质量，即使是每年都在毕业年级上课的教师，也不肯轻易把去年的一份试题，原封不动给今年的学生再做一次。总之，这些看起来极不起眼、朴实无华的精耕细作，却实实在在抓到提高教学有效性的点子上了。

这些极为朴素的做法，是极接地气的减负增效良策。对各类课型的研究，带动大家对课堂的精细化探究；针对学情精心选择与配置"三题"，共建经典例题库、习题库，用智慧合理配置习题，百倍珍惜学生精力，成为每个良心教师的本分；拿捏难易，优化导向，研究科学命题，组建精悍命题队伍，齐心协力不断优化试题。教师宁让自己深涉题海，也要让学生真正脱离题海，从而把学生过重的学业负担真正减下来，让他们有精力去做兴趣之事，努力让学生不被刷题与考试所捆绑，而逐步回归学习的主人。这些看似寻常的要求与做法，也没高大上的理论，但确是提高课堂质量与效率最基本的不二法门。

（三）课堂互动不是形式的互动，本质是思维的碰撞

课堂互动不在于表面的热闹活跃，不在于师生频繁的问答，也不在于精美的PPT和动画设计。良好的课堂互动可能也是需要这些东西的，但有了这些东西不一定就体现了思维互动，更不要用这些东西来掩盖其缺乏真正的思维碰撞。我们的提问，题目是否精心设计，是否有思考点，能否有助于激发学生兴趣和探究欲望？无味、无趣、无思维质量的问题多了，就不是在激发学生兴趣和思考，只会让学生感到索然无味。提问的艺术是衡量师能的重要标志。问题是有层次性的，要有针对性地选择不同层次的学生来回答；问题必须要有思考性，思考性是实现思维碰撞的导火索。我们宁可让问题少一点、精一点，但要有一石激起千层浪之效，让思维真正活跃起来，把课堂推向高潮。我们要防止缺乏讨论点、思考点、兴趣点的课堂小组讨论，也要杜绝光追求图像精美的PPT来冲淡学生的课堂思考力度和深度。现代教育手段在不断更新，但这些仅仅是工具，课堂的灵魂在于激活思维，这才是永恒的。

（四）促进课堂的"三变"，让学习回归兴趣与思考的核心价值

课堂教学需要基础性建设，更需要发展性建设。学习的根本目的是什么？学习不仅仅是学习知识和技能。学习的核心目标是激发学习兴趣，激发追求科学真理的激情。学习的终极目标是学会思考，变得更"聪明"而能发现问题、破解问题。苏霍姆林斯基有一句名言："真正的学校乃是一个积极思考的王国。"

我们以课堂"三变"，来推动实现学习真正意义上的回归。通过"变教师为导师、变讲台为舞台、变解疑为激疑"的课堂实践探索，以加速学习内涵与学习方式的转型。

变教师为导师：教师不仅是知识传授者，更是引领价值观、培育兴趣个性、学会学习挖潜的师长和向导，让学习真正回归兴趣与思考的核心价值。要让教师实现从"学业传授"到"思考训练和成长成人的引路人"、从"教懂教会"到"培育独立思考"的角色转换。

变讲台为舞台：学习不仅需要听课、解题、复习的过程，更需要在情感、能力、态度的实践体验中，注入更多热爱和自信的内生动力。教师在课堂传道、授业、解惑进程中，还要留出时空让学生活动、表达、演示，这种主动性学习与实践，台上台下学生互动的深刻体验，体现着学与习的互补，学生主体和教师主导的融合，其实际课堂效果有时会出乎师生的意料。

变解疑为激疑：教师的职责不能停留在解惑上，帮助学生解答问题的根本在于激发思考，化解问题目的在于提高问题意识、激活思考、激发出有价值的新问题，让学生产生更多学习兴趣和激情。这才是学习的终极目标。

当然，"三变"不是前后两种角色的割裂与逆转，应该是一个渐进和融合的过程，后者是基于前者的升华。重要的是我们首先要有改变现状的紧迫感，通过课堂实践与互动交流，积累经验，通过量变达到质变，实现从个别教师到团队的不断突破。课堂的"三变"，是针对优质思维品质的培育而提出来的，这是一个课堂文化建设的崭新目标。现在，课堂不仅有线下的，也有线上的，这就丰富了我们探索课堂教学的内容和边际。通过两者的相互借鉴和互补，推动我们教育手段的创新，推进教育的现代化进程。

（五）延伸课堂，在习得与思考、习得与实践之间实现有效对接

通常学生成长的爆发点，更多在课外。我们要在校园内，全方位、多渠道地搭建促进学生历练与成长的平台，尽可能投入人力、物力、财力，目的就是实现课内外的有效对接。例如，以人工智能和信息技术的科技创新实践为代表的四大

▲ 丰富的学生社团活动

特色项目，以培养学生领袖骨干群体、可量身定制的学生社团、学科拓展培优等八大学生发展平台，以环保月、语文月、艺术月等轮次推进的九大校园文化系列活动，以高中英语辩论赛、中学生桥牌赛、人工智能机器人赛、时政比赛、联合国模拟等亮点项目作为主赛场的市、区竞技交流平台等，为学生的学习成长铺就了一条绿色通道。

　　总之，课堂改变，学校才会改变；课堂高效，教育才会高效；课堂优质，学生才会卓越；课堂创新，学生才会创造；课堂进步，教师才会成长。课堂实现"三变"，教学方式和学习方式才能真正转变。我们西南位育教师的三尺讲台，这舞台确实很大，我们的追求也任重道远。

（六）围绕课堂教学，做好每一件实事

　　形势总在不断变化，变，始终是事物的一种常态。随着疫情变化，我们的课堂，变为线下和线上线下结合的各种不同形态；随着生源的变化，学生层次与差距有变化，老经验不管用了，对我们从教多年的西位教师，又提出了新的挑战。

再好的愿景，都建立在日常的每一件事情上。常言道，校园内的教育事情，没有小事。不是做过就行，而是要做好；不是备过课就行，而是要备好课，打造自己的精品课。学校大量的是重复性的常规工作，需要教师有耐心地把常规工作做精致，把寻常的每件小事做得不寻常。西南位育的成功靠的就是这种工匠精神。我们平时所做的，其实其他兄弟学校大多也在做，关键比拼的是谁做得精细到位，谁做到点子上出了效果。例如，作业面批，这是个可以蕴含丰富教学理念的精细活，许多老师都有自己的一些独特做法。只要认真当一回事，把学生放在心上，你就会真心实意地从效果出发，越做越好、越做越精。再比如我校一直强调的"三题"，这篇文章很大，可以很充分地体现在日常教学中。例题不照本宣科，怎样找最典型的，如何能顾及不同层次学生，体现梯度，都很有讲究。习题不是多多益善，要精选，要珍惜学生的有限精力。精选是不容易的，为了学生，就要多做多试，才能精中选精。既让学生夯实基础，又能接触新型题型，给部分优秀学生布置选做题和思考题，从而让各个层次的学生都有收获，都满意。出考题更是一项专业技能要求很高的硬核活。培优工作也是这样，要时时放在重要位置，放在心上。这是建设学校品牌的重要领域。除了依靠学校专业队伍，也要融入每个教师的日常教学中，时时刻刻要想到不同层次学生的学习感受，一定要让大家都吃饱、吃好。我们现在的命题小组队伍在扩展，后继有人。但是，人员数量代替不了命题的质量，我们还是要在学中练，练中学。相信实践出真知，希望我们的命题水平不断提高，而且能适应新生源、新学情。

三、核心竞争力的根本在于发展高水平的师资队伍

教师因学生出彩而光荣，学生因教师优秀而卓越。学校因教师、家长、学生的携手奋进创辉煌而共铸品牌。

（一）教师专业发展要倡导"做中学"和"学中做"相结合的方式

教师在实践中要加速成长，光踏踏实实做还是不够的。我们要动脑筋做事，在做事中不断让思考走在前面。实践是学习过程，也是思考过程，是一个不断发现问题、解决问题的过程，也是破陈规、出创意的过程。只有这样，教育实践和专业成长才能同步发展，教育才干才能在实践中得到充分磨炼，师能才能直线上升。

教师的专业成长离不开专业进修，系统化的学习还是很重要的。但是决定一名教师专业成长的关键还在于在"做中学"和"学中做"。学校里有一批特级教师，他们都是在实践中边学边干，成为名师的。所以，一线的教育实践，就是一所最养人、最能让你成才的大学校！中老年教师有着经验丰富的各种优势，青年教师有着成长潜力大、发展弹性高、富有生机活力的绝对优势。因此，青年教师决定着西南位育的未来！青年教师的发展与作为，左右着在这块徐汇热土上崛起的这所学校的命运！

万丈高楼平地起，我们重于渐进积累，需要耐心，不能只想一蹴而就，否则最后只能一事无成。爬坡积累是一个艰苦而持久的过程，这需要成就事业的内在动力，需要在实践积累中激发学习情趣和体验成功快乐。同时我们还要有一点压力感、危机感。古人云："生于忧患，死于安乐。"内心有了紧迫感，才会迸发激情，更容易释放出潜能。学校向全体青年教师提出"三个有"的殷切希望：

有作为："天生我材必有用，不拘一格降人才。"学校努力创设良好的软环境，给青年教师一个施展抱负和才干的大舞台。

有道德：永远不要忘记教师为人师表的天职。从社会公德到职业操守，再到公平公正对待每个学生，只有品德高尚的老师才能教出高尚的学生。

有教养：我们所提倡的五常"仁义礼智信"，不仅学生要学习，教师也要修炼。从言谈举止，到诚信守规，西位的学生走出校门，让大家感到不一样；西位的老师走出去，也要让人感受到不一样的素质品位和文化形象。

（二）立足日常，准确定位，求真务实，实现专业发展的突破

1. 立足日常，从"每一节课"起步

教师成长的土壤，就是我们手中的教育教学，就是这些学生，就是一堂堂课。离开了这些东西，成长就是无本之木，就是空中楼阁。西位教师要埋头做好日常看似平凡的一件件小事，努力相互学习、取长补短，用自身的智慧不断改进教育教学，把每一堂课、每一次学生谈话、每一次实践历练，作为自身的一个个成长小台阶，这就是教师成长的快车道。

我们要高度重视日常教学实践，专业成长从认真上好每一堂课开始，要努力成为"三性、三课、三题、三步曲"的成功实践者。普普通通的家常课，是教师成长的阳光和土壤，没有家常课的积淀，所有的成长与发展都是空话。要对课堂教学永远充满激情，充满新鲜感。日复一日、年复一年的课堂教学，尤其是在同一年级踏步，极易造成教师视觉疲劳。所以，驱赶重复感，要让看似平淡而对于学生都是新课的日常教学变得鲜活，充满生机，这是提高教学水平很重要的一环。认真反思每堂课的得与失，让家常课上出不一样的"味道"，让课堂洋溢创新的活力和张力。初涉教坛，要以传承为主，打实基础；有一定积累的老师要勇于探索。

百倍珍惜各类研讨课、展示课的机遇。公开课是一种展示，是对已有教学实践经验积累和教育理念的清晰化表达。公开课的准备、实施、课后的交流总结，这个打磨的全过程是把教师的教学作为一个客体进行审视、研究、提升的重要过程。这种课前课后的"打磨"，可以让教师有一个前所未有的经历与体验，让教师走近课堂教学的本原，探寻到教学的真谛。公开课的最大价值不仅在课的本身，更在于备课与探究的全过程。

2. 找准定位，在"一专多能"上发力

学校需要多方面、多层次、全方位的各类教育人才，我们须建构一个适应现代教育需求、结构合理的人才梯队。正确定位，扬长避短，寻找每个人最适合的

发展目标与最近发展区。

立足岗位，努力实现满足学校需要与加速一专多能发展的和谐结合。要安心岗位，立足本职，把学校的需要作为自己成长的舞台，努力实现学校发展与个人成长的互动共振。一位数学系的我校最早入校的硕士生，到我校后的第一个岗位是预初年级的数学，但她珍惜这个岗位，她的努力得到年级组老师一致认可，她既自觉为学校解决了困难，她良好的起点也为她今后的发展奠定了坚实基础。

不断推进的新课程体系，加上民办学校性质，需要更多的一专多能复合型教师。如东校一位青年教师，自告奋勇拜街道的剪纸老师为师，成为我校很有特长、深受学生欢迎的选修课指导教师。

3. 追求卓越，以"成为名师"为目标

名师培养的主阵地无疑是学校。成为名师需要依托学校的起飞平台，需要同行的支持和配合，但是能否成为名师，归根结底在于自己的努力和积淀。

我们要问，成为名师之路究竟指向何方？华东师范大学教授顾泠元曾说，真正的名师是在学校课堂的摸爬滚打中诞生的。是的，离开了课堂，离开自己的学生，离开了学生家长的认同，追求自身所谓的社会知名度，就不是真正的名师之路。特别是在西南位育，这种所谓的名师，学生家长一点也不会认同，我们的老师同行也难以认同。所以，名师成长之路就是扎扎实实根植于西南位育教育一线大舞台。在此基础上，用你的经验智慧和独立思考，用你锲而不舍的钻研和进取，不断突破自我，不断创造卓越。这其中要包括：

坚守教师职业信念：拥有一种对教师职业深刻的理解和非凡的热爱，甚至到痴迷的程度，某种程度上这是成为名师的最大奥秘。

确立先进教育理念：视野要宽、眼光要远，通过学习、实践和思考，形成自己的教育主张和理念。坚守要经受得起风吹浪打，践行要有百折不挠的定力，勇于实践却善于反思微调，与时俱进而善于吸纳创新。

构建完整专业知识架构：在不断拓展知识的广度与深度基础上，善于让书本知识与实践体验、社会发展对接，既立足于教材课本又让教材课本变得更加生动鲜活，这都是建筑在深厚专业功底基础上的融会贯通。

修炼高超师品师能：一是要有课堂驾驭能力、教育应变能力；二是要有在对教材深刻理解基础上的灵活整合重构能力；三是要有很强的与学生交往、融合和引导的能力，拥有很强的语言表达和演说能力；四是要有在反思和总结中善于提炼经验、升华理论的教科研探索能力。在此基础上，又能彰显其独特教育个性和特长风格。

为了助推高级教师的发展，学校建立高级教师工作坊制度。高级教师工作坊成为学校培养名师的孵化器。学校需要更多名师，现在正高职级向中小学开放，也代表着国家在大力鼓励教师的专业发展，打开了中学教师的发展空间。工作坊都是我校高级教师自愿报名、自主选题、与学员双方自愿结合的，体现着他们的进取心和事业心，因为心中有追求，胸中有理想。学校大力支持着教师们忙中挤时间，做一点自己想做的事情。对于各位坊主，绝不是为了完成任务，而是一种主动性历练，是提升自己向更高层次发展的台阶和舞台。青年教师积极参与，成为其中的学员，因为他们一心想加速成长，需要高级教师的提点。成就老师，就是成就学校，高级教师工作坊成为青年教师专业发展的助推器。学校发展是一个新老不断交替的过程，新老传承、以老带新是学校发展的重要推力。老年资深教师要发挥余热，帮出点子；中流骨干要百尺竿头、更进一步，还要有提携后人的担当；青年教师要有理想、有追求，期盼更多的扶助和磨炼，高级教师工作坊就成了三股力量最好的结合点。要让青年教师足不出校门，就能得到优秀高级教师面对面指导，在这个工作坊中双向发力：坊主有情怀、有智慧地引领青年教师；青年教师主动、有进取心地投入和实践。在学习和历练中加速成长，求知若渴。

高级教师工作坊同时也是探索教育改革的实验室。工作坊包含了多学科，覆

▲ 高级教师工作坊启动仪式

盖面广，课题几经推敲、精心选择，贴近一线，既有实际意义，又具有可操作性。发挥坊主自身优势，聚焦学科素养提升，彰显教学特色风格，精准助力青年教师。工作坊必须遵循的两大原则：其一，必须发挥团队合力，因为这是一个集体项目，要心往一处想，劲往一处使；其二，必须研究真问题，为一线教育所需，为一线教师所需，为广大学生所需，这是个大前提、大原则。西南位育的课题研究一定不搞"象牙塔"式的课题。通过工作坊的实践，不断提升课题层次和科研含金量，但万变不离其宗，它必须与我们教育一线血肉相连。

西位人是追求教育理想的共同体，我们志同道合，有教育的情怀，都立志当个好老师，都想有一大群学生成为自己的粉丝。共同怀有这个教育理想，使我们始终不忘初心。敬业的老师面对乐学的学生，老师教得忘我，学生学有其乐，有了这个境界，我们老师尽心付出，一定会有丰硕成果。矢志不渝的教育理想和随之而来的职业获得感、幸福感，会让教师和学校都不断走向卓越。

打造民办品牌
追求卓越教育

张建中

一、人无我有，人有我优，人优我特，人特我新

往往一个简单的人，目标明确而又能坚守，是最能成就事业的；以此推之，我们西位人，坚守理念和特色，努力把每件事做精致，力求不断吸纳与创新，也定能让西位永远充满活力和生机。那么面对西位未来的发展，我们的品牌理念何

▲ 西位学子庆祝中华人民共和国成立七十周年

在？用十六个字来厘清我们坚持核心理念、创建办学特色、实现内涵提升的发展思路和工作要点，那便是：人无我有，人有我优，人优我特，人特我新。

（一）人无我有，坚持以人为本理念

1. 人人有方向

教育首先要帮助学生找到前进方向。西位人承认个体之间的各种差异，认为关键要根据自身特质，挖掘潜能，培育兴趣特长，寻找个性化的发展通道，孕育人生憧憬，布局职业蓝图，优化成长轨迹，启动追梦人生。

西位每个教师都要努力建立自己的硬实力，都要在自我审视和组室、同行的帮助下，合理定位，确立职业的发展方向，努力实现一专多能。特别是青年老师，要主动规划人生，包括在不同发展阶段，要有不同的追求和目标，在职初期、成熟期、骨干期，都要有不同的发展愿景和具体部署来激励自我、发展自我。

2. 处处显理念

先进教育理念是西位人不断克难攻坚的制胜宝典。但理念不是停留在嘴上说说，而应刻在心里，体现在日常教育教学的方方面面，也体现在我们教育行为的细节中。例如，教室、走廊如何布置，不同校区都运用自己的智慧，各不相同，各有特点，但都聚焦着办学理念的展现。东校区把图书馆书籍分配到年级组，每个年级组就近在教室走廊对面配备阅览室，实行自主管理，拉近了学生与阅读的距离；又如在电脑房，把学生的优秀电脑作品布置在墙上，激励学生，这就是以人为本、以学生为本思想在一个个细节里的体现。

有理念，光少数干部和大部分教师达成共识不够，贵在形成全体或绝大多数老师的共识，这才是西位力量的源泉。古人曰：上下同欲者，胜！西南位育也要以此为信条。

3. 敢为天下先

要打破习惯、打破思想禁锢，坚持人无我有。任何事物都有从无到有的过程，都有第一次、第一个，关键是教师要有勇气和慧眼去突破。这个突破是等不来的，只能靠教师干出来、闯出来。例如体育组的一批高中老师，以课本为依据，但又不唯课本。他们觉得男同学运动量合适，女同学运动量不够，项目也不太能激发女同学的锻炼激情，于是通过反复研究，增加了一些能激发女同学兴趣的体育项目。这种改革创新的尝试，既需要一切为了学生一生发展的理念支撑，也需要勇于开拓的魄力。

（二）人有我优，聚焦课堂教学改革

1. 课堂有活力

课堂是每个教师的岗位，也是鉴别教师优秀不优秀的竞技场，无形中学生就成了裁判员。上课有活力，首先需要教师有课堂激情，要有课前的精心设计和准备，要有教育经验去调控课堂，要用智慧去激活学生思维。我们要坚决杜绝一讲到底的课。教师心中要有学生，我们提倡师生交流互动，形成课堂良性的思维碰撞，让学生走到台前来当课堂主人。教师要明白，学生坐着认真听你的40分钟一讲到底，是很不容易的。总之，课堂教学中要多为学生考虑，要多换位思考。

2. 学生有兴趣

要让学生认真学好每一门课程，重要的是让学生喜欢教师上的课。兴趣永远是最好的老师，每门课的教师都要动脑筋，让学生有兴趣，千方百计从内容安排、讲课语言、方法程序、课堂结构上，用足你的教育智慧，让课堂充满生机活力。教师必须千方百计让设计的教案吸引学生，增加内生性学习动力，善于调节学生情绪，用你的教育机智调控课堂氛围，不失时机将课堂推向高潮，让由衷的微笑舒缓疲劳，让预设悬念激发好奇，尽量让学生保持充沛的学习兴趣和课堂注意力。

在激发兴趣上，教师还要顾及不同层次的学生。对于比较聪明的、有良好学习习惯的学生，只有当他们的手指尖触摸到独特性、创造性思维时，他们真正的学习兴趣和热爱，才会像火山一样迸发。而对于一直无动于衷、态度比较冷漠的学生，要迂回尝试寻找他某个方面感兴趣的事情，再从那里打开缺口，最终让兴趣来唤醒他的学习兴致。

3. 教师擅编导

提高教学质量的最佳宝典，关键在课前的充分备课。编，要下功夫；导，要靠智慧和应变。要充分用足我校很有优势的备课组资源。发挥集体力量，互动交流、资源共享，把课堂的编导做精致，做出亮点。当好这个编导的核心，不是让教师自己在课堂上显示自己很强大，而是要让学生当好课堂的主人，让学生越来越优秀。正如苏霍姆林斯基所言："每个孩子就其天性来说都是诗人，但是，我们要让他心中诗的琴弦响起来。"

（三）人优我特，推进校本课程建设

1. 活动节日化

我校的各项学生活动，绝不是任务式的完成了事，相反，每项活动都是释放个性和潜能的盛大节日。何谓节日？要最大限度让学生的热情迸发出来，全身心投入，让青春活力释放出来，成为师生共同的盛事！让尽量多的学生参与，让每个学生都有自己的角色位置，都有兴奋点。只有这样，才能给学生留下深刻温馨的记忆，留下深深的成长足迹，真正有教育价值。

节日化还有个重要标准就是活动尽量让学生自主自治，教师尽量退居幕后。用教师的话说："放手是爱，放手是智慧。"像现在的课本剧自编自导自演，艺术节、科技节、学生社团节等活动，学生的主体和自主作用越来越到位。特别是初三每年的金秋晚会，全部由学生自主设计、自主推进、自主舞台呈现，这让学生特别自豪，成为学生终生难忘的精彩一幕。

2. 节日课程化

对各个节日，例如清明节、儿童节、中秋节、国庆节、重阳节和建党节，都要精心设计，常抓常新，不断涌动创意，要相信学生蕴藏的无限创造力。同时，学校各项有传统、有特色、有影响力的活动项目，都要通过西位人的努力，实现精致化，并逐步固化为课程，包括越做越细的中华优秀传统文化教育的七个分主题的教育系列。今后，入学教育、读家信写家信活动、高三离校仪式、过 14 岁集体生日、走石子路活动、成人和毕业典礼等，也都要分步凝固为课程。

节日课程化，源自西位的大课堂观念。我们要实现课内与课外融合，推进课堂向课外实践延伸，课本学习与校内外社会实践对接，建立具有西位特色的现代课程体系。

3. 课程精品化

教研组、年级组和教导处、政教处在形成上述课程雏形的基础上，教学实施过程中，要努力规范化，并保留足够的反思、调整、提高的空间：立足长远，逐渐努力再提炼、再完善，逐步形成具有西位特色的校本课程系列。相信假以时日，在课程建设上，我们一定会有新突破、新建树。

（四）人特我新，开拓学校发展新路

1. 坚持民办完中

充分发挥民办机制，是学校立身之本；最大限度发挥完中优势，是办学亮点之重。西位人要上下齐心，倾尽全力，把我校的完中七年学制优势转化为办学的内涵发展优势，并在创建和发展办学特色的进程中，用足完中优势，实现特色建设和高初中教育一体化的双向互促共进。

悉心做好各年级组之间的衔接和高初中的无缝对接，实现高初中教师适度、有序的流动，推进初三实验班每月一次校外社会活动与高中社会实践的提前对接，强化初三与高一在课程和师资上的衔接，尝试实行从初三到高三的教师大循环制。充分发挥教育周期较长、更便于通盘筹划的校本优势，努力把高初中一体化的育人优势最大化。同时，也要充分优化三个校区的资源共享和交流促进机制。三个校区和高中国际课程部都要有责任有担当，在全校一盘棋的总思路下，立足独立作战，发挥各自优势，加强上下左右的信息沟通与学校的扁平管理，把学校全盘搞活，做出成绩，做出经验。

2. 坚守百年梦想

西南位育的第一代创业者就心怀百年名校的梦想。今天，每个西位人都要坚定不移地心怀这个美好梦想。西位校友和学子也都共同拥有这个美好憧憬，都在为母校祝福和加油。要让"人无我有，人有我优，人优我特，人特我新"这十六个字成为西位的核心竞争力。西位人在特色强校的赛道上，没有退路，只能向前！最重要的是坚持，世上没有任何事物能取代坚持而到达胜利彼岸。有了坚持，我们就无所不能，我们就能实现梦想！在这场责无旁贷的接力赛中，要不断追求卓越，用激情和行动去续写辉煌！

二、在平衡与突破中追求卓越，打造品牌

事物总是在矛盾的对立中实现突破，从而形成矛盾统一的新平衡；突破后形成的暂时平衡，总是又会被突破。平衡与突破是事物不断发展前行的两个侧面，在哲学上讲，就是矛盾的对立与统一。世事万物就是在平衡与突破的周而复始循环中，实现螺旋形的上升和发展。西南位育的发展就是按照这样的规律，在不断爬坡，逐级攀登。

西位人要勇于突破，但同时要敏锐地感知到突破后所带来的更高层次的不平衡，新的不平衡无疑将挑战学校的管理水平，也将检验全校教师的职业素养与思想境界。回顾总结我们所做过的工作，无不是在发现不平衡而寻找突破的方向中，破冰前行的。这样的哲学思考，对我们接下来的工作思路必将有所启示。

▲ 高中国际课程部学生社会实践活动

（一）总结办学经验，面对历史和未来进行冷静审视

1. 总结艰苦办学经验，是对历史负责，为未来担当

2013 年秋天举办的二十周年校庆，其重要意义是不言而喻的。总结二十年艰苦办学经验，激励后人珍惜成果，是对历史负责，为未来担当。历史的价值在于铭记历史所揭示的真理。二十年艰苦创业史，对于许多新进校的年轻老师，好像已经遥远，但其沉淀下来的西位创业精神却依然熠熠发光。整理校史、采访老教师、编印师生成果专集、拍摄电视片等，都是为了继往开来，是面向未来的新引擎。

校庆提供了向学校前辈、校友和支持学校的老领导表达感谢真情的良机，永远要记住，学校的发展，要归功于各方的共同努力。我们不能忘记当年这群老教师作为创业者的艰难与拼搏，不能忘记最早几届学生与老师共同奋战、共创品牌的爱校情结，不能忘记来自社会各界，包括教育系统老领导的全力支持。感恩之心，久久深藏于心。

2. 校庆让我们更清醒认识到，把西南位育办成百年名校还有多个二十年的历程

站在历史与未来的交接点上，我们深感肩负使命，任重道远。西南位育发展

的接力赛将如同一支响箭一往无前。西位"校友"，随着校史延续而越来越多，建议学校每年举办校友返校日，增进校友与学弟学妹的互动交流，欢迎他们有时间返校重叙师生情谊。校友是创建学校品牌不可忽视的重要力量！

（二）制定学校发展五年规划，高起点实现学校新突破

1. 规划是对办学理念、办学目标、办学特色的梳理和提炼

五年规划的核心，概括起来是理念、目标、特色这六个字。首先，理念并非空穴来风，制定规划必定以回顾与总结作为基点。认真全面总结，抓住过去二十年纷繁复杂过程中沉淀下来的最重要的东西，通过吸纳优秀传统和理性分析，最终凝结为办学的核心理念"一个宗旨、两个关注、三个基础"。这是深入解读二十年学校发展历程基础上，我们在教育思想上的一次觉悟和升华。

办学目标是针对学校发展实际，对现代教育再认识基础上的目标重新定位，为我们西位全体教师忠于教育信念的继续攀登，树立了一个新标杆。其关键词为：高品位、高效率、高声誉、一流民办完中。三高是学校办学品质的考量标准；一流，主要体现在优、新、特三个维度。制定五年规划，确立新的办学目标，是我们主动打破原有平衡，谋求新突破的自觉行动，是向百年名校目标进发路上一个新的里程碑。

2. 规划让教学改革、课程建设、师生成长的发展路径清晰化、精细化

规划的一个更重要意义在于为学校今后五年的教育教学、课程发展、培养学生基本策略，提供了一个发展蓝图。构建校内与校外、感悟与践行双向互动的新型德育工作体系，确立西南位育"五个一"学生培养目标，实现优秀传统文化和现代校园文化的有机整合，建设基础性与选择性、课内与课外融为一体的大课程体系，夯实"三性、三课、三题、三步曲"减负增效的教学基本策略，鼓励教师"一专多能"、建设学校人才高地，这些规划中的关键性词语，既是对全体教师实现目标的原则指引，也是体现学校理念的基本推进方略。

3. 规划将引领和推动全校教师成为具有西南位育办学理念的优秀教师

一个优秀教师的成长，需要自身的不懈努力，但是学校蓬勃发展的良好态势、绿色人文环境、学校创设的各种发展平台和机遇，都为众多有志气、有追求的教师提供了更广阔的成长发展空间。万事的迅猛发展，需要天时地利人和。在落实五年规划的大背景下，希望更多的老师抓住这天时地利人和兼备的大好时光，努力挑战自我，实现新的突破，早日脱颖而出。

（三）创建高中国际课程部是主动打破原有平衡，探索新突破、新领域的进军号

1. 从无到有的亲身经历使我们再次感受到万事开头难的创业艰辛

已成立多年的留学生部原本招收境外学生，学习的是国内的课程，重点在学习方式和管理理念上区别于国内学生。但随着赴国外留学人数不断提增，国际课程的设立已成大势所趋，刻不容缓。这样，以前留学生部的管理与课程经验基本清零。一切从头开始，从零起步。而且我们面临国际课程已办多年的众多学校的竞争。过程的确艰难，但也只有在开班的过程中，在处理一件件具体事务中，才能发现各种问题、各种困难。完全应

▲ 高中国际课程部学生活动

验了老话：书到用时方恨少，事非经过不知难。所以，我们更要对前辈们为学校的艰苦创业和高中国际课程部当前每个新突破倍加珍惜！

2. 注意培养本土的理科教学国际课程教师，为教师的专业发展开辟新路

国际课程给校园带来了不少不同肤色的外籍教师，这是推动学校国际化必不可少的一步。外教老师也给我们带来了一些教学管理和生活管理上的难题。从长远看，立足逐步培养本土国际课程教师，是确保稳定与质量的发展方向，尤其理科教师可以先行。

但是国际课程的引入，绝不能动摇我们对学生扩大国际视野同时进行中华优秀传统文化熏陶。"中和位育"的思想正是告诉我们，要按照自己的理念，不跟风，不盲从，更不走极端。

（四）提高校园环境品质的根本意义在于文化价值和精神品位的提升

1. 集中体现以人为本理念，折射西南位育充分尊重教师、学生的人文情怀

改进校园环境，是一项以资金推动物化的建设，其本质意义在于一切为了学生成长、为了教师发展服务，是学校发展全局不可割裂的一部分。每项工程、每个细节，无不以师生的需求和得益为唯一出发点，以师生的感受与评判为根本标准。

2. 环境品质的提升，与促进师生涵养和品位的改变息息相关

校园环境是物质化的文化氛围。创造优良环境一定是建设现代学校的一项重要目标。环境通过假以时日的五官接触，可以影响人、熏陶人，不仅在情绪心态上，而且在人文情怀上。学校是教师和学生做学问的地方，是有文化品位的人聚集的地方。我们对教师办公环境和师生交流场所要不断给予优化，各组室也要用集体智慧布置得更有文化内涵。教师大气高雅，才能带出大气高雅的学生。

3. 良好校园成长环境可以让学生留下美好记忆，不断增进爱校、恋校之情感

在成长过程中，教师的一颦一笑、校园的一景一物，都会在花季少年的脑海

中留下非常深的记忆。一心为了学子成长，恩泽学子长远，在此处多花心思，多付出心血，是完全值得的。同时，硬件建设是优质优价显性化的表现，让选择西南位育的学生和家长感到物有所值，提高对学校的认同和热爱，也有利于建设和谐、协同、互补的家校关系。

三、特色建设与特长培养是品牌创建的活广告

（一）激发成长自觉是西位办学的最大亮点

如何让西位向社会提供最优质的教育？如何让西位学子获得相对更迅速更有质量的成长？经过多年的探索与思考，我们感悟到，只有脱离被动、随意、随机的成长状态，进入唤醒自觉意识，沿着自治、自主、自律、自强的心路历程，才能让成长发展处于最优状态，即生命成长的最佳境界。

为此，我们要努力从培育良好习惯和调适情绪心态入手，把以中华优秀传统文化为主体的文化熏陶作为底蕴，以榜样激励、实践历练、自主管理、个性特长培育为抓手，促进自律自觉意识的孕育，让成长进入自觉的轨迹。其中，兴趣爱好和个性特长的培育，既是引导学子寻找自身优势和挖掘潜能的成才通道，也是激发人生向往、优化自觉成长的原动力。让更多学子迈步在追梦、圆梦的成长路上。我们必须坚持，把理念落实为项目，把经验提炼为规范，把活动凝固为课程，把年段串联成序列，让激发成长自觉成为西位真正的核心竞争力。

让教师的职业追求真实回归其教育初心和情怀；让教师从习惯于围绕考试与升学攻坚战的工作模式，逐步回归到"塑造心灵、激发潜能"的崇高职业使命上来；让教师更快地走出急功近利的浮躁；让教师的职业追求指向更为理性、更为高远的目标。西南位育中学致力于从文化浸润入手，让教师内心涌动着的三句话，成为大家心中共同的教育情怀：

1. "与我的学生、与西南位育共同成长"

致力于思想文化引领和校园舆论导向，通过"中国梦—学校梦—我的梦"系列活动和"爱岗爱生爱校爱国"教育的步步深入，借助有影响力的教师在大会"我与学校共成长"的现身说法，逐步缔造"与学校同命运、共患难，与学生、家长风雨同舟"主导舆情；借助教师之间岗位历练和成功体验的常态化交流，努力打造向同行学习、向先进看齐的"身边的星光"系列；坚持"理念留人、事业留人、情感留人"的凝心聚力，不断强化爱岗爱校爱生的职业理想。

2. "让学子在校园度过一生最美好的时光"

要实现这个颇有人文情怀的目标，必须要让学生拥有四个方面的真切感受：敬仰且喜爱的教师集群，高尚且认同的学校理念，深刻且持续的成长成功体验，和谐且受尊重的人际环境。为此，西位教师在不断自我更新、自我超越：一个学生，就是一个世界。俯下身子，平视学生，建立慈母、严师、朋友三重角色的师生关系；用宽容耐心替代急于求成，学会用微笑来面对学生前进路上的一切纷扰，尊重每个学生做出的点滴努力。

打造有温度、能暖心的同窗学伴关系，做到有难互帮、有喜共庆、有需扶助，常怀感激之情，在班级群体里广泛地构建有情有义的同窗情谊。建立和谐合作、民主平等的师生关系。关键是教师要善于发现，不吝赞美；要学会赏识，学会激励。对学生的点滴成功，随时都能给予关注与鼓励，不断增加其自信。引导学生学会控制情绪，保持平和心态；学会以放松乐观的情绪，迎接各种挑战。要尊重个性，包容差异，珍爱每一个独特的个体。努力搭建一些个性化的平台，不断创设更多舞台和渠道，从而让学生成功体验和成长突破，从课堂学习不断延伸于课外和社会各类实践。

3. "在中和位育引领下，激发成长自觉"

"唤醒成长自觉"，是学校内涵发展的顶层设计，也是凝聚全校合力的一项系统工程。

　　要让"中和位育"的朴素哲学思辨和民族人文情怀，渗透到西位学子的血脉里，实现其对文化的高度认知、认同，培育和激发由被动、他律、消极地长大转化为主动、自律、内生自觉地成长。能不断放大个性特长光芒，迸发追梦圆梦激情，让成长进入一个目标引领的高速通道。事实上，生命成长的最后高度是由很多因素决定的，我们可能无法完全左右；但是，凭借有效教育和环境影响，完全可以调节和引导，使之处在生命成长的最佳状态。

　　自觉意识与能力的形成，需要长期孕育积淀，需要思想、情感、意志上的全力支持。唤醒自觉可分解为四个维度：要帮助确立比较清晰的未来人生愿景，要培养能持续的自审、自制、自律能力，要拥有较强的反思微调意识和能力，要修炼砥砺自我、经得起挫折的意志和毅力。让学生成长走上理性轨道和自觉状态，再加上合适的自我定位，一定能成就一个完美人生！

（二）搭建多元平台是西位办学的不变追求

　　我们的男篮女排、机器人、以信息技术为主体的科技创新实践活动，以及中华优秀传统文化七主题系列教育，不但成绩卓著，影响也越来越大，而且形成了发展机制和规范化操作流程。

　　我们的四大特色项目、学生发展八大平台，也随着学校发展越来越好。例如学校成立了学科竞赛培优部，专人统管，具体落实到人；这两年模拟联合国、机器人科技活动都有了一支包括各个学区的专业性指导队伍；特别是高中英语辩论赛，学校不仅把它做成体现外语特色的经典项目，而且跨出校门，成为与民办、公办互动，实现与区、市外语强校交流和比试的大舞台，其参与者不乏上海市和长三角的名校。并且，学校主动引进了近十个以"西南位育杯"命名的各类市、区杯赛，搭建了更加广阔的交流和砥砺的大平台。

此外，学校借助上海交大资源，与著名高校共同建立了人工智能工作室，成为他们向中学辐射的教育基地。学校的体育，不仅增添了韵律操、乒乓球、网球等新特色项目，而且举办的桥牌特色班非常成

▲ 上海交通大学人工智能创新教育实验室

功，得到家长和社会高度认可，也取得了令社会和专业桥牌界瞩目的可喜成果，不但走向全市、全国，还冲向世界，荣获了不少世界冠军、亚军，赢得了国家体委棋牌组领导的关注，也吸引了世界桥牌协会主席来校参观考察。尤其可贵的是，我们的桥牌班学生实现了全面成长，是思想品德、桥牌技能和学业提升的三丰收。

我们要继续努力，为西位学子创设更多更优的发展平台，永远在前进路上。教师因学生出彩而光荣，学生因教师优秀而卓越，学校因教师、家长、学生的携手奋进创辉煌而共铸品牌！

四、细节精致与以人为本是追求卓越的通路

（一）眼中有问题，眼中有缺陷，以反思微调追求精益求精

"努力把寻常的事情做精致，把平凡的工作做得不平凡。"这正是西位人的做事风格。但是，细节的精致，不会是一步到位的，总是通过反思微调与不断完善，逐步走向精致完美的。关键是我们一定要有寻找问题、暴露问题的勇气，要有找出问题和发现病根的眼光。

常言道：细节决定成败。如今我们提出："眼中有问题，眼中有缺陷。"要以此不断提醒自己，形成这样的思维习惯。只有这样，我们的工作才能真正精益求精，不断让发现问题、化解问题成为一个又一个发展的新起点。以"问题工作法"，推进我们的工作精细化。

（二）"目中要有人"，学校要以教师为中心，教育要以学生为中心

目中有"人"，这是"以人为本"思想非常生动而简洁的概括。只有目中有"人"，看问题才能抓住本质；只有目中有"人"，才能抓住全局的牛鼻子，才能上善若水，凝心聚力。永远要记住：世事万物人为本，人是第一因素。人，是思考和把握一切问题的出发点和归宿。学校以教师为中心，教育以学生为中心，正是我们中小学"以人为本"思想的高度概括和精辟诠释。我们每个干部，心中永远要装着全体教师。引导教师，服务教师，吸取群众智慧，正是管理的精髓。每个教师，心中永远要装着每个学生。启发激励学生，爱护尊重学生，提倡教学相长，正是现代教育的精髓。

总而言之，在平衡与突破中，要坚持三个原则。其一，把握平衡与突破的原则是稳中求进。进是要长期坚持的，要善于感知问题，发现瓶颈，但始终把"进"建立在"稳"的基础上。其二，把握好平衡与突破的节奏，统揽全局、张弛有度。比如上下两个学期的工作压力与重点是有所不同的：第一学期要重点布局打破原平衡，力推新突破；第二学期要把突破适当放缓，力求巩固和稳定，争取"颗粒归仓"。其三，把握好平衡与突破的关键在于突破的方向要把准。我们破的是一些习以为常而又阻碍发展的陈规陋习，坚决不能踩红线，要坚持教育信仰，忠于我们的职业使命！明确和统一了这些思想观念，并切实付之于共同的行动，则我们西南位育中学，必将再一次实现新的腾飞！

做不简化的教育
办不简单的学校

——

张建中

    一个学校的教育理念与信仰，是引领学校发展与变革的大方向和原动力。教育信仰，既仰仗于教育大环境的孕育，更需要自身追求教育真义的坚韧和执着。

    现代学校的根本责任是什么？我们究竟如何去培养学生？西南位育中学的办学宗旨是："一切为学生一生幸福着想，一切为学生终生发展奠基。"学校提出了"两个关注"，确立了"三个基础"。两个关注，是在生命成长需要呵护、发展兴趣个性需要包容的充分认知基础上提出来的，也提示了学校要以学生为本、教育需以教师为本的双重原则。三个基础，确立了一个比较具体的学生成长坐标，也是学校教师职业使命定位的一种个性化呈现。学校确立的"一、二、三办学核心理念"，需在实践中形成全校共识，更需要知行合一地、有计划有步骤地执行和坚守。这是一个以观念突破为先导、行动落实项目落细为基石、反思微调为正向反馈的运行过程。但其中观念突破永远是破解问题的根本。

    在推进德智体全面发展、德智体美劳五育融合的具体过程中，确实存在着"实与虚、显性与隐性、见效快与见效慢、迎合近利与着眼长远"等客观差异带来的困扰和选择。认知与理念上的差别，必然会有所反映；能否顶住来自内外的各种压力与干扰，成了考验西位人信仰、意志和良知的试金石。

一、学校的高度决定学校的未来

学校未来发展将会怎样？决定学校未来的是学校自身的高度。

（一）学校的高度是由教师道德境界的高度和学科功力的深度来决定的

教师大量的付出，是根本不能以薪酬回报来计算的。教师职业既不能计时，也不能计件，这是一项创造性劳动，是事关未来一代的灵魂塑造。教师职业是需要道德境界支撑的，是无法以物质回报来度量的崇高职业。

道德境界的高度总是以外显的一言一行来表达的。包括你的衣着打扮，必须符合家长心目中的教师形象，否则家长就不会认可你。所以，西位的教师要从非常注意外部形象开始，当然更重要的是用平时的言谈举止来展示你的职业形象。此外，教师也需要从教师职业角度来规范自身语言，除了上课的教学语言，还有平时的交流语言。总之，教师的语言系统，就要呈现教师的样子，体现教师的职业素养。哪些话要经常讲，哪些话不能讲，哪些话是职业忌语，都要明明白白，心中要有谱。除了职业形象，最主要的是内心要讲道德境界，要有基于感情的奉献，把一个个学生当成自己的孩子。特别是善待表现较差的孩子，就更不容易了。所以，教师必须目中有人，心中要有学生，而且要有不同的学生。而且，教师在与学生的交往中，也要不断调整和改进自我，更不能认为真理永远在自己这边。

在学科功力上的追求是无止境的。首先教师要无比热爱自己的学科，要有点痴迷，这样就有钻研的持久动力，这也是教师在同行中有更多话语权的根本。西位冒出了好几个特别热爱自己学科的老师，事实证明他们的专业成长就是快，就是能脱颖而出。同时，教师的热爱，必然处处显现在教学中，从而感染学生，让教师拥有更多的学科粉丝。平时日常教学中，备课是第一道关，为了让学生真正得益，在备课上多下功夫是下力在刀口上。有个别教师喜欢用旧的教案，原封不动，这肯定是不行的。保留好的，修改不适应的，要坚持与时俱进，精益求精。如果老是原封不动，那很有可能会失去学生，失去讲台。在课堂教学中，西位坚持"三变"。教学功力也包含在教学理念和方式上的不断探索和更新中，一成不变肯定会落伍。西位的校本德育教材《五常新说》，由区里推到市里，就采用了卡通漫画的形式展现，就是适应青少年特点的一种创新。不断地谋求新思路、新创意，是大势所趋。

（二）学校的高度是由校长、书记对办学信念的坚守和教职员工的高度认可来决定的

信念的坚守，首先是作为学校管理者的校长、书记要坚定不移，要坚韧不拔，要不为急功近利所动。同时还要带领整个管理团队，共唱一个调。坚持文化自信、理念自信、机制自信。校长、书记有理念，但是教师跟不上，上下脱节，这也不行。骨干教师的带动是纽带，是关键。一个学校真正要在内涵发展上持久发力，走向卓越，一个根本前提是在文化理念上形成真正共识。我们只有遵循共同的文化理念，才能推陈出新，发挥创意。只有上下同心同欲，才能成功，才能真正办成一件大事。如果思想不统一，或者做得不延续，一定会慢慢淡化，慢慢走调，最后就会败落。

当然，高度共识，并不排斥大家的活跃思想。同一项活动，在目标和理念一致的前提下，出于各人不同的心得感悟和自身优势，会有

▲ 机器人比赛现场

不同的做法，爆发出不同的思想火花，这正是充满生机活力的表现。高三年级在高考改革元年的探索就是一个不断坚守的过程，从开始的学习消化到后面逐步理解，努力探索，集思广益，不断拿出可行的办法，终于获得全胜。

（三）学校的高度是由管理工作的精致和环境布置的细节来决定的

校长、书记是第一责任人，一定要敢于担当，敢于承担责任，这样中层干部就可以放开手脚，大胆干，大胆闯，发挥聪明才智；允许试错，贵于不断反思微调，让管理走向精细化。

校长、书记考虑全局问题必须充分细致，但是具体管理的精细化主要不是由我们，而是靠各级干部来完成的。感到非常惊喜的是我们的中层干部和两长，经过这些年的磨炼，独立工作的能力越来越强；只有在发生比较棘手而一线资源难以解决或需要左右平衡的问题时，才会及时上下沟通。这样解决问题的及时性和有效性肯定是很高的。同时，我们又希望我们的中层干部和两长，也能善于倾听一线教师，也要在遵循原则基础上，放开一线班主任和教师的手脚，多理解，多鼓励，给他们一定的宽松和自由度。其实搞一刀切，一定离精细化越来越远。我

▲ 于漪老师来到书香校园展示活动现场

们也期望我们的教师，给我们的中层干部和两长多多激励，多多支持，不断增进他们的自信自强之心。这样，学校在每年有序而反复循环的教育工作轮回中，就有可能通过大家各守岗位的总结反思微调，做到常抓常新，把平常事做得不平常。

对于环境布置，这几年学校是颇费心思的。学校紧靠成熟居民小区，面积不小也不大，但我们深感寸土寸金。每一项设施、每一个校景的设计和施工，都经过反复思考论证，力求合理，力争建设一项成功一项。现在已由原先的以实用功能为基础，逐步向突出美化功能、文化功能的方向迁移，不断增加它的附加值。因为学校毕竟是传承文化的场所，就像一个杯子，过去我们突出其实用功能，现在就必须顾及观赏功能，要寻找到这两者恰如其分的平衡点。总务处作为后勤管理部门，一定要善于倾听，认真听取不同声音、不同意见，认真分析鉴别。坚持反思总结，不断优化校园建设，努力为教育服务，朝着精细化目标不断迈进。让校园更加美丽、更有魅力，成为学生流连忘返的地方。

（四）学校的高度是由课程设计的立意和实施过程的效能来决定的

课程是教育实施的基础，是彰显学校品牌和高度的一个核心元素。"课程是学生生命成长餐桌上的主食。"

国家课程，是面向所有学校、全体学生的。学校必须保证课时，保证质量。但是，学校之间良莠的差别在于你能否针对校情和学情，在教学实践中完善校本化的课程实施策略，并且有具体的推进细化方案。这一点，数学教研组，下了很大功夫，建立了每个年级国家课程标准框架下分步实施的教学规范，包括课堂例题的精选方案。总之，严格执行国家课程和因材施教是不矛盾的，是完全可以统一于教学的针对性、有效性基础上的。

除此以外，学校还必须以人为本、因校制宜，努力推进国家课程的校本化实施，以充分体现西位的办学目标，要着眼于学生的未来发展，要与社会和学生的

▲ 初一主题教学——微课题研究

需求对接。要让课内学习向课外实践活动延伸，让书本学习和校园课内外活动融合。近年来，学校积极推进了弘扬中华优秀传统文化教育的课程化，通过改革，在初二劳技课上推出了单片机课程，创建了初中低年级外语口语小班化训练课程和第二外语等校本特色选修

课程。在此基础上，还确立了大课程观念，重点发展学生社团课程，有序地开展科技月、外语月、语文月、艺术月等九个校园文化活动系列，搭建四大特色、八项学生发展平台和冠名"西南位育"的诸多市、区交流竞赛舞台，为学生的个性发展提供了不同的通道和舞台。推出的主题教学课程，融文理、跨学科、熔学练研于一炉，受到了学生欢迎，提高了学生的实践才干，提升了综合素养。这就是立意较高的校本课程的创新之举。今后，课程建设依然要以内涵发展为重点，培养更多一专多能的优秀教师，开出更多与时代接轨、符合学生需求的校本课程。

（五）学校的高度是由学生在校的立志定位与校友离校的成长自觉来决定的

教师的文化思想高度，影响着学生的文化思想高度；教师的阅历视野也决定着学生的阅历视野。每一位西位教师都要给自己充电，为担当学生导师这个角色积聚能量。教师不能只满足于把学生教会的角色定位，要有更大的担当，做一个学生的人生导师，一个激发兴趣、挖掘潜能的发展性学习的导师。让学生通过教师的各种教导和熏陶，确立志向，拥有人生发展愿景，在西位校园开启追梦人生。帮助学生在中学阶段立志和定位，确立人生愿景和奋斗目标，是一件会影响

学生终生的大事，功德无量。将来学生回眸，也一定会感激万分！

校友，是学校的一大财富。西位的校友，绝大多数对老师、对母校有着深厚的感情。他们身上所打下的西南位育教育印记，将陪伴他们一生。我们期望他们能沿着激发成长自觉的轨迹，实现他们追梦、圆梦的成功人生。校友未来的发展，是检验学校教育品质的试金石，是我们这所民办学校品牌的最终鉴定。我们绝不能以铁路警察各管一段为理由，对学生未来的发展不管不顾，为自己开脱眼前的教育责任。这岂不是对中小学教育将影响学生一生这一理念的自我否定吗？事实证明，各大高校对西位毕业生的人品与治学，口碑是很好的。我们的校友在事业上的成功案例，也越来越多。学校要用好校友资源，请他们回来为学弟学妹们讲讲他们的成长经历，讲讲他们的感同身受，这一定比教师的苦口婆心更生动、更有效。

（六）学校的高度是由校长、书记的仁爱真诚与良心教师的敬业爱生来决定的

校长、书记要以自己的仁爱真诚之心，去换取教师、学生和家长的仁爱之心。除了以心换心，没有任何捷径和窍门。庄中文校长说过这样一句话：学校要以学生为本，教育要以教师为本，最重要的表现在把成就教师作为自己的第一要务。校长的光荣在于成就教师，对教师的最大关爱就是成就教师。让教师进入成长与发展的快车道，都能找到适合自己的岗位和发展愿景，不断提高教师综合素养和专业化水平，让教师不断感受到成功感、获得感和幸福感，这是校长、书记肩上的重任，也是学校管理和服务的核心。但是，教师自己也要有自信自强的志气，踏踏实实迈好每一步。千万不要只想搭顺风车，让自己无所作为。

教师工作完全是个良心活，很难具体考核。同样 12 节课，可以非常忙碌，晚上还要加班，也可以轻轻松松对付过去。所以，我们要当个良心教师，用智慧和爱心，把教育教学做细做活，就像教育自己和亲人的孩子一样，充满爱心，处处

▲ 高三年级毕业走红毯

上心。只有这样，才能撑起整个年级，撑起整个校区。除了完成日常工作以外，教师也要努力搞教科研，写论文，进行在职进修，对此学校是非常支持的，教科研也是教师发展的重要方面。当然，教师在这个过程中，一定要处理好眼前教育教学和长远发展的关系，决不能以个人未来长远发展为借口，而损害了眼前学生切身利益。如果为了自己进修的长远利益，置眼前学生于不顾，肯定不能被学生和家长所接受，学校也是无法认同的。学校所有问题的出发点只有一个，必须以学生发展为先。不断追求学校的高度，是对学校的历史和未来的担当。只有有了学校的高度，才有学校真正的充满希望的未来！

二、做不简化的教育，办不简单的学校

现在，社会发展迅速，生活节奏加快，为追求快速、便捷，万事万物都有简化的倾向。例如吃的东西，现在有外卖、半成品，饭店就更是现成；大家希望用一次性的东西，很便捷；穿的衣服也是这样，要求简便、舒适。你也会发现超市买的衣服与品牌店的衣服价格差别很大，为什么价格差别那么大？超市的衣服大

都加工简易化。我有所体验，同样是裤袋，超市的往往很浅，加工都求低成本，细节的地方都简化了，让老百姓都能买得起。雨伞也是这样，越做越简化，降低牢度，坏了就换，贪个方便。旅游也简化，什么都由旅行社安排好，游客随着导游走就行了。社会的发展和进步，的确给我们带来了很大的便利。对孩子成长，我们也会难免想省事，能简化的就尽量简化。例如，有的学校在低年级的管理上，尽量不让学生多活动，在教室里吃了午饭，最好睡个午觉，尽量不出去，省了很多事情，没有受伤的风险。但是，我升级当了爷爷后就有体会：总想让孙女吃得多一些，长得壮一点。于是只能让她多动，让她去奔，带她到公园里去，和许多小朋友玩，回来自然就吃得多、吃得香了。多动多吃才能健康生长。所以，生活中许多事是万万不能简化的。西南位育要办成百年名校，但是我们的教育如果不断地简化，最后简化到高考总分 630 分、中考总分 660 分，只剩下一点分数，那就一定永远到不了百年名校。

　　当然，我们坚持不简化，也不是不求改进。学校要引进新的技术平台，比如机器帮助阅卷，帮助统计分析，这种简化是提高效率。但是，解决人的问题，在教育上，是不能简化的。比如上课，师生能在课堂内不断双向交流，这样的课是有难度的，那种一言堂的课，就是把课堂简化了。布置作业也一样，有的老师对小学直接把作业布置给家长很欣赏，这样老师就简单了，肩上责任也轻了，当然现在不容许了。坚持布置给学生，这个过程很重要，是培养学生良好学习习惯的过程，今后就不会丢三落四。再比如布置作业，把以前老的原封不动，这也是简单化；检测用陈卷，也很省事。你的工作速度是快了，但自己学生的获益就完全不一样。教研组建设也是这样，如果备课组活动，同行之间就是划划进度，统一口径，这也就简化了。但是今天许多教研组汇报介绍，都在作专题性的互相听课、评课交流，开展各种同课异构的研讨；许多组都在搞杯赛，就是为师生搭建锻炼平台。

　　西南位育办学就要认真做出到底是简化还是不简化的选择。要办成百年名校，非但不能简化，还要复杂化，这复杂就是精细化，就是工匠精神。这不简化的教育，就会让每一项活动都有价值、有内涵、有品位。西南位育培养的学生，就是要有品牌、有内涵，表面上似乎看不出来差别，但本质、内涵完全不同。品牌，一定是制作上精致、细节上讲究、材质上考究。要让大家认为西南位育是不简单的学校，是靠得住、信得过的品牌，是一所品位高雅、文化厚植、特色鲜明的卓越品牌完中。

三、厚植优秀文化基因，夯实校园发展根基

文化是一个国家、一个民族的灵魂。一个单位、一所学校当然也需要一个凝心聚力的灵魂。文化需要时间的沉淀，但是，文化的厚度归根结底取决于我们自身对文化信仰的执著。学校文化如果不能真正融入全体师生心里，就很容易成为挂在嘴上、贴在墙上的文化符号。相反，一旦被师生真正认同，文化就是滋润思想的甘露，就有发自内心的追慕与信仰。

（一）贵于凝聚全员共识，找准人文立校战略的支撑点

凝聚全校共识，是创建优秀文化的战略支撑点。为此，我们重点在三个方面下了功夫。

1. 共识于办学机理和共命运意识，培育校园文化的肥沃土壤

我们一贯倡导"不以权力去指挥，而要用思想去统领；不是消极用制度去约束，而是积极用理念去引领"。推进任何工作，都通过摆事实、讲道理的明理释义，上下形成共识而迸发活力。

（1）凝聚共识需要理直气壮地正面宣传引导

我们大会小会讲道理、析理念，把学校核心理念，通过自己的深入思考和推

己及人的分析交流，具体解析为一个个生动主题，传递给老师，慢慢深入人心。要审时度势，及时有针对性地化解教师群体亟须解决的思想困扰。比如，我在担任校长之初，干部与教师都在新老交替，大家都有不适应，衔接有个过程，亟须摆正各种关系，就及时在全校大会连续推出了"学校在发展过程中需要重视的十个关系""志存高远树品牌　辩证务实谋发展——共同辨析几个问题""平衡与突破——科学和谐处理好八大关系"等一系列宣讲，以稳定队伍、厘清思路、协调关系、打开局面。

（2）凝聚共识需要老教师的承前启后

尊重老教师，学校领导和骨干要身先垂范，在校园形成尊老之风。这样老教师才能成为人心稳定器，把引导和辐射功能最大化。我们成立老教师教育指导团，发动青年教师采访创业老教师、老党员，举办由老同志、老教师主讲的管理研训班，对不同教龄青年教师分批开展点对点听课提点，千方百计借力老教师，用足学校内部资源。

西位规模较大，每年有近20个新教师进校，通过校本读物讲解，老教师现身说法，青年教师感悟交流，让新教师一上讲台，就有继承学校文化的紧迫感。

（3）凝聚共识需要教师横向的交流互动

要创设向身边人学习、向同行看齐的氛围，拓展多渠道的教师交流互动平台，不断深化群体的认同感。让经验感悟成为共同财富，让分享成长激发心灵共鸣。

我们首先用好每周的政治学习和寒暑假前的集中培训，精心设计、精心准备，贴近教师、形式活泼多样，让教师产生发自内心的感动与共鸣。在组室内朝夕相处、耳濡目染的日常文化熏陶，也非常重要。骨干教师和老教师的一言一行，处理教师间和师生间矛盾难点的一招一式，都是无声的榜样，让文化与理念在潜移默化中被一批批青年教师接受。

2. 共识于弘扬中华优秀传统文化，构筑校园精神命脉

弘扬中华传统文化，在西位校园里坚守了二十多年。七个年级系列化的中华传统文化教育精耕细作，逐步辐射到附近学区，搭建了"德润田林"新平台，不断扩大在市、区的影响力。一届届校友回忆母校，在他们脑海里烙下的最深印记就是中华传统美德教育的种种难忘场景。

（1）打上民族底色，在熏陶感悟中建立民族文化自信

干部必须站在前沿大胆引领，党员骨干要身先垂范学习，每周的政治学习平台要充分利用。大家在学习和感悟的同时，思考着教育点和切入口，进而传承给学生。

青年教师对传统文化更需学习，党团员要带头，同行交流示范，老教师点拨引导，让一拨拨新进校的青年教师感受到学校浓浓的中华优秀传统文化的气场，在日积月累的熏陶中，融入西南位育这个大家庭。

（2）打上民族底色，实现校本读物和教育活动的双轮驱动

这几年我们为深化传统文化教育，先后编印了不少校本读物，确立了弘扬中华传统文化、培育时代新人系列教育。

我们通过对校名深入解读，深感"中和位育"思想是中华传统文化之精髓，又非常契合我校一贯崇尚的文化理念，于是顺理成章地把"中和位育"确定为学校文化内核，将其哲学思想和人文情怀作为西南位育师生为人处事的基本准则和修身养德的伦理规范。

随着不断宣传和学习，"中和位育"逐渐成为校园师生使用频次最高的热词。这一朴素的哲学思想，成就了西南位育的"天时地利人和"，营造了一个学校发展的好环境、好节奏、好模式。

（二）贵于学校发展持续性，找准人文立校战略的发力点

学校文化建设需要大量基础性工作，但重要的是登高望远，抓准在关键点发

力，让文化优势真正转化为发展优势。

1. 聚焦于校园文化气氛的引领，汇聚学校强大群体合力

一个群体内总存在着似乎看得见、又摸不着的文化气氛。这种文化气氛蕴含着众人的情绪、态度、价值取向和文化认同。努力构建可以穿越风雨的学校主流文化，应该是学校所有管理者的重要目标。

（1）良好文化气氛需要每个管理者站在前沿发挥主导作用

学校每个管理者，都要立足自己的岗位，大胆引导，善于发声；在每个阶段都要善于提出小目标来凝心聚力和鼓舞斗志；要牢牢把握校园文化气氛的主导权。

（2）校园文化气氛还需要构建上下衔接的工作链来推动

引导文化气氛不是少数人的事。必须建立从党政到一线教职工的传递和互动工作链。重要的是要有一批骨干和新秀，在不同情景紧接地气，上下呼应。

年级组长、教研组长是工作链的关键。党政要督促他们加强学习、提高觉悟、培训历练，既严格要求又充分尊重包容，促使他们一心一意与学校风雨同舟，成为主导校园文化的中坚。同时，在校园和组室，随时有新热点、新事件发生，党员和骨干必须因势利导、冷静剖析、适时发声，不断传递正能量，把各种消极因素消灭于萌芽状态。以我校体育教研组为例，通常学校这个群体，文化融合接受较慢，行为和个性相对独立，距离管理中心较远。所以也有人讲："体育组实际上是一所学校教风的窗口。"由于我们选准了骨干，充分发挥党员和老教师主导作用，形成组室内很强的文化氛围和舆论导向，并把一批批新教师带进这个大熔炉，锤炼为敬业爱生、工作讲究细节的新秀，学校文化建设的生力军，所以我校体育组不仅体育工作搞得风生水起，而且在校风管理上也发挥了很大作用。

（3）校园文化气氛建设需要主动应对难免的杂音干扰

2016 年，初中部随着大批新教师进入，出现了一些不合拍的现象。我们不失时机推出了以"别让岗位放弃我"为题的大会，以不点名方式摆出十种现象，委

婉提出了批评与忠告，后面个别工作紧紧跟上，做到了防患于未然。随着大批青年教师进入婚期、孕期、哺乳期，校纪校规有所松懈。面对一名青年教师有违职业道德行为，一名骨干教师实验课堂不慎险酿事故，我们及时做了公开处理，把"教育无小事、校纪很严肃、岗位要珍惜"观念传递到每位教师心中。

2. 聚焦于教师劳动的获得与体验，坚持以人为本的价值追求

努力让教师的辛勤付出，能有职业的成就感、获得感和幸福感的回报。我们为学校文化建设提出了一个更高目标：努力构建五个平台，实现职业幸福感的真实积累。

（1）打造文化滋养平台，提升教师情操品位

关注教师心理健康，关注教师文化追求和人文情怀培育。开展读书活动、教工社团活动和人文大讲堂，促进教师工作与生活的平衡。营造有喜共庆、有难共帮、协作默契的组室文化。强化"我与学生共成长、与西位共发展"校园共识，引导教师由"小我"走向"大我"，促使教师让学生站在中央，以更高境界实现自我价值。

（2）打造专业成长平台，加速专业发展与一专多能

精细化推进党组织的"指路子、结对子、树杆子、架梯子、暖心窝子"的"五子工程"，精心指导教师准确定位和寻找最近发展区。做细校本三级培训，推进紧扣需求、聚焦课堂、讲究实效的研训一体化的教研，创新学区联动的跨校研修新模式。

（3）打造交流互动平台，实现幸福体验共享

坚持榜样引领、典型引路。在常态化的同行、同龄的交流分享中，实现身边同行之间的自我教育和榜样激励。

（4）打造奖惩激励平台，提升职业成就感知

完善个人和三组的年度总结、交流、互评的促进机制，充分挖掘每位教师和组室的闪光点；拓展校内外教师发展的平台与赛道，助推更多教师脱颖而出，走

向优秀。朱嗣豪老师 2007 年毕业进校，在自身努力和老教师全力帮助下，先后两次荣获上海市教学比赛一等奖，现早已成为主持 64 人外语教研组工作的领头人。徐迪斐老师在学校文化气氛熏陶和老教师支持下，先后在上海市高中数学教学大赛中取得两个一等奖和全国一等奖，成为局学科带头人。他在大组讨论时慷慨发言："我的一切都是西位给我的！"

（5）打造"四个留人"凝心平台，实现合理薪酬回报

学校努力增收节支，在坚持"事业留人、理念留人、氛围留人"的前提下，分步实现"待遇留人"，以进一步激励教师与学校荣辱与共、风雨同舟。

文化建设，本质上就是一个不断用先进思想感染人、引导人、改变人的过程。要让每一位西位人真正成为学校文化的塑造者、文化形象的展现者，我们还任重道远，还需持久努力！

（二）建章立制，完善党政协同的工作机制

　　党组织发挥学校治理中的政治核心与领导核心作用，最为重要的是健全完善相应的组织机构和制度运行体系。特别是对于民办学校而言，由于其组织架构上的特殊性，如何从机制、体制层面保障党委的政治核心作用显得尤为重要。党委坚持"命运共同体"理念，融入治理变革，以制度建设、程序接入把董事会、校行政、校党委"三驾马车"变成"三马驾车"，科学配置党组织的各项权力与界限，实现党组织与董事会、行政组织间的关系融洽、机制耦合、配合默契。紧扣实际，组织修订和优化 16 项党建工作制度，保证学校工作与党的工作"同步计划、同步实施、同步考核"；推行民主，在校内各类干部的选拔任用及管理中确保

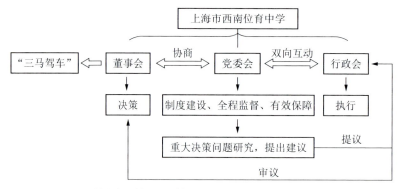

▲ 董事会、校行政、校党委"三马驾车"组织运行图

选人用人的优秀度、公信度，规范"三重一大"的沟通协商和运行机制、校党委执行重大问题决策征求意见制度、"事前提醒、事中监督、事后考核"和"诫勉谈话"等纪检监督检查机制；主动作为，带领全体党员干部主动融入学校治理过程，让党组织在治理结构、业务流程及关键节点上发挥作用。

（三）跨前一步，做好服务保障的基础工作

　　党组织对学校治理的参与和引领，要落实到对师生员工日常思想、行为、生

活的关心和帮助之上。优化学校治理，加强民办学校党建，需要党组织切实做到凝聚师生员工，把思想政治工作贯穿学校工作各方面，贯穿教育教学全过程，密切联系、热忱服务师生员工，关心和维护他们的正当权益，统一思想、凝聚人心、化解矛盾、增进感情，激发教职工主人翁意识和工作热情。基于这样的认识，西南位育中心党委善于把握学校党建工作虚与实的关系，带领党委一班人努力做到虚事实做，在服务和保障中提升党组织的存在感。如纪委负责学校依法办学、师德规范等工作，特别是有偿家教、教师收受礼物等，均由纪委监管，确保每一位教师守住师德底线。党组织通过服务保障主动"挑担子"成为学校发展和师生成长的坚强后盾。通过这些切实的举措，让党的地位、形象、力量、作为在民办学校中凸显。

二、以"五六五"工作机制彰显学校治理组织凝聚力

学校党组织对学校治理的政治核心和领导核心作用必须落到实处，体现在学校管理和发展的具体工作之中。对于民办学校而言，党组织要特别参与学校各类人才选拔、培养和管理工作，在教职工考评、职称评聘等方面提出意见建议，主动联系、关心关爱，调动他们的积极性和创造性。党组织也要不断加强党员队伍建设，提升党员教育管理水平，发挥学校治理和发展中的党员先锋模范作用。西南位育中学在实践中建构"五六五"工作机制，将党建工作延伸到学校的核心工作之中，形成推动学校发展的组织凝聚力。"五六五"工作机制即通过"设置'五个一'党员标准、明确'六维度'成长体系、搭建'五类型'发展平台"方式，充分发挥党组织对教师专业发展引领、服务和保障作用，加强党建工作与学校教师队伍建设深度融合，让党建引领作用和党组织政治核心作用的发挥具备相应载体。

（一）骨干引领，凸显"五个一"党员标准

党员教师是教师队伍中的核心和骨干，党组织对教师专业发展的引领和服务

价值，很大程度上要通过党员教师的先锋模范作用得以体现。因此，建好教师队伍，首要的是建好教师党员队伍。学校在广泛调研的基础上，结合新时代教师队伍建设的相关要求，明确提出党员教师慎思笃行的"五个一"标准，即要求教师成为与时俱进、迎难而上的"一张帆"，投身改革、发展创新的"一根梁"，观点鲜明、稳定群心的"一把锤"，关爱他人、凝聚师生的"一团火"，指引方向、展示风采的"一面旗"。"五个一"标准明确之后，教师党员就有了发展的方向和自我约束的标准，也能够在日常行为中自觉对标提升，党员日常管理和教育工作有了重要的价值遵循。学校每年也会将党员教师的突出事迹制作成"身边的星光"微型党课，为教师队伍成长树立标杆。

（二）内外结合，建构"六维度"成长体系

现代社会的进步和教育的发展在很大程度上扩展了教师专业成长的内涵和外延。对于学校党组织而言，首先应该关注的是教师思想政治素质和道德素养的提升，要按照习近平总书记对教师提出的"四个引路人"要求，合理确定教师专业成长的目标体系。在综合分析学校教师队伍建设实际情况的基础上，学校党组织明确提出了"思想有高度、学养有厚度、心灵有温度、育德有效度、创新有力度、辐射有广度"的教师专业发展"六度"目标体系。思想有高度对应教师队伍在理想信念和道德情操上的要求；学养有厚度对应教师队伍在扎实学识上的要求；心灵有温度对应教师队伍在仁爱之心上的要求；课堂育德有效度就是要求教师要能够充分利用课堂教学的主渠道，主动追求德育有效性；活动创新有力度就是要求教师在教学活动中强调体验性和新颖性，不断创新活动形式、载体；经验辐射有广度就是要求教师在实践中不断提炼和总结教书育人的经验。根据表述，六个方面的发展维度实际上可以分成两个体系：思想有高度、学养有厚度、心灵有温度是内隐体系，是人格化的特质，指向教师内在的师德素养和精神世界；育德有效度、创新有力度、辐射有广度是外显体系，是行为化的特征，指向教师的实践能

力与外在行为表现。两个方面的体系内外结合，既很好地契合了习近平总书记对新时代教师队伍建设的要求，也为每一个教师设定了专业成长的框架体系，便于教师积聚专业成长的内外合力。

（三）精准施策，搭建"五类型"发展平台

　　针对教师专业成长的关键性问题和普遍性困惑，学校党组织精准施策，创造性地实施"指路子、结对子、树杆子、架梯子、暖心窝子"的"五子"工程，有效地满足了教师的成长需求，引领了教师队伍的成长追求。指路子，即帮助教师明晰教师发展的职业生涯规划。党组织通过对教师队伍，特别是刚入职的青年教师发展进行分层分类指导，帮助青年教师在学校发展的战略布局中找寻到自己的坐标系，确立清晰的个人发展目标，形成科学的职业生涯规划。结对子，即建立教师发展的专业支持网络。党组织为青年教师量身定制了"3D"带教制度，同时把年级组、教研组、备课组建设成为信息沟通、情感交流、互帮互学、共享经验的学习与合作平台，让每位老师依托"三组"共同成长。树杆子，即发挥党员教师的榜样示范作用，要

▲ "结对子"工程专题论坛

求党员教师明德修身，以身作则，用实际行动影响和辐射全体教师，成为教师群体专业发展的标杆。架梯子，即提供教师自我实现的宽广舞台。党组织通过组建优秀教师带教群体、开办中青年骨干教师培训班、开展主题培训和专题讲座、组织教学技能比赛等，为教师的成名成才架设台阶，为教师登台亮相、脱颖而出提供舞台。暖心窝子，即不断提升教师的幸福生活指数。党组织不仅重视教师在业务上的精进和成长，更以人为本，重视去温暖教师的心窝子，让他们体味到教书育人的职业幸福。一方面，学校在各项民主参与的制度上为教师保留通道，充分发挥教师参与学校治理的积极性和能动性；另一方面，注重定期开展教师职业幸福程度的调研，根据调研结论及时调整工作思路，特别是对教职工子女入学、就医、"大龄女青年"婚姻问题等涉及教职工切身利益的工作给予足够关注，让教职工真正感受到学校生活的幸福，进而提升专业成长的内在动力。

三、以"党建融合体"凝聚学校治理的内外协同力

从学校治理实践的价值取向来看，目前学校正在经历一个由"单边治理"到"多元治理"的过程。不同于过去单一的治理主体，现代学校制度的核心就是要改变这一情形，按照共同治理的现代理念，协调好各利益相关者的权利实现方式，并基于推动各权力要素的共同参与，实现各项权利，达成权力平衡，形成权利和谐。由此，党组织在引领学校发展的过程中要善于运用整合性视角，跳出学校内部的拘泥，整合多方资源，建构多元共治的党建工作体系和学校治理体系。学校党委深深认识到，民办姓民，是人民的民，也是民族的民，因而在推动教育均衡发展中应积极担当。学校受托成为田林虹梅学区化办学（包含公办小学6所，公办初中1所，民办完中1所）主任单位与强校工程支援校，这是一条谋求共享多赢、携手共进的党建发展之路，也是推进学校治理体系和治理能力现代化的必由之路。

（一）科学架构，促进学区党建顶层设计系统化

学区党建共同体精心打造全员、全程、全方位育人的德育大格局，做深做实家校联动，充分发挥家长党员的先锋模范作用，拓宽学区党建共同体内圈，成立"学区家长党建联合体"，织密了点面结合、纵横交织、校际家校合作的"融合"育人网络，这也是提升区域育德有效性与水平品位的关键。基于学校党建优势，借助多样平台，聚焦立德树人根本任务，实现义务教育均衡发展，学校党委以田林虹梅学区建设为抓手，成立学区十校党支部书记领衔的学区党建领导小组，建立年级组长、教研组长、班主任党员老师组成的党建工作小组，全面加强对学区党建工作领导，负责对建立健全学区师生教育教学工作统筹规划、指导和监督，形成系统性与体系化的"党建融合体"。

（二）扎根本土，促进中华传统文化教育品牌化

立德树人是教育的根本任务，德育工作是中小学落实立德树人的基本载体和有效方式，学校党委领衔以此为基础，把最具共性、最易相融，而又有长期积淀的中华优秀传统文化教育作为突破口，建立学生、学校、家长、社会碰撞共振的教育通道，创设学区中小学校德育的共建、共享教材，以强化十二年的德育一体化。学区党建融合体基于各校优秀传统文化教育特色与优势，通过系列化德育课程与活动，依托区域层面的系统推进，充分发挥区域协同优势，历经数年打造学区"德润田林"德育品牌，润泽学区十校，荣获改革开放四十周年上海市思想政治工作创新成果"卓越品牌"。"德润田林：中华优秀传统文化教育论坛"作为学区党建协同机制的一部分，为学区常设学术活动，分设不同议题，每年秋季主办一次，已经成为区域知名的党建工作品牌。

（三）多力协同，促进理想信念教育党团队一体化

借助民办完全中学党建优势，学区党建融合体聚焦十二年一贯制的"党团队一体化"红色苗圃建设。针对学区小学阶段的学生，主要强化基本的爱国家、爱上海、爱学校的意识，通过少先队组织的引领，保持和激发学生朴素的家国情怀，帮助他们认识到红色文化的重要意义；针对中学阶段的学生，主要做好团、队的联动和衔接，通过举办少年团校、团员发展大会等，引导中学生

▲ 入团仪式

进一步强化红色教育信念，树立为国家、为民族、为自己的未来努力学习、积极进取的精神；针对高中阶段的学生，着力实现"团校"到"青年党校"的提升，结合党的最新精神和理念，汇聚党支部、年级组、班主任和校团委的合力，通过三年循序渐进的教育和课堂教学与实践活动的双向互动，抓实爱党爱国教育这个核心环节。同时依托青年党校，通过宣传优秀共产党员事迹、家长党员进课堂、微型党课大赛等方式，进一步向青年学子传递党的知识，构建红色苗圃，扩大区域党组织的影响力和感召力。

四、形成的经验

其一，要从思想上充分重视新时代民办学校党建工作。民办学校作为社会主义教育事业的重要组成部分，同其他类型的教育体系一样承担着培养社会主义建

设者和接班人的重任。加强民办学校党的建设，对于全面贯彻党的教育方针、坚持社会主义办学方向、落实立德树人根本任务，具有重要意义。不论是上级教育主管部门，还是一线的学校，都应该对新时代加强民办学校党建工作的重要意义形成充分认识，特别是民办学校本身，要通过组织架构、运行体系、队伍建设等领域的积极探索，确保学校整体发展过程中党组织政治核心作用的不断强化。

其二，要从行动上积极探索党建融入学校治理的有效方式。现代学校治理理念给新时代加强和改进民办学校党建工作提供了新的思路。自下而上、多元共治的学校发展局面更凸显了加强党建工作的重要意义。党组织参与学校治理必须聚焦于学校改革发展的核心领域，特别是要通过路径和方法的创新在学校组织运行体系、师生思想政治工作、党组织自身建设、教师队伍建设等领域充分发挥政治核心和组织、引领、服务作用，让党组织在学校治理体系和治理能力现代化建设过程中发挥"看得见、摸得着"的重要作用。

五、后续的思考

党的建设是新时代的伟大工程，民办学校党建工作是这一伟大工程的重要组成部分，如何进一步将党的二十大精神、习近平总书记关于教育的重要论述和《关于加强民办学校党的建设工作的意见（试行）》等文件精神真正贯彻到民办学校党建工作中，不断强化党对民办教育的领导作用，实现民办教育党建工作的创新，还需要进一步系统的思考。

着眼未来，要更加充分地发挥党组织在学校治理中的政治核心作用，应着力探索以下几个方面的问题：第一，进一步加强政治理论学习，特别是要用习近平新时代中国特色社会主义思想武装党员，为党建工作全面融入学校整体发展提供思想基础；第二，选优配强基层党组织负责人，全面提升学区基层党组织书记的思想政治素质和履职能力，为党组织参与学校治理提供组织引领和人员保障；第三，要探索党建深度融入学校中心工作的有效载体，确保党建工作真正延伸到学校工作的方方面面，让党建工作真正严起来、实起来。

总体而言，必须把民办学校的基层党建和思想政治工作渗入区域改革与发展的全过程，把党执政为民的核心价值转化为民办学校教职员工对国家负责、对社会负责、对家长负责、对学生负责的实际行动，培育新时期社会主义民办学校发展的时代精神，让党的政治优势转化为民办学校的自身发展优势，充分发挥非公党建引领，进一步完善"和内谐外"党建新模式，让更优质、更美好、更公平的教育惠及学区每一个学生。

西位故事

3

同行

和"三变"有关的
西位故事

徐 旋

课堂"三变",即变解疑为激疑、变教师为导师、变讲台为舞台,是西位教师工作的法宝,也是西南位育高品质教学的保障。一代代西位老师在自己的教学实践中,勇于突破,不断实践,讲述着动听的和"三变"有关的西位故事。

这个数学老师有点特别

"同学们,接下来我们看这道证明题。做证明题,大家一定要'立志定位'。首先要弄明白要证明的目标是什么,这就是立志;然后看已知的条件是什么,这就是定位;再想想还需要哪些条件,这就是实现志向目标所需要的具体的措施和努力。有些同学看完题目,不顾证明目标,将条件乱推一气,最后运气不好就解不出来。"上徐迪斐老师的数学课,学生们常常会有一种瞬间穿越到班会课的特别感觉。讲证明题,徐老师会和高一年级的德育主题"定位立志"联系在一起;看到学生嫌解析几何的题目计算繁琐,徐老师又会结合"挫折磨炼"德育主题启发学生,告诉学生只有经过艰苦的计算才能得到漂亮的结果,激励他们鼓起勇气面对生活中的其他困难。

数学中的配凑与人际交往总相互配合、团结协作的关系;函数的单调性与看待人生起伏态度的关系……在徐迪斐老师眼中，数学课不仅仅是数学课，数学老师如果只讲数学，不舍得花时间在数学以外的地方，那就是没有做好平衡，数学也是教不好的。徐老师所以为的"数学以外"，便是变数学老师为人生导师。

▲ 初高中联动数学课堂

在传授数学学科知识的同时，更要关注学生的兴趣、习惯、意志、方法等方面的教育。数学文化中的思维方法、理性的思维习惯、解题的经验、所需的意志品质等都成了徐迪斐老师数学教学德育教育的载体。通过进行恰当的类比和启发，常常一两句话的点拨就能起到"一两拨千斤"的作用。

作为教师，一切的教育教学活动应该为学生的终身幸福着想，为学生的终身发展奠基。这不仅有利于学生的终身发展，这些良好的非智力因素也一定会反馈到学生的学科学习中来。

害羞的"梁山伯"

站在"舞台"上的××显得有些害羞。今天，他将扮演欲拉祝英台继续赶路的梁山伯，梁丽娟老师是他的搭档，扮演女扮男装一直暗示梁山伯的祝英台。在这个片段中，"梁山伯"要拉起"祝英台"的手以示催促之意。一开始，××有些不知所措，不敢过去拉"祝英台"，他怯怯地说："老师我平常不怎么看戏，我不知道怎么做。"梁老师便鼓励他忘掉自己的身份，说："你想象自己是'梁山伯'，想象'祝英台'收到家书，你想叫她赶快回家，她却在这里胡说八道，'梁山伯'

会怎么做?"××思考了几秒,又看了看课堂的提示图片,他勇敢地抓住了"祝英台"的手,却又没了下文。这时,"祝英台"便随口问他:"梁兄,你要干吗?"他想了想,回道:"快走吧。"于是,"梁山伯"用力拉了"祝英台"一下,语气也带有催促之意。此时,教室里静悄悄的,台下的同学们直直盯着台上的"演员",看得入迷,似乎期待着什么。这时,"祝英台"摆开"梁山伯"的手,反手将他拉至一边,又做了一套"投石问井"的虚拟动作,教室里响起了一片掌声。

这是西位东校区梁丽娟老师戏曲教学课"美丽的传说——多姿多彩的梁祝故事"的一个课堂片段。戏曲教学一直以来是艺术课堂的"大难题",传统的戏曲课堂往往以欣赏、讲授、简单的学唱为主,很难使学生感受到其真正的艺术魅力。然而,戏曲教学却又相当重要,它除了具有艺术课程的一般美育功能外,还比其他艺术门类更易激发学生的文化理解、文化认同和文化自信。于是,在戏曲教学中,梁老师尝试弱化学生不擅长的唱念做打和手眼身法步,将教学的侧重点放在感受和理解戏曲艺术的情感表达上,将讲台变舞台、学生变演员,引导学生观察

▲ 丰富多彩的艺术活动

演员的表演动作、眼神、面目表情、语言等，通过师生的共同模仿体验活动，体会人物的心理活动、性格特点，理解戏曲情感的艺术化表达。

艺术课程是学校美育、德育的重要阵地，作为一名艺术教师，梁丽娟老师的艺术课不仅仅是让学生欣赏一部作品，学唱一首歌曲，或是画一幅画。讲台三尺，舞台无尽，她通过创设多样的艺术情境和丰富的体验活动，引导学生从初级感官体验，经过对其内在意义的体验和理解，最终感悟艺术作品中所蕴含的精神气质，让艺术在每一个学生心中慢慢生根发芽，让他们触摸艺术、感悟艺术、享受艺术，提升人生价值。

让背诵变得更有意义

"今天中午记得来办公室哦。"一次叮嘱小 A 背诵时，他驳斥道："为什么一直要找我背书？老师你需要这么傲娇吗？"后续甚至是口出脏话。这位学生，每次背诵课文都十分不情愿。作为老师，生气是必然的。但冷静下来细想，怎样让小 A 这类学生带着积极的心态去做好背诵，就成了萦绕在朱嗣豪老师心头的一个问题。

午休时间，英语老师办公桌前排起长队是办公室里常见的情境。但在英语学习中，不少学生对背诵这件事一直是非常头疼的。背诵作为语言信息输入的一种主要途径，对学生的学科核心素养的提升非常重要。心细的朱老师发现，不少英语学

▲ 数字化赋能课堂

困生在准备背诵时，都会准备一张小纸条，上面写几个关键词。于是他想到，这些关键词，可能恰恰就是学生在读写、理解方面存在的疑惑。何不利用这些"疑惑"去激发、帮助学生梳理核心词、语义表，串联语篇结构呢？

于是，朱嗣豪老师将这种想法进行了实践，在学生完成英语背诵时，不再刻意强调所有细节，而是既赞赏学生对给定内容的完整复现，也充分肯定学生语言的发挥性表达。面对学生背诵时小纸条里的"疑惑"，朱老师积极鼓励学生以背诵为契机，抓住"小问题"进行深层次、整体性的思考。慢慢地，背诵变成了朱老师和学生一起交流，帮助学生提升学习效率、提高学习质量的契机。教育中每一个平凡的瞬间、每一件平凡小事，在有心人的眼中，都包含着深刻的意义。变解疑为激疑的教育理念，让朱老师赋予了背诵这件小事更多的意义。

让每一个学生都有人生出彩的机会

西位东校区的刘斌老师有很多"头衔"：政治骨干教师、演讲指导老师、高级摄影师、学生课题/论文导师、思政公众号创始人……这些在他看来，绝不仅仅是对学校"一专多能"教师发展理念的践行。更重要的，在每一个称呼背后，都体现着他为学生努力搭建成长舞台，激发学生的成长自觉，给予学生人生出彩的机会。

刘斌老师的课堂是真实的、活跃的，经常充满欢声笑语，学生时不时还会得

▲ 初中学生思政课题答辩

到小惊喜，因此深受学生欢迎。刘老师的课堂上有许多好玩的小"伎俩"：老师提问学生是随机的，学生回答是可以 Pass 的，课前新闻是演短剧的，课堂表现好下课就给奖状的，甚至连课代表都是随便抽学号选定的……在这样轻松、自在的氛围中，更多的学生愿意认真听老师絮叨，愿意自如地展现自己，愿意真正地进入情境中思考，愿意提出自己真实的疑问，甚至愿意为了捍卫自己的观点而面红耳赤地与同学争吵……刘斌老师则较少进行直接的评判，更多的是静静地聆听、重复、解释、引导，笑着，看他们一天天成长。

　　课堂之外的刘斌老师则显得非常忙碌，很多事情似乎都跟他有关：学校的各项活动，他都会端着相机，记录下同学们一个个精彩的瞬间；在主题教学课上给同学们画一个成为演说家"大饼"，并帮助许多学生亮相上海市乃至全国的演讲舞台，斩获大奖，实现梦想；经常应学生的邀请，担任初中、高中课题 / 论文导师，与学生一起研究、实践，赢得奖项；创建并管理首个学生自主运营的思政学科公众号，一年多来发表了 500 多篇各类内容，展示了西位学子多方面的精彩。

因为一块操场，结缘一所学校

张　喆　董国俊

清晨，阳光穿过一棵棵香樟树，斑驳地投影在西南位育的跑道上。早上 7 点 40 分，一首活泼欢快的《阿瓦人民唱新歌》准时打破了校园的宁静，充满生机的新的一天又开始了！

此时，来自江西弋阳的王校长静静地站在操场一隅，观察着操场上西南位育师生的早操入场式。他的脸上荡漾着笑容，像一个老者看着儿孙们在膝下嬉戏，像一位老农聆听庄稼雨后的拔节之声。

在音乐的节奏下，西位的学生跑步入场，显然有不少老师伴着学生一起跑步，他们的步伐都轻健有力。时不时传来体育老师的话语：

"跟上节奏！对，对。很好！就这样！"

"听音乐，找节奏！注意队形，保持好前后距离！"

"排头的男生步子不要太大，要照顾好后面的同学！"

……

王校长是在徐汇区教育局安排下来西南位育考察学习的。短短几天考察结束之后，回到

▲ 操场上做广播操

弋阳的王校长却又回来了。只是这次他不再是一个人，他把自己学校的整个中层干部和德育核心小组成员都带来了！他们在西南位育听课，和教师座谈，拍摄学生早操的入场式。王校长说，他要在弋阳复制西南位育的跑操文化，让操场成为学校文化建设的一部分。

一次入场式让一位校长与西南位育结缘。还是这块操场，让一位有追求的女教师与西南位育结缘，成就了校史上的一段佳话。这位女教师就是西南位育曾经的资深年级组长张家娴老师。

那是十多年前的一个冬日清晨，张家娴老师正在上班路上，当天的工作是去田林社区参加一个教育研讨会议。这是张老师第一次来到田林社区。在陌生的小区中穿行，不知从哪里传来了节奏明快的音乐，欢快活泼得像跳来跳去的小精灵。顺路循声而去，仿佛柳暗花明般，小区出口处的一所学校映入她的眼帘。

时值学校早操时间，透过学校的围栏，张老师看到穿着整齐的孩子们在操场上排成了整齐有序的队列晨跑。阳光柔柔地打在操场上，整齐的学生队伍沐浴在晨光中，和着音乐的节拍，井然地踏着步伐。整齐的绿色校服和咖啡色的校裤显得格外青春，远远看去，像一棵棵生意盎然的小树苗。小树苗们的旁边，有不少老师一同加入了晨跑的队伍，时不时给孩子们喊口令加油。队列中有一个孩子乱了步伐，一旁的体育老师见了，立刻跑到他的身边，一边喊着口令"一、二、一、二"，一边陪着他一起跑，做出正确的示范，直到他踩到了正确的节奏，体育老师立刻夸道，"真棒！这样就对了！继续保持！"转而继续巡视队列，看着孩子们踩着节拍慢慢跑出操场，回到教室。

眼前的这幅场景让张老师不禁驻足，给她留下了深刻的印象。这不仅仅是整齐的晨跑队伍，更是学校的老师陪伴在学生旁边时不只以管理者、监督者的形象出现，而是民主平等地靠近他们，以陪伴者、合作者、参与者的姿态贴近、融入，在他们遇到问题时适时帮助，和他们一起分享活动的乐趣。这不正是教育者追求的一种境界吗？张老师不禁对这所学校产生了好奇。

张老师第二次经过西南位育正值学校放学之后，透过围栏，一眼望去，红色的塑胶跑道上、绿色的篮球场上依旧热火朝天。学生运动时发出的阵阵欢笑充满了年轻与活力，路人走过，都会情不自禁地向操场看去。

操场上的篮球架一字排开，每个篮球架下都有三五个少年或奔跑，或跳跃，或做出一些漂亮的投篮动作；篮球架旁的一块场地上布置着几个排球网，女生们正在练习垫球、传球。有一块排球场正在比赛，一个姑娘左手托球抛向空中，右手猛地挥打过去，成功地把排球打到了对方两名队员之间的空当处，赢得了一分。失分的那队也毫不沮丧，竟也跳起来为对方喝彩："这个球打得太棒了！""厉害！"喝彩声此起彼伏。

有一个女生到围栏边捡球，张老师趁机叫住她，和她聊了起来："放学了，你们怎么都不回家？"小姑娘捡起球，答道："我们打会儿排球再回家。""那学校不要求你们一放学立刻回家吗？"小姑娘甜甜一笑："不会，学校支持我们在课后多多运动，所以特地告诉我们操场放学后依然开放，欢迎我们来打球。""那你们体育课不运动吗？"张家娴老师继续追问。"当然不是啦，体育课的地位在我们学校是不可撼动的，体育课上也打球的。不过我们喜欢打排球，多多锻炼，强身健体嘛！"小姑娘笑着回答……

▲ 西位操场上的篮球架

这位小姑娘话语中透露出的青春、活泼、自信让张老师动容。以前只知道西方的学生在课后会花很多时间进行体育活动，那是因为他们的课业负担比较轻。但在中国，体育从来都是一门"小学科"。我们强调的是

"学好数理化，走遍天下都不怕"，看重的是考试成绩和学科竞赛的名次。不要说中学了，小学里的很多体育课都得不到保证，被其他学科占用的情况较为普遍。但是，真正的教育者一定知道身心健康的基础才是学生未来成长与发展的重要前提，体育的价值并不亚于智育！这

▲ 学生在操场打篮球

正是张老师作为一名有追求的教师一直奉行的教育理念。

一滴水可以反映太阳的光芒，窥一斑可知全豹，聆听着女孩的话语，眼前真实的场面，让张老师更加认真地审视西南位育这所年轻的学校。她名不见经传，表面看来学校的硬件也比较一般，学校占地不大，校园布置朴素，但校园里走过的每一个人都充满朝气与活力，脸上洋溢着发自内心的自然微笑。这块小小的操场像一双清澈的双眼透露出学校办学的精神气，而这股精神气正与张家娴老师的教育理念相契合。最终，因缘际会让张老师以一个全新的身份——西南位育的一员走进了西南位育，并且一待就是三十多年。

第三次来到这个操场，张老师已经成为西南位育的一名班主任。不同于前两次围栏外的一瞥，这次张家娴老师也融入了"小树苗"的行列之中。每天在晨光中带着孩子们晨跑，为他们留下操场上欢乐的剪影成了她每天最有幸福感的事。

在成为年级组长后，她更是带领着年级组的老师一起，继续追求德育的内涵与价值。为学生打好"身心健康的基础、终生学习的基础、走向社会的基础"是每一位老师事业上最重要的课题，也是张家娴老师一直以来带领教师们奉行的教育理念。

一块操场，不仅是学生运动的场地，从教育的眼光来看，也是一片育人的热土。文化与人的故事每天在这所学校诞生，让我们一起期待、聆听吧！

涵养致中和的师者魅力，
构建可持续教育生态

刘玉洁

"和我在西位的校园走一走，看遍了所有的风景却依然看不够。海棠花绽放在枝头，池塘里看着鱼儿游。银杏叶飘落在屋后，大雪纷飞陪着人走。"

这是 2018 年春天，薛垣老师填词创作的《西位毕业歌》中的一段，歌词勾勒了西位校园的四时风光：春风梳拂，海棠悄然开放，丝丝缕缕；一弯池塘，天光云影共徘徊，鱼儿悠游；秋风刚劲，寒意染成金黄，银杏叶飘落在红墙根；雪落下，天台花园皑皑一片，偶有脚印成行。

假如你到过西南位育，一定会对整洁雅致的校园环境有深刻印象；假如你听

▲ 1995 学年师徒带教签约仪式

说过西位人的故事，则更能明白，为何这里草木含情、灯火可亲。

一把椅子

物理教研组马凌燕老师与师傅们的故事，绕不开一把椅子。在黎泽惠老师那儿，刚从大学毕业的马凌燕是"小马"。"小马，拿把椅子"，马凌燕便可跟着师傅进教室听课；"小马，过来坐"，马凌燕便可坐上师傅身边那把专门加的椅子，吃着她准备的零食，开怀畅聊。在徐公田老师那儿，"教室里有多余的椅子吗"意味着师傅要来听课，而且边听边写，笔记密密麻麻。一把小小的椅子，像柔波，抚平年轻教师初出茅庐的忐忑、只身在沪的局促；一把小小的椅子，像激流，洗去怠惰、侥幸、粗疏，推人向前。

拿出来与藏起来

俗话说，"教会徒弟，饿死师傅"，可是，在西南位育，师傅们只怕徒弟"吃不饱"。

备课时，无论是单节课的教学重难点、教学方法，还是整个单元或章节的统筹安排，师傅都会细致讲解、悉心指点。物理教研组谢敏老师第一次教高二时，师傅徐公田见她备课辛苦，甚至把自己珍藏的一本备课本拿出来送给她。备课内容之详尽，令谢敏老师叹为观止，这本备课本也成了当时对她最有帮助的教学参考资料。

英语教研组刘敏利老师则对一次集体备课记忆犹新。当时，带教师傅是年近六旬的刘珠霞老师，备课前，刘珠霞老师就要求"把词典拿出来，备课时带上"。虽说是第一次教高三，但刘敏利老师并不觉得内容陌生，课文固然是新的，但知识点看起来不难，至少以往都遇到过，自己是有储备的。然而，刘敏利老师没想到，由师傅主讲的备课是这样的——每一个生词的词性、常用搭配、近义词辨析、学生易错点，师傅都讲得清清楚楚，尤其是近义词，师傅要求大家当场翻开词典阅读辨析。她说，哪怕意义用法再接近，两个单词也是有差异的，若教师无法区分，那就说明尚未真正理解单词的含义。看到师傅只对着一本簇新的教科书，将每一个单词的用法娓娓道来、不慌不忙，刘敏利老师肃然起敬。

为了让年轻教师快速成长，老教师们甘为人梯、倾囊相授，他们拿出了从教几十年的知识储备、实践经验，拿出了孜孜不倦、钻研较真的专业态度，拿出了一腔希望学生、后辈、教研组、学校发展好的热忱。

物理教研组徐公田老师点评徒弟们的课时，并不对照听课笔记一一罗列，而是真正理解了执教者的思路后，从大处提出意见和建议，对教学中的细节只是一带而过。语文教研组陈丹娅老师带教徒弟时，不但"手把手"，而且"肩并肩"——徒弟们慢慢放开在师傅面前的拘谨，备课时多有争论不休的情况，陈老师总愿意温和地陪伴着，直到争论结果生成。生物教研组倪娟老师善于发现徒弟们授课时的亮点，并在评课时有意识地引导他们扬长避短，逐渐形成自己的教学风格……

有太多这样的时刻，师傅们惜墨如金、点到即止，因为他们深知，带教不等于复制。教学过程充满许多未知的因素，处于一种流变的状态，教师与学生的心态在变，知识经验的积累状况在变，教学中没有一成不变、普遍适用的模式。年轻教师们要加强的，是面对瞬息万变的教学情境，学会因势利导、随机应变，他们最终要自然地成长为有独立风格和创造精神的教师。为此，师傅们做铺垫、找机会、给空间、常鼓励，因材施教，愤启悱发，但绝不包办更不强加，因为教师只有自己在实践中不断研究、反思、重建，才可能真正增长教育智慧。"成长自觉"，这是师傅们深谙的"西位密码"。

徒弟的听课本

语文教研组的卫奚芸老师有一套"宝典"。说到"宝典"的起源，时间要回

▲ 2003 学年东校区师徒带教签约仪式

拨至 2007 年。当时，卫老师与西南位育中学签约后来校实习，带教师傅是当时任教高一的刘亚晶老师。刘老师教龄并不很长，但教学能力强，已有六年的高三教学经验，特别能抓住学生的兴趣点、思维特点和盲点组织课堂教学，课堂思维容量大、节奏紧凑。作为徒弟，听师傅的课，向师傅学，这是自然的，但是怎么听、怎么学，各不相同。卫老师要求自己做到两个"凡是"：凡是师傅的课，必听、必做完整的课堂实录；凡是听过的课，必写听后感。就这样，从高一到高二，高二到高三，师傅细致带教、毫无保留，徒弟虚心好学、如饥似渴，卫老师攒下了厚厚一摞听课笔记，她称之为"宝典"。数学教研组李建芳老师当徒弟时，自觉关注师傅陆云庭老师处理每一个教学重难点的方式，并在听课笔记中用不同颜色的笔和各种记号加以标注。例如，觉得某个环节设计得很精彩，便打上五角星；对某个问题有更好的处理方式，便打上叉，并用不同颜色的笔写下自己的想法……

　　教育教学的实践文本或真实叙事，蕴含着比任何理论书籍更富有生命力和创造力的教育哲学，渗透着比任何思想表述更鲜活、更耐人寻味的深刻思想。这就需要每一位年轻教师在向师傅学习时，用心、用力、用智，仔细体会他们之所以如此施教的良苦用心。

时光荏苒，李建芳老师、卫奚芸老师早已担起了教研组长、备课组长的重任，并且也成长为带教师傅。再回首，听课本里的圈圈点点依旧散发着珠玉般的光芒，于是，当年的小徒弟又学着前辈的样子当师傅。大到分析教材、分析学情、教学重难点的突破、精讲内容的选定、课堂节奏的轻重缓急，小到如何写教案教后记、课堂即时点评、规范教学语言、调整教态，再到作业设计、作业反馈、试卷命制……前辈是如何悉心调教自己的，如今便再回味、再反思、再打磨，将经验与实践融合，努力为新一代年轻教师做好示范。"追求完美"，已深深印刻在西位人的心中。

大与小的辩证法

2007 年，周利琼老师初任年级组长，得到了前辈张家娴老师的无私帮助与鼎力支持。张老师的提点不在于具体方法的传授，而在于当头棒喝："教育的本质到底是什么？""年级组长与班主任工作的差异到底是什么？"在张家娴老师看来，教师如果不仰望星空、不抬头看路，是会走弯路甚至入歧途的，大问题见出境界，有境界才会着意于教育细节。面对师傅提出的大问题，周利琼老师不再一味埋头苦干，她开始阅读教育理论专著，并在不断尝试、反思、调整的工作实践中领悟到，岗位不同，职责不同，考虑问题的角度也应随之变化。根据不同年级学生的心理特点、学业情况，本着为学生终身发展奠基的理念，周利琼老师费心思、想办法，在继承中突破、创新，使学生从各种形式的活动中获得体验、思考、感悟、成长。

何君老师则对张家娴老师的谈话艺术印象深刻。2006 年，何君老师第一次当班主任。学生学农期间，年级组希望班主任每天就班级的活动表现作点评，这让何君老师犯了难：学农是不同于平时的教育情境，班主任该对学生讲些什么？怎么措辞？点评的目的又是什么？于是，时任年级组长的张家娴老师亲自示范：用一双慧眼，捕捉孩子们的点点滴滴，如此方能在点评时娓娓道来，讲得具体；以一颗爱心，毫不吝啬地表扬闪光点，并亲切真诚地指出努力方向，如此方能评得有效。点评不是为了灌输大道理，而是充分尊重学生在活动中的主体地位，与之展开平等对话，以促进学生自我教育。为人师者，一段话也要字斟句酌，一篇文章也要几易其稿，小事不小，小事见出积累、站位、智慧，做好每一件小事就是了不起的大本事。在那以后的十几年里，何君老师追随师傅的脚步，逐渐成长为年级组长、政教处主任，并形成了细腻亲切、谦和大气的工作作风。

上下同欲

西南位育中学秉持"一二三"办学理念，即一个宗旨、两个关注、三个基础，其中，"两个关注"指"关注每一个教师的发展方向，关注每一个学生的成长轨迹"。在西位，学生享有丰富多样的舞台、和谐宽松的环境，得以发展个性、塑造人格，教师同样不断修炼、不断研究、不断重建自己的教育生活。学校为"职初期"教师安排"3D"带教，青年教师一进校就有教学、带班、师德三方面的师傅。从教之初，青年教师们大多怀有憧憬、理想和热忱；进入西南位育，从带教师傅的身上，徒弟们看到了为人师者清明纯净的内心、丰厚的知识储备、严谨的治学态度和言行举止间的风范。"师""徒"之名背后，首先是一种震动、一种鼓舞、一种召唤——成长为一名有魅力的西位好教师！于是，憧憬、理想和热忱方能转化、凝聚为持之以恒的动力和创造力。

西南位育中学首任校长庄中文先生曾于 2010 年在《用好民办学校的特有优势，实现学校跨越式发展》一文中如此总结：民办学校"因怀有更强烈的质量责任意识，而有较强内驱力"，"因怀有深切的风雨同舟、荣辱与共的感受，而有较强向心力"，"因怀有不进则退、不进要亡的重大压力，而有较强向上力"。一代

▲ 2022 学年师徒带教签约仪式

代西南位育人，正是将内驱力、向心力、向上力转化为发展动力、成长活力和创新潜力，并不断凝聚，才逐步形成真正的"命运共同体"。"师""徒"之名背后，老教师赤诚相助、甘当人梯，资深优秀教师师德师风与教育经验的辐射功能不断放大，年轻教师博采众长、快速成长。当助人成功、分享快乐成为学校的一种"时尚"，生生不息、传承有序的教师梯队必然始终保持无限活力。

学校名"西南位育"中"位育"二字取自《中庸》"致中和，天地位焉，万物育焉"。2013 年 12 月，在徐汇区教育学术节的优秀校长论坛上，西南位育中学校长张建中在以《凝练中和位育学校文化，激发每个学生成长自觉》为题的交流发言中，对"中和位育"作了具体诠释。其中，"和"是指和而不同，包容多样性；和而以协，追求和谐至上；和而有序，分清主次、轻重、缓急。"位"是指摆正位置，恰当自我定位，明晰最近发展区，渐进积累求索。简言之，每个人都处在自己的位置，做好自己的事，互动互补，良性发展。站在这个角度再看"师""徒"之名，背后还有同道切磋、共生共长。教研组、年级组、备课组，凡有可学之人、可法之事，皆能探讨交流，"三人行，必有我师焉"，潜移默化间，团队相互温暖、螺旋上升。

"和我在西位的校园走一走，我愿就这样往前走，永远不停留。"

如果你愿意，一定要来西南位育走一走，看看这里的景致、听听这里的故事，因为四时流转、生命不息，所以这里草木丰美、摇曳含情；因为同心筑梦，携手前行，所以这里言笑晏晏，灯火可亲！

西位记忆

3

光阴

我眼中的母校常青密码

姚 力

▲ 姚力

时光荏苒，转眼母校即将迎来而立之年的校庆纪念。我欣喜地看到母校一路走来成长为一所在上海颇具影响力、在全国民办教育领域独树一帜的高质量完中，由衷地为母校取得的成绩感到骄傲。母校持续输出优质教育资源、持续培养一批又一批出色毕业生的背后，究竟蕴含着什么样的独特法门？作为一个在宜山路671号校区度过七年难忘时光的老 XNWYer，我也想尝试从自己的成长轨迹中解读我眼中母校的常青密码。

一以贯之的价值观

伴随着母校的成长，母校毕业生的队伍也在不断壮大。一批批毕业生成了宣传母校最靓丽的名片。不论是在生活中还是职场上，我所接触到的同事抑或是朋友眼中的西南位育人，纵有千人千面，但几乎都具备"正能量、接地气、有教养、肯担当"的特质。我想，这与母校多年来一以贯之为我们灌输引导的价值观是密不可分的。"致中和，天地位焉，万物育焉"这句源于《中庸》的名句是母校校名中"位育"的出处。可能当时才十岁出头的我们并不能真正理解这个儒家经典思想的要义，但在老校长庄中文先生寓价值内核于中华传统美德的方法中，中和位育的基因深深融入了我们的价值观。"孝敬谦恭、发奋乐学、奋斗自立、敬业自强、立志定位、挫折磨炼、学会负责",我至今都能准确清晰地说出这七组从预初到高三伴随我整个中学成长岁月的年度德育主题。而我正是在这些价值观影响下,形成了西南位育人独特的气质与风格。2012年,党的十八大报告正式提出把立德树人作为教育的根本任务,现在回过头去看,二十年前母校就开始尝试的德育价值引导是多么有预见性和先进性。三十年过去了,中和位育的价值观仍在母校被一以贯之地浇灌,而这就好像校园中矗立的那块磐石一样,成为支撑着西南位育长盛不衰的强大精神基石。

循序渐进的方法论

毕业生的质量往往与入学新生的生源质量呈现密切的正相关。如果把学校比作厨师,把生源比作食材,相较用珍稀食材做出华丽菜式的厨师,能用平实的食材烹饪出惊艳菜式的厨师肯定更胜一筹。在我的眼中,母校就是这样一个掌握"化腐朽为神奇"高超技艺的出色厨师。我清晰地记得小升初时,西南位育已经是徐汇区教育质量拔尖的初中之一了,只有各所小学的佼佼者有机会通过激烈的竞争拿到入场券。沉浸在小学时名列前茅光环下的我,入校后便遭到了现实无情的暴击。在高手如云的校园中,不论是学科成绩,还是实践经历,抑或是特长爱好,我都感受到了前所未有的巨大压力。正是在母校渐进积累式的培养引导下,我成功实现了从入学时的后进生到中考"状元"的绝地"逆袭",以及从腼腆生涩的"丑小鸭"到叱咤风云的学生领袖的华丽转身。是母校"走小步,不停步,跳一跳,摘果实"的教学理念帮我解开了当时的困扰,时至今日,这仍然是我工作学习中破解难题的金钥匙。"今天比昨天好一点,这次比上次进步一点",点滴的积累最终会由量变产生质变。是母校教会我,从无到有、由弱到强是一个循序渐进的过程,只要持之以恒锚定目标,自信就会在每一次进步中被逐渐激发,成为推动我们前进的强大动力。正是在这样的氛围的感召下,一批批"普通生"创造出了不输"优等生"的傲人成绩,成就了母校出色的社会声誉和良好的社会口碑。

风化于成的赋能力

时下，"赋能"是一个热门词。而所谓赋能，通俗来说，就是为成就他人添砖加瓦。从母校毕业后，我相继赴京求学、公派深造，之后步入职场辗转多个工作岗位历练已十年有余。其间，取得了一些成绩，也获得了一定的认可。而这背后，那些当时甚至都毫无感知的宽松氛围，那些当时有些不理解甚至是抱怨的严师严教，现时想来都是母校以"润物无声、风化于成"的方式，在学生时代给予我的强大赋能。学生工作的锻炼让我与党团青年工作结下了深厚的缘分，成为我不论是在大学校园还是在工作单位的一张鲜明标签；第二外语的传授学习为我成功公派赴法留学奠定了关键的语言基础……类似这样的"彩蛋"在我成长的轨迹中不胜枚举。

正如我父母常说的，"没有西南位育的七年培养，就不会有你之后若干个七年的成绩"，这恐怕是我与母校之间关系最好的诠释。为每一个学生尽可能搭建实现梦想的舞台，是母校多年来一直在做的事情；支持每一个学生找到自己的兴趣点，是母校的恩师们践行的教育理念。在这种后来被张建中校长总结为"激发学生成长自觉"的赋能力塑造下，母校的毕业生虽然分散在各行各业，但都能从学生时代的历练中慢慢积累起的干事创业、为人处世的良好启蒙中开花结果。如今，这样的赋能还在延续，每每通过微信公众号看到母校的学子们在各大舞台上发光发热、取得成绩的时候，我在羡慕和欣慰之余，都会发自内心地为母校多年来一直坚持的赋能力喝彩，或许这也是母校活力常驻的原因之一吧。

而立前行正芳华，相较于母校打造百年老校的宏大目标，三十年校庆只是一个开始，衷心祝愿母校基业长青、越办越好，在下一个三十年里绽放更绚烂的光彩。

姚力，2000—2007年就读于上海市西南位育中学，现任中国工商银行总行内部审计局上海分局风险经理。

西位公益人

孙权赵峰

    我出生于 1993 年，是西位的"同龄人"，很荣幸能有机会，在我们都"三十而立"的时候，讲讲属于我和西位的故事。

    我在 2004 年进入西南位育初中，2008 年直升西南位育高中，2011 年高中毕业进入复旦大学学习，2015 年大学毕业后加入"美丽中国"支教项目，在广东饶平的一所山区村小支教两年，后一直在公益行业工作至今，我愿称自己是一个"公益人"。

▲ 孙权赵峰

    从大四时得知我放弃直博选择支教时一脸疑惑的导师，到后来工作中遇到的合作伙伴，再到现在一些猎头或是面试官，都会提出一个"灵魂拷问"，为什么选择公益这条少有人走的路？有些甚至更直接地问：为什么复旦毕业会选择做公益？这个问题的背后隐含的意思是，从国内顶尖大学毕业，不是应该去做更赚钱的工作吗？只要时间允许，我都会向提问者耐心介绍我的公益之路，它是从我的中学——西南位育开始的。

    从初三到高二，我都是班级的团支部书记，同时也参与学校团委工作，而团组织的一项重要工作就是志愿服务。在班主任王红妹老师、团委书记王莹老师的支持和鼓励下，我接连组织了"阳光之家"智障青少年陪伴活动、宋庆龄故居志愿讲解员活动、徐汇区癌症康复俱乐部联谊会等一系列活动。在这个过程中，我看到了社会弱势群体的真实需求和困难，以及我们的一些简单服务就能发挥的真实影响。我至今仍然记得"阳光之家"里大龄"孩子"单纯、快乐的眼神，以及三位老师对我们的感谢和赞赏。高二期间，在金琪老师的推动下，我获得了2009年度徐汇区志愿者活动优秀组织者称号，是当届获奖的唯一学生代表。这不是我获得过的级别最高的奖项，但绝对是最让我自豪的奖项。这是我公益之路的起点，自此，我开始在大学关注乡村教育，并最终在毕业前决定成为支教老师，真正成为一名"公益人"。

还有一些虽然细小但重要的时刻，也帮助我坚持着"理想主义"的生活。高一时，学习难度不小，由于忙于团支部、团委的工作，有一段时间确实在学习上投入不够，因此我接连收到几位任课老师的私下批评，让我好好关注学习。有一天班主任王红妹老师也找到我，我以为她也是那一套说法，已经开始准备应对之词，没想到她只是提醒我她最近收到一些老师的反馈，她并没有对我提要求，只是建议我要自己想一想如何分配精力才符合自己的期待，要对自己的选择负责。看似简单的几句话，对当时的我影响很大，王老师让我跳出了当下所需面对的学业工作和外界的压力，认真追问自己想要的到底是什么，也给予我充分的信任，让自己做决定，对自己负责。

还有很多成长和感谢，散落在七年西位生活的每一个细节里。此生有幸成为一名"西位人"，感谢西位引我走上了公益之路。未来的日子，我仍然会带着"西位人"的印记继续前行，和西位一起，"追求完美，力求发展"，做更好的自己。

孙权赵峰，2004—2011年就读于上海市西南位育中学，现任阿里巴巴公益基金会项目经理。

谈西南位"育"的
教与"育"

陆路通

    2010 年暑假，也是我大二升大三的那个暑假，我和几位西位的小伙伴一起创业，成立了凭远留学，为想要到海外接受本科教育的家庭提供咨询服务。这十三年的创业经历，让我对于"教育"越发有了自己的理解，尤其是什么才是教育的本质。经过一轮又一轮的思考，目睹一个又一个的案例后，我发现，西南位育的教育确实是难能可贵符合教育本质的。

    西南位育的教育理念在于强调"育人"本身，而"育人"的核心在于尊重学生"本源的热爱"。以我自己的经历为例，我在西位遇到的所有老师都非常提倡并且践行鼓励式的教育，老师们鼓励你去想并且实施想法。比如我在团委工作期间想要组织知识类竞赛"谁是智慧王"，比如提出教师节的"为师代劳"，再比如即使是在高考前夕，因为汶川地震的缘故，想要做一个特别的诗朗诵加油活动……这样的例子还有很多，老师们不会否定你的想法，而是了解你为什么想做、想要怎么做，以及需要他们如何来支持，如果这当中有不成熟的想法，他们会提出自己的顾虑，

▲ 陆路通

然后一起来探讨如何打消这些顾虑……在校期间，我知道如果我有想法想要和班主任、年级组长、政教主任甚至校长室交流，我都可以找到他们。正是在这种支持体系下，我形成了不怕困难、不怕尝试创新的做事风格。可以说，没有在西位的教育背景，可能我大学期间也不会这么顺利去尝试创业，更不会克服了种种困难，一干就是十三年……

西位的校训"追求完美，力求发展"也是非常有代表性的。其实很多时候，校训很容易沦为口号，但西位的校训是真真实实体现在日常的教学过程中的。老师们的课堂非常生动，而且总是在不断寻求更强的突破。我记得初三时的数学老师邵翼如老师，当时已经是有自己工作室的市级名师，但他在教学过程中仍然热情澎湃，激励我们班级的所有人去拿到我们应该拿到的分数。在之前一届学生已经登峰造极的中考成绩基础上，我们那个班级在当年中考中取得了几乎全班满分的恐怖成绩，这离不开邵老师的教学经验、自我驱动、人格魅力等。我高中的英语老师黄徐娟老师，真的是一手将学校的国际课程部从零开始做了起来……我一直觉得老师是学生在青春期阶段最好的榜样，我很荣幸在学校里接触到了那么多不断追求完美、突破自我的老师，在他们的鞭策下，我知道不要给自己设限，而要去大胆努力！

现在这个时代，似乎没有什么工作岗位是铁饭碗，没有什么设计好的人生是一帆风顺的，最好的教育应该能够让学生具备自信、自尊、自爱，具备去适应任何时代的能力。西位的教育从来不停留在知识的传授上，而是真真切切地渗入每一个孩子的性格塑造和培养中，而这或许就是西位学子能够"聚是一团火、散是满天星"的根本原因吧！

陆路通，2001—2008年就读于上海市西南位育中学，凭远教育联合创始人

西位求学生涯小忆

承天韵

"你认为法律更多的是在保护人民还是在惩罚犯罪者？"

2013 年的某节社团课上，模拟联合国社指导老师王红妹向当时高一的我抛出了这个问题。我有些发蒙，第一时间能联想到的都是刑罚相关的内容，于是在纠结了一会儿之后选择了后者。而王老师则与我持相反意见。在她的解释下，我逐渐意识到几乎所有的人类活动都受到法律的约束，而法律这样一种社会契约更多的是为了保护尽可能多的人的利益。因此法律的涵义也远远不止于刑法。

如今回头来看，这堂课教会我的绝不仅仅是法学方面的知识，它让当时的我发现了自己视野的局限性，同时给了我一个不同以往的视角，让我开始有意识地审视自己对社会运转的认知（即使只是粗略的、浅显的意识与认知）。这堂课之后，我对法学越来越感兴趣，开始了进一步的探索。也因此，在本科期间，我将法学作为自己的辅修专业，如今想来，必须对王老师的这节课表达诚挚的谢意。

▲ 承天韵

借此机会，我也想对当年高三语文教研组的

老师们表达感谢。高二升高三的暑假对学生而言无疑是至关重要的两个月，但在应有的文言文与写作训练之余，老师们还给全体新高三学生布置了阅读任务，每个学生都需要在短书单与长书单中各选一本，做读书笔记。短书单是茨威格的《昨日的世界》与《人类群星闪耀时》，我选读了前者；长书单则包括了十余本人文社科类书籍，我从中选取了《身份与暴力》一书。多年过去，尤其是在踏上社会有了更多经历之后，我对这些书中提到的观点有了更深刻的体悟。书中精妙的语句，尤其是茨威格的文笔，总能给我带来美学上的享受；在感到彷徨时，脑海中来自这些书本的"吉光片羽"仍能在我心里引起共鸣，给我带来精神上的力量。当时高三"地政班"教授语文的唐明冰老师还会为我们"补课"，为了提升我们的思辨能力，他额外为我们阐释了不少哲学上的术语。遗憾的是，当年的我更多的是为了完成学习任务而囫囵吞枣，对很多问题都一知半解，用金庸的话说，就是"那时候我还不明白"。

如果说人就是其过往全部经历的总和，那么在西南位育点点滴滴的学习生活就是我自身一个重要的组成部分，是属于我的精神财富。大学期间我曾担任过实习教师，如今从事的职业应当也可算在教育工作者的范畴之中。我常常会反思、审视自己与学生之间的沟通交流，期望自己也能像西南位育的老师们一样，在传授书本上的知识之余，还能为学生带来精神与心灵上的启发，即使我能提供的只是些微的帮助与温暖。

承天韵，2008—2015年就读于上海市西南位育中学，现任上海外国语大学东方语学院教学秘书。

在西位，生长出无限可能

傅紫泉

　　六月的一天，我在下班路上看见一群高中生模样的孩子吵吵闹闹地从我身边狭窄的街道挤过。纽约的六月不是很热，上班族们埋头赶路，游客们东张西望，这群高中生在熙熙攘攘的街道上异常显眼。"十几岁的时光真的只有一次啊"，我这么对自己感慨着。虽然自己也就二十多岁，对年长的人来说甚至还是在"青春"的范畴之中，但那段十一到十八岁飞逝的时光，却在我回忆中如此与众不同。

　　我常和朋友说，虽然人生的每个十年长度都是一样的，但残酷的是，它们的分量是不同的。十岁到二十岁这个十年，对我来说格外珍贵。它对我人生的改变和影响，已经深深地刻在了我的身上。

　　在进入西南位育读初中之前，我应该还算是个比较"乖"的孩子：听老师的话，不怎么闯祸，成绩还算可以，午餐饭盒里的食物基本能吃完，红领巾按照标准的方式穿戴，简历上的兴趣爱好是喜欢读书，长大的梦想是成为科学家。总之，我就像一张干干净净但也没有什么意思的白纸，等待着接下来七年的生活把我塑造成什么未知的模样。

　　七年之后的我从高中毕业，

▲ 傅紫泉

这张白纸被折叠过、被涂抹过、被书写过，变成了一种独特的、有趣的模样。我选择了直升，度过了一个不一般的快乐的初三；我参加过各种各样的社团、不计其数的校外比赛；我每天要打好几小时的篮球，到天黑还在操场；我下课会去办公室蹭空调和老师聊天，中午躲到图书馆里看书；我还有了学生会长的头衔，在紧张的学期中参加一个又一个学生活动；我也见证过西南位育24小时的每个小时，因为有些时候准备机器人竞赛要在学校里熬过一个个通宵。当然，我还在这个红房子里做过太多太多普通的和不普通的事情。当这一切结束回头看时，我才发现西位在我这张白纸上留下的痕迹，那也是我七年青春最感激的事情：自由、自在、快乐的成长环境。这种环境让我最后没有成为一个做题家，没有成为一个无趣的人，而是成为一个完整的、有生气的个体。它让我没有变成教育流水线的工业化产品，而是让我拥有了各种各样的兴趣，让我学会适应环境，让我能够在余下的人生中不断进步。

初三那年应该是我第一次切身体会到这种环境带来的不同。那时我选择了直升——直升班的生活里，中考成绩并不是一切。我们有每月一行到不同地方游学，有金秋晚会参加表演，有各种各样的校园活动，还和高中的学长学姐一起玩耍，提前加入学生会。这种自由的、压力又相对较小的成长环境让我们在那一年里学到了常规初三课堂里永远学不到的知识，也在我心中埋下了一个理念：校园生活不只有学习和考试，还有身边的人、快乐美好的回忆、舞台上的表演、操场上的汗水。这种理念带来的成长会在高中时更加放大，最终让我变成一个更完整的人。

高中的生活则更是多彩和自由。我觉得西位最与众不同的就是，我自己和身边的大部分同学，都处于青春的活力的生长状态之中。每张白纸都在被不断地上色、剪裁。高一时，我在排演舞台剧、参加英文辩论赛、做义工；高二时，我在管理学生会、参加机器人竞赛、创建自己的社团；高三时，我选择了出国读书，但还是有机会在运动会上挥洒汗水，为七年的师友和自己筹备毕业典礼。高中的三年，仿佛每一天都有一些变化，都有一些成长。回头看去时，高中生活并不是无聊的一天天机械式的重复，而是真正能让我感激和怀念的快乐回忆。

毕业之后，我也认识了许多朋友，他们也有对自己中学时代的美好回忆，但是西位是独特的，它是一所能把学生变得可塑性极强的学校。我的每个同学都散发着无限的可能性，当我们离开西位的时候，这种饱满的可能性便去浇筑了一个个五彩缤纷的人生。

七月，我趁着难得回国的机会，坐在西位对面的咖啡店里看着眼前的红房子写下这篇文章，顺便看看宜山路上走来走去的路人中会不会有熟悉的老师的面孔。中学时代的几位好友正在下班赶来相聚的路上，一片片回忆在我脑海里浮现着。我很感激西位提供了一片令人自由茁壮成长的土壤，让每个人都能在实现人生可能性的路上获得系统的支持、老师的指引、朋友的羁绊和数不清的美好青春回忆。

傅紫泉，2010—2017年就读于上海市西南位育中学，现任 System Inc 研发工程师。

继往开来
再筑华章

西位脉络

3

发展

人文立校
适位育人

陈 勇 谢 敏

上海市西南位育中学是一所创办于 1993 年的民办学校，考虑到民办学校的特点和社会需求，建校三十年来，学校无论从规模还是内涵上均适位发展，已成为 3 个校区、80 多个教学班（含高中国际课程部）、3500 余名师生的较大民办完中，荣获全国教育系统先进集体、全国优秀民办中小学称号，已初步形成一支好的队伍、一个好的管理模式、一个稳定的教育质量发展态势、一个被认同的特色项目群、一个较高的社会信誉，为"人文立校 适位育人"特色普通高中创建提供了较为坚实的基础。

一、寻源：特色缘由与基础

（一）对"西南位育"校名的诠释与提炼

"位育"校名源自儒家经典《中庸》中的一段话："喜怒哀乐之未发，谓之中。发而皆中节，谓之和。中也者，天下之大本也。和也者，天下之达道也。致中和，天地位焉，万物育焉。"这段话讲的是，当你在不受喜怒哀乐情绪影响的状态下时，可以对事物做出不偏不倚的判断，这就是"中"的状态；当你达到"中"的状态后，就会做出恰如其分的行为，也就是"和"；如果我们达到"中"的状态，做出"和"的行为，那么万事万物就会各安其位，得以生长化育。"中和位育"这一中华优秀传统文化，作为我校的根本办学理念之一，在"致中和"指导下，根据"天地位焉"的准则，达到"万物育焉"的目的。

（二）对"成长自觉"办学亮点的凝练与升华

2005 年，作为首批转制民办学校，学校在进一步深化发展中，鉴于对"学生之间的个性、智能和潜能的千差万别和帮助学生解放心智、释放潜能，寻找每个学生最适合发展通道是教育的核心任务"的认知，也基于对民办学校生存发展法则与具体校情的充分考量，明确把"凝练中和位育学校文化，激发每个学生成长自觉"作为我校最大的办学优势与亮点。

如果以"激发每个学生成长自觉"作为办学特色定位，则虽传承学校办学传统，也符合社会发展需要，但未明确提出实现这一目标的育人实践。而特色高中创建既需要明确目标，也需要育人实践，并以此实践为契机，实现特定目标。"人文立校"追溯以"中和"办学理念为核心的学校发展内生动力，"适位育人"寻求面向全体而让学生各得其所，探索精细化和针对性的育人路径，服务于民办学校的生存发展需要。通过凝练与探索，我们提出特色高中建设项目为："人文立校　适位育人"。

（三）对已有"人文立校"成果的有效物质转化

先后编印、出版《我的办学理念与探索》《激发成长自觉——"中和位育"引领的求索之路》《中和育人——浸润中华优秀传统文化的德育探索》《位而善育——学校党建工作的理念创新与实践变革》《沐浴新时代的阳光——中小学生红色基因培养模式探索》《追求完美　力求发展——庄中文办学思想文集》《中和位育——西南位育中学建校二十周年德育工作探析》《西南位育人的成长轨迹》与《五常新说》九本书，共同营造强大的"中和位育"文化物质积累。

二、续源：特色定位与管理

（一）特色内涵与定位

1. "人文立校"内涵界定与解析

"人文立校"就是以"中和"学校文化为内核的人文素养培育，成就学校可持续性高位运行发展。

（1）蕴蓄"中和"理念的人文素养

学校以"中和"理念引领，探索人文素养培育，促进学校内涵式发展。人文素养的核心——中正的人文精神，中正是治国治人的精神所在，中正立身就是摆正自己，存心良善，正心诚意；人文素养的基础——综合的人文知识，以课程为载体的丰富的文理兼备的人文知识输入，是一个人优良知识结构必需之要素，是全面发展的必备条件；人文素养的外显——适度的人文行为，人文行为是人文知识和人文精神的外在表征，表现为契合自身特质的具有全面素质的适当行为。

（2）蕴积"立校"本源的五立并举

聚焦"人文"与"立校"的内在关联，从人文精神、人文知识与人文行为中，衍射出交叉立体的"五立并举"的"立生"，探索"立校"内在根源。立帜，即高扬爱国旗帜，传承红色基因；立志，即立下志愿，树定志向；立智，即丰富知识，智慧通达；立致，即畅快交流，高质沟通；立治，即自主管理，言行文明。

中：同一事物中讲究恰当平衡
和：不同事物间力求包容和谐

▲ 西南位育中学特色内涵与定位

2. "适位育人"内涵界定与剖析

（1）蕴涵"适位"发展的教育追求

"适位育人"是从"中和位育"文化演化而成的独具我校特色的育人实践，旨在帮助学生摆正位置，学会准确定位，不断优化目标，激发潜在能量，从"本位""方位""适位"三个维度，努力把学生纳入适切性、主动性、自主性成长轨道，实现内生性发展的良性态势。

① "五育"融合是本位

培养德智体美劳全面发展的社会主义建设者和接班人是学校教育的根本任务，故"五育"融合是"适位育人"的本位。人的成长发展，不仅是"全面发展"，更是"融合发展"。如果将"五育"视为教育的五种"可能"，每一种教育教学行为，都可能对人的生命成长产生综合影响，产生融合效应。"五育"融合不是德育、智育、体育、美育、劳育的简单拼凑、整合，而是实现"五育"之间的有机综合渗透，即"你中有我，我中有你"，其彰显了一种独特且重要的融合型的"育人实践"。

学校探索将课程、教学与实践活动作为"五育融合"日常化的基本路径，让"五育融合"进学科、进课程、进教学、进活动，实现"学科化""课程化""教学化""活动化"，进而走向"体系化"。

② 人文厚植是方位

建校以来，学校始终坚守人文立校、人文强校之校道。全方位厚植"中和"学校理念文化的人文素养培育，汇聚形成中正的人文精神、综合的人文知识与适度的人文行为，以立帜、立志、立智、立致与立治为核心的"五立并举"，聚力培养现代人、健康人、文明人、社会人与智慧人。

学校以国家课程为基，探究中和书院课程群，打造富含人文底蕴的"中和位育型"教师队伍，将人文精神、人文知识全面渗透于人文学科与自然学科之中；充分建构校内外资源合作拓展机制，为"人文立校"奠定坚实基础。

③ 成长自觉是适位

"适位"，究其本质而言，就是每个学生个体，与合理的、最优化的发展目标的对接；是人的禀赋多样性、差异性，与给予每个学生未来平凡而幸福人生的对接；是学校主动作为和学生自主进取，与创造"做最好的自己"的成长自觉最佳发展境界的对接。

为此，要把握三个关键点。第一，要引导学生抓住成长的突破口。青少年成长过程中，往往有一个突破口，一个成功惊喜，一次亮相展示，一次错误与挫折，一次教师对其默默实干、一题多解、乐于助人的意外表彰，都可能成为其成长爆发点，可能对其产生非常深远的影响。第二，要重视渐进积累的巨大力量。量变积累总会向质变转化，教师一定要关注和尊重能默默坚守的学生，弘扬贵于践行的正气。第三，牢牢把握扬长激励这条育人红线，聚焦于唤醒自觉意识，激发内生性的发展动力，力求思想自觉与行为自觉的统一，实现学生的全面发展。

（2）蕴藏"五个一"的育人目标

以"五立并举"对接学校"五个一"的学生培养目标，为每个学生努力打好"身心健康、终生学习和走向社会"的基础。"五个一"即一个打上民族底色和国际视野的现代人，一个养成健身习惯和乐观自信的健康人，一个拥有高雅气质和诚信坚毅的文明人，一个善于交流合作和仁爱笃行的社会人，一个培育志趣乐学和质疑求索的智慧人。

3. "人文立校 适位育人"的西位式追求

学校办学目标：建设品位高雅、人文厚植、特色鲜明的卓越品牌完中。

品位高雅：意味着品质高尚、品行高洁、格调优雅、形象雅致。

人文厚植：坚守人文立校、人文强校之校道。学校发展以"中和"文化引领，育德育人以人文熏陶，学校治理以人文之治。

特色鲜明：坚持"特色兴校、特色强校"之校策。

卓越品牌：体现着品质一流。具体表现在"精、优、特"三个字上。

完中：建设一所努力发挥自身完中优势、形成高初中衔接与联动机制、充分体现高初中一体化战略考量的完全中学。

（二）组织管理网络

1. 上下联动：特色接入的队伍鼎新

（1）组建领导小组

成立校长为组长、校级领导为成员的领导小组，负责规划制定、决策与督查；成立由分管副校长为组长，学生发展处主任、教导处主任、课程开发部主任、科研室主任与总务主任为成员的工作组，负责具体落实、处理问题、检查反馈；成立国家课程教研组和"中和书院课程群"备课组，负责课程开发、实施与评价；成立科研室领衔的科研员教师队伍进行课题研究。

（2）强化课程开发部与科研室

学校坚持以教育科研引领特色学校建设，强化由区学科带头人、高级教师担任部门主任的课程开发部和科研室两个关键部门，开展了多项支撑特色建设的课程开发与课题研究。特色高中申报以来，学校课程和科研工作均实现了历史性突破。比如，2022年1月，学校"AI基础与进阶"课程荣获首届"上海市科创教育优质课程"称号；2022年9月，课题《30年的接续：中华优秀传统文化的中学德育创新实践研究》荣获上海市基础教育优秀教学成果二等奖；开展区课题《指向人文素养提升的"中和位育型"教师队伍建设的实践研究》，研究在特色课程构建中如何进行教师队伍培养。

（3）完善多元师资队伍

特色课程队伍建设：一是根据教师一专多能的发展需求，进行针对性研修，进一步拓展并提升特色课程教师的专业素养；二是建设一支由大院大所大学组成的共建单位，全面提升队伍专业水平；三是充分利用家校资源，邀请家长榜样进校园，引进复旦、交大等国内外著名高校在校或毕业校友兼职上课，扩大特色课程教师队伍。

2. 纵横推进：特色嵌入的制度维新

（1）优化"五年规划"

在 2020 年确定申报特色高中后，适时召开教代会，并就《上海市西南位育中学五年发展规划（2018—2023）》进行补充完善，将创建特色高中的发展目标纳入学校发展规划。2020 年制定了《上海市西南位育中学"人文立校　适位育人"特色高中创建规划》。

（2）健全关联制度

完善《上海市西南位育中学管理制度手册》，规范学校各项工作流程；制定《上海市西南位育中学特色课程教师奖励条例——中和位育奖教金评选办法》，保障和激励教师在特色创建中的贡献；制定《上海市西南位育中学综合素质评价方案——"美丽指数"评价细则》《上海市西南位育中学特色课程学分管理办法》，规划制定《上海市西南位育中学特色课程评价方案》，力求科学评价学生综合素质。

3. 协同管理：特色注入的机制运行

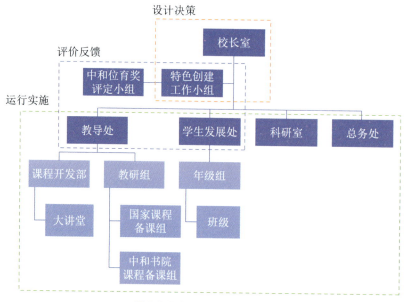

▲ 西南位育中学特色项目机制运行

三、固源：特色创建思路与举措

学校以"人文立校"为统领，探索激发学生成长自觉的"适位育人"路径，以特色课程、教师培养与资源利用"一体两翼"模式，为特色创建保驾护航。

（一）打造课程生态——"适位成长型"学生课程建构

我们希望开设的每一门课程，都能从某一个角度促进学生有价值的成长，让每一门课程都成为学生有意义的成长通道。让学生不同时段选修的不同课程，都成为影响其成长历程的一连串有意义的事件。所以我们紧密围绕"人文立校　适位育人"特色，整体谋划课程实施，跳出单一课程的孤立视角，树德、增智、强体、育美、培劳一体化，以"国家课程＋校本课程"联动模式，有效促进国家"新课程新教材"全面实施，直击全面发展育人内核。

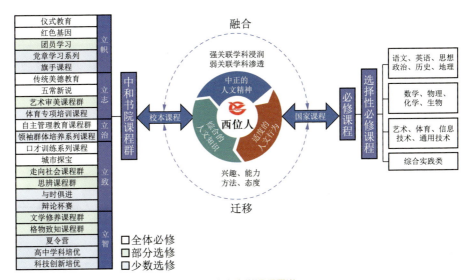

▲ 西南位育中学课程图谱

1. 以国家课程为基石，沁入人文素养特色

（1）围绕必修课程，分类探索人文培育实效

以"中和"文化为核心的人文素养培育，既浸润在以语文、英语、政治、历史、地理、艺术等为载体的人文强关联学科之中，也渗透在数学、物理、化学、生物等自然学科之中，即弱关联学科。以学科核心素养为重点，寻求学科核心素养与人文素养的有机性融合，在强关联学科与弱关联学科中分别做到差异性浸染熏陶。

（2）萦绕选择性必修课程，人人都要"做研究"

以选择性必修课程为基础，学校课程开发部研发辐射全体学生的"我要做研究"主题课程，变"要我做"为"我要做"。学生结合知识储备、兴趣爱好、职业规划等因素，以个人或团队模式进行课题研究探索，学校每一名教师均可由其主动选择并成为其指导教师，历时两年，将课题设想转变为课题成果，将理论知识化为科学实践。

▲ 课程研究全过程

（3）环绕综合实践课程，构建九大"主题月"

综合实践课程是从学生的真实生活和发展需要出发，从生活情境中发现问题，转化为活动主题，通过探究、服务、制作、体验等方式，培养学生综合素质的跨学科实践性课程。学校把握这一课程特质，营造学校"微型社会"氛围与走出校园"大社会"风气相结合的九大"主题月"活动，引导学生

▲ 九大"主题月"架构

运用人文知识分析解决实际问题，使人文知识在综合实践中得到延伸、综合、提升。

2. 以校本课程为拓展，沁透"五立并举"特性

（1）五立分类，开拓专项课程

充分借助家校社丰富资源，针对全体学生、部分学生和少部分学生成长自觉需要，围绕"五立并举"进行分类课程设计，学校聚力打造涵盖社团、选修、主题教学、城市探宝、课外讲堂与联赛冲浪等多样化的"中和书院"课程群，下设23个子课程群，子课程群下设68个子课程。发挥民办中学特色，给予学生充分选择权，在多样课程实践中获得成功体验与个人发展自信。

（2）五立交融，开辟综合讲堂

结合国家课程的人文强关联学科构建人文大讲堂，结合人文弱关联学科组建科学大讲堂，两大讲堂聚焦"五立融合"，开展系列专题讲座活动，打破专项校本课程的分类设定。此外，两大讲堂也与教导处、课程研发部合作，开展契合国家课程学科核心素养、校本课程人文素养目标的，满足学生多元需要的关联性合作讲座，全方位保证课程实效。

3. 以国家课程与校本课程融通，沁润成长自觉迁移

针对全体学生、部分学生、少部分学生的分层"中和书院"课程群实施，是基于学生兴趣发展的广阔平台搭建，是基于爱好发展的选修课程研发，是基于特长发展的培优体系构建，并以此作为校本课程与国家课程的连接点和突破口，竭力实现校本课程学习兴趣、能力、方法与态度向国家课程的有效迁移，为国家课程学习提供坚实保障。学校亦基于学情分层次、差异性推进必修、选择性必修、选修三类课程，并基于学生多样化发展需求，开设"6选3"的全部课程选择模式，全面高效推进"新课程新教材"校本化实施，遵循教育规律和学生成长规律，把科学的质量观落实到教育教学全过程。扎实的国家课程推进，也成为与其紧密对接的"中和书院"校本课程网的有力助推器。凭借校本课程与国家课程通力协

作，学校全力打牢学生成长的共同基础，满足学生不同学习需要，着力发展核心素养，激发学生成长自觉，最终实现全面发展育人目标。

4. 以学科核心素养为载体，形成多元化教学模式

教材是课程实施的主要载体，学校基于必修、选择性必修、选修三类国家课程，围绕学科核心素养，开展以教研组、备课组为核心的校本化建设，实施二次开发，进行学科统整研究。

（1）研究基于学情的差异性教学

瞄准我校不同层次学生的学习需求，确保基于单元教学背景下的基本要求（教学中一定要落实的要求）、较高要求（对基础较好的学生或班级的要求）、能力要求（供优秀学生思考），以及对每节课教学内容的重点、难点的把握真正落到实处。组织各科教师编制"双新背景下学案及分层作业"，使之成为既紧扣国家课程标准，又符合我校实情，更便于不同基础学生使用的学习资料。2020年，基于数字化转型项目在全校范围内推广"极课大数据平台"，实现全学科作业极速反馈、分析与过程性记录，进一步提升针对差异的个别化辅导和跟踪质效，促进师生沟通，体现人文关怀。

（2）探索基于学程的有效性教学

贯穿学习全过程，进一步聚焦对"三课、三题、三步曲"的研究，依托备课组专题听评课常规，加强对不同课型的专题研训，开展研讨、总结、提炼和案例撰写，沉淀可借鉴、可推广的教学设计研究与经验总结文案。开展跨学段、跨年级联合教研活动，推进"三题"适切性、层次性和有效性研究，加强考试命题研究，组建学科专业命题队伍。基于学习科学加强学法指导，充分发扬"近小实亲"教风，充分重视批语与面批，关注不同层次学生适位发展。

（3）探求基于教材的多样性教学

新课程理念下，教材更具开放性，"同课异构"要求教师精心研究教材，潜心钻研教法与学法，为国家课程研讨提供很好的研究平台。学校每学期定期开展各类不同层次的"同课异构"互听互评、交流课公开课展示、点对点的专题听课和以赛促教的青年教师"晓荷杯"教学大赛，开课教师面向全体教师打开课

▲ 教师（教学）多级发展平台

堂，全面深化学科内与跨学科交流，不同教学策略与迥异教学风格产生的不同教学效果，更利于教师深入理解教材，切实提高教学质量。

（二）缔造教师培养形态——"中和位育型"教师队伍创建

在"中和位育"文化引领下，以自我革新、团队护航、区域辐射三维视角打造思想自觉与能力并举的"中和位育型"教师队伍。

1. 教师自我革新——由"教"向"导"的课堂教学蜕变

聚焦九本"宝典"的教师人文素养培训与自主输入，在国家强弱关联学科中挖掘人文知识，根据互为主体间性，深化变教师为导师、变讲台为舞台、变解疑为激疑的"三变"课堂文化建设，把导师学友型教学模式落细落实。导师之"导"，区别于教师之"教"，重在关键问题的"发现"：师生面对知识能力困境，共商其产生的来龙去脉，筛查出主要的问题和矛盾的关键，学生重在问题症结之主动"梳理"，教师重在问题解决方向的"指引"，用这种"导"的方式变"解疑"为"激疑"，让人文知识、人文精神从教师输入，转为学生自主输出，最终真正提升学生解决学习中各类乃至一切疑惑的能力，外显为适当的人文行为，实现全面发展。

学校聚力培养导师学友型教师，即人文素养深蕴、学科功底深厚、思维理性强、经常提出问题并敢于开展论证坚持观点的教师，通过面上推进与骨干先行、交流示范与总结提炼相结合的方式，通过教学实践不断积淀，推进具有西位个性

的课堂文化建设，让三尺讲台、四方课堂成为西位教师培育学科核心素养、人文素养与创新能力的主阵地。

2. "三组"团队护航——由"分"到"合"的教师队伍建设

学校以教研组、年级组、备课组的"三组"建设为依托，为导师学友型教师培养发展保驾护航。面向课堂，优化教学管理，深化教研内涵，提升学研修质效，把教研组打造成人文素养培育学研修的共同体，把年级组打造成强弱关联学科人文素养培育交融合作、扶持、分享、交流的大家庭，把备课组打造成名实相符学科核心素养与人文素养精细化探索的新老携手、共享资源的合作社。

坚持扁平化管理思路，重点强化面向一线的三组建设。高质量的三组建设首先仰仗于优秀的"两长"与备课组长队伍。学校党政着力对两长队伍培训常态化，把锤炼"两长"和培育骨干队伍作为关系全面的大事一抓到底。"中和位育型"教师队伍构建，首先必须要让三组带头人形成与西南位育共命运的归属感，有了这条就有可能使这支队伍不断迸发无穷激情与智慧。坚持每一学期年级组、教研组的全方位人文素养培育成果的总结、交流、评选与表彰，既是分享与互动，又是激励与互促。教导处、政教处从中提炼、推广一线新鲜经验，并以不断微调与创新，实现总结交流常抓常新。

3. 区域资源辐射——由"外"而"内"的教科研中坚锻造

作为学区化、集团化主任单位，充分借助市、区各类专家与优质教师资源，把队伍难题转化为发展课题，参与组建并整合骨干研究团队，从而锻炼队伍、砥砺骨干，为学校培育一批教科研中坚力量。

创新性确立并借助"骨干助飞计划"为主题的"跨校结队"带教模式，将"分散资源"化为"共享资源"，集中学区、集团内各校优势，扩大优质教育的输入性辐射，为学校人文素养培育奠定扎实的科研队伍。以学区、集团各校的区拔尖人才与学科带头人为主体，组建导师团队，实行异校带教，全面培养管理、德育、学科等骨干教师。学校以"骨干助飞计划"为载体，成立各学科的骨干徒弟团队，使中青年教师得以配备学区集团内最优秀的导师，通过理论学习、问题研讨、交流展示等学习型合作带教模式，锻造推动学校高质量发展的中坚力量。

（三）锻造资源利用生态——"西位型"多元共建模式生成

学校充分挖掘并利用家校社资源，构建以"姐妹校共建、大学大院大所联动、家长校友同盟"为主体的"三管齐下"校外资源利用机制。

1. 姐妹校共建，展示教改"国际国内范"

深入探索国际国内跨校际间的教师与同伴共育机制，现已与涵盖美国、澳大利亚、芬兰等6个国家的8所中学，以及北京、江苏、上海、澳门等近40余所中学建立相关合作项目。聚焦人文、课程、活动的深层次交流，以开阔的平台打开校本课程开发与实践的有效性与渗透性；以开阔的视野和格局，探究国家课程实施的国际国内可借鉴思路，最终助推学生成为一个打上民族底色和国际视野的现代人，为学生全面发展奠基。

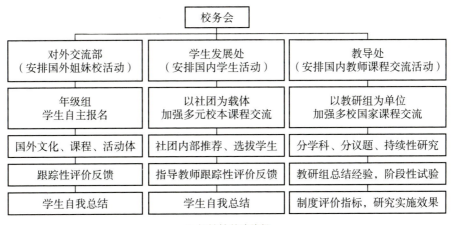

▲ 姐妹校共建路径

2. 大学大院大所联动，展现师生发展"专业范"

进一步对接大学大院大所，以课程为载体，促进教师专业发展；以课题研究为契机，促进学生专业成长。学校先后建立与华东师范大学、上海师范大学等高校对接的各学科教师研修基地，聚焦中高考改革的专门性教育教学研修，让西位教师参与高校教师教研团队相关课题研究，切实提高教师国家新课程教学专业功底。搭建与上海交通大学、复旦大学、上海财经大学等高校，中国科学院、上海社科院等大院大所对接的学生未来专业发展的课题联动，借

▲ 大学大院大所联动路径

助大学大院大所的人文、科技力量，为学生创新驱动发展提供实验室、专业设备与指导等有力物质支撑，确保多样性专业化输入，为学生内生性成长提供最有力支撑。

3. 家长校友联盟，呈现职业规划"个人范"

充分利用家校资源，寻求学校文化建设与家庭文化育人的融合点，组建家长校友联盟，构建覆盖多专业领域的家长校友职业课堂，充分实现分层递进式同伴共育与家长教育。发挥完全中学优势，从预初至高三构建七年一贯制的职业发展规划体系，为每个学生打造属于自己的专业发展方向，系列化开展家长榜样进校园、校友榜样进校园活动，配合"跟着爸妈去上班""跟着学长去大学"实践活动，以理论与实践相结合模式，帮助学生明确职业发展规划。

▲ 家长校友联盟路径

四、富源：特色创建成效与收获

推进特色创建工作以来，助力学生掌握丰富的人文知识，跨越学科界限、融会贯通，外显为适度、包容的人文行为，内化涵养中正的人文精神；提升分析与交流能力，明确发展方向，提升学业成绩，实现全面发展。教师转变了教学观念，提升了课程开发与实践能力。学校文化进一步凝练，提升办学品位，开创特色办学的新局面。

（一）学生人文素养"立体式"发展

1. 人文项目成果丰富

在市级社科类课题研究项目获奖方面，西位学子在"进馆有益"微课题实践大赛和"未来杯"上海市高中阶段学生课外活动竞赛中表现良好，成绩喜人。

在话剧展演方面，西南位育北山话剧社和英语话剧社，一直以来将作品目标定位在精品短剧上，由学生自编、自导、自演。将中学生对日常生活、历史事件等事物的想法倾注并表达在其间，将戏剧作为发声方式，向外界传递中学生的声音与思考。

在志愿服务基地方面，基于学生良好表现，中国福利会国际和平妇幼保健院、上海市第六人民医院、上海公安博物馆、上海城市规划馆、宋庆龄故居、徐汇艺术馆、上海图书馆等 16 家单位与我校签约，成为我校服务基地。

2. 综合素质得以提高

在尊重个体适位发展基础上，每年产生校级学生课题 100 余项，校级优秀课题进一步孵化，在科创大赛中保持高位的获奖数量。

3. 学业水平不断提升

得益于坚持特色建设促进全面质量提升，我校高中教学质量高位稳定，近三年高中学业水平考试合格率保持 100%，高考综评达线率保持在 86% 以上，位于全市实验性示范性高中前列。

（二）教师人文素养"动态式"提升

1. 教学素养整体提升

基于特色创建与国家课程实施相融合，学校轰轰烈烈开展教学研讨实践活动，立足"双新"背景提升"三题、三课"专项教学研讨品质，促进国家课程进一步高质量实施。

近三年来，开设市级公开课13节，区级公开课51节，发表及交流论文40余篇，承担市区级项目、课题16项。2020—2022学年开设区名师工作室2个，局学科带头人4人，区中青年骨干15人。

2. 课程建设队伍发展

结合特色课程开发，设立"课程开发部"统筹校本课程的规划与实施，在学校丰富的课程基础上，进一步调整内容、提升品质。开发了如"一带一路""我要做研究——学生课题指导"等主题教学模块，升级高中选修2.0版，规范发展"人文大讲堂"并开设"科学大讲堂"，开辟夏令营科考系列活动。从中也形成了一批课程开发教师队伍。2022年，"AI基础与进阶"课程荣获首届"上海市科创教育优质课程"称号；学校德育研究成果获市教学成果二等奖。

（三）学校人文立校"一体化"协同

1. 优化学校适位发展

近年来，学校连续获评上海市中小学行为规范示范校、上海市生态文化学校、上海市书香校园基地学校、上海市文明单位、上海市家庭教育示范校等多项荣誉。

2. 品牌项目市区辐射

高举立德树人旗帜、探索知行合一的德育论坛"德润田林"，已成为徐汇区重要品牌德育项目，荣获上海市"改革开放40周年上海思想政治工作创新成果品牌之卓越品牌"；主持区特级书记工作室，带领区内中小学党支部书记深入进行中小学生红色基因培养模式探索，形成市级影响成果；领衔上海市中小学德育管理干部"德育领导力"提升实训基地。

五、开源：特色创建未来发展思考

近两年的特色普通高中项目创建过程，倾注了学校管理团队的心智与汗水，凝聚了全体师生的热情与智慧。成为"人文立校　适位育人"的特色普通高中，是我们坚持不懈的目标，还需进一步优化和改进。

（一）纵深丰富特色课程内涵

进一步丰富"中和书院"课程群，拓展共建单位协作范围。厘清中和书院"五立"课程的内在逻辑联系，通过课程开发与更新完善板块构建，提升课程群饱满度和均衡度；对标"提升人文素养"的课程目标，进一步优化课程内容、教学形式和成果体现，使课程群实施成效凸显；在清晰的共建目标导向下，进一步聚焦共建单位性质，拓展共建单位数量，探索更多合作范围和形式。

（二）纵深发展迭代完善机制

特色高中建设是一项周期性、艰巨性项目，在自评与复评、指导与重塑中得以科学实践，需探索建立一套促进特色建设品质不断提升的迭代与完善机制。进一步制定《上海市西南位育中学人文素养细化方案（人文学科）》《上海市西南位育中学人文素养细化方案（自然学科）》《上海市西南位育中学特色课程视导制度》《上海市西南位育中学课题研究完善制度》等。以动态制度机制完善对接高质量特色高中创建。

（三）纵深推进评价指标体系

构建系统的特色教师、学生与课程培养评价指标体系，以实证研究对标特色创建实现。教师评价层面，探索并形成"西南位育中学教师师德师能荣誉积分制度"，结合"理想信念、道德情操、扎实学识、仁爱之心"的"四有"维度，将师德师能量化为基本分项（师德基本要求）、加分项（师德师能提升要求）和警示项（师德红色警戒要求），以学期为单位进行科学评价，并将师德师能荣誉积分与教师评优评先、职称评定等方式挂钩以激励干劲，树立师德师能模范典型；学生评价层面，基于国家课程与特色课程深度融合，实施"美丽指数"量化学分管理，进一步科学细化指数细则，设立"优、优下、良、良下、合格、不合格"六档标准，同时设立"西位奖学金"，鼓励有能力的学生获得最佳美丽指数。课程评价层面，根据课程特点，制定特色课程学习过程性、阶段性、成果性评价表，根据学生能力，兼顾普及、提高与创新三个梯度要求。

（四）纵深整合硬件资源设施

进一步整合现有硬件资源，搭建契合学校特色创建的配套硬件设施。在特色创建主题下，对校园整体环境采取专项设计、统一规划，重点提升"墙面叙事功能"，凸显人文立校特色，体现浓郁创建氛围；配合特色课程，打造专用教室，尽可能实现综合性、多样化功能，通过整体提升环境品位和硬件设施，提升特色课程实施质效。

矢志不渝、笃行不怠，我们将更深入地推进特色普通高中项目建设，让"中和位育"更具有可持续发展的生命力。

强校工程背景下推进实验校建设的有效模式探究

金 琪

一、科学启航：共同体视域下"三元制"内生机制构建

"三元制"，是基于两校发展的顶层设计、愿景构筑、精神唤醒、理念更新，促进内生动力生成的内生机制。"三元"指形成以队伍为核心、制度为保障、课程

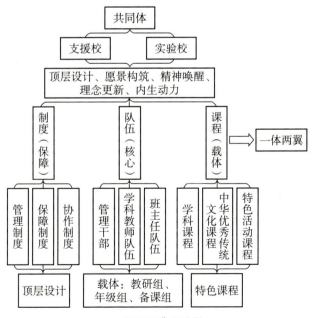

▲ "三元制"结构图

为载体的"一体两翼"科学机制，包括针对实验校管理队伍、教师队伍、学生队伍开展三大专项计划，形成强校建设传动支撑的核心；针对政府、实验校、支援校三大主题开展三层制度建构，保障强校建设的动力源泉；建强三大主题课程，形成强校建设的中枢载体。

二、精准施策："三元制"实践模式建构

（一）实施三大专项计划，探索强校建设的工作关键

1. 实施"牵手计划"，夯实教师队伍建设的基础工程

"牵手计划"是根据实验校新任、成熟与品牌教师的具体问题，针对性设计方案，最终目标是让实验校100%的教师接受听课诊断，100%的教师参与育德工作，100%的教师参与校本课程开发或课题研究，100%的教师参与跨校联合教研。

（1）面向新任教师开展专门规划、专人带教与专家辅导

依托区级强校工程专家的力量，支援校带动实验校积极制定教师队伍建设序列计划，通过专家讲座、专题讲座和教学展示研讨活动，把教师特别是青年教师培训工作分层次、有计划形成上下互动序列，全面全方位进行岗位能力实训。历时四年，实验校已有30位青年教师受益（全校教职工共65人），7位青年教师评上一级教师职称，9位教师获区骏马奖、园丁奖等荣誉，3位教师参与区级以上课题申报，两位教师在市区强校工程、教师队伍建设经验交流会上发言，7位教师参与区空中课堂课程录制，两位教师通过选拔走上了校级领导岗位。

（2）面向成熟教师开展全面听课、诊断与指导

加强教学骨干队伍建设，由支援校带动实验校推进骨干教师"'三个五'培养工

▲ "牵手计划"

程"，鼓励成熟期教师根据自身特点与学校需求，确立适合自己的不同发展方向。鼓励通过课堂探究、教材整合、教育科研、骨干培训等平台，广搭舞台，借力专家，拓宽发展空间，推动人才脱颖而出，优化教师团队的骨干力量与中坚力量。四年中，实验校 12 位成熟教师受益，其中 7 位作为区空中课堂课程录制组专家参与录制审阅把关，区级骨干 2 人，有 3 位老师获得高级教师职称。

（3）面向品牌教师开展聚焦课程、课题与风格培养

为加强实验校教师队伍建设、夯实教学基础、突出学科专业性，"三元制"实践模式面向有突出特色的教师，通过"三聚焦"（聚焦一门校本课程开发、聚焦一项教学课题研究、聚焦个人教育风格形成）举措来打造品牌教师，区级学科带头人增加了 2 人，市、区级名师工作室成员增加了 3 人，市区学科中心组成员增加了 2 人。

2. 实施"影子计划"，建强实验校教育教学管理的关键工程

"影子计划"是指两校通过联合教研、联体研修、联动科研等方式，多渠道提升实验校的管理水平和教师的教学研究能力，最终目标是让实验校 100% 的基础型课程有校本化实施框架，100% 的拓展型课程有规范实施大纲，100% 的探究型

▲ 田虹学区紧密型学区化工作推进暨学区教师交流轮岗工作启动仪式

课程产生学生获奖成果，100% 的学科课程建立命题作业考试标准化科学流程。

（1）互派干部，"沉浸式"育才

在强校建设中，"三元制"实践模式始终重视管理理念、管理方式方法的借鉴和探索。为此，支援校先后有书记、校长、教研组长、主干课程的骨干教师等各类干部共计 8 人到实验校进行阶段性指导。同时，组织 7 名干部开展小项目研究，将在教学管理实践中发现的问题变为常规教研管理的小课题和主要内容，改变目前教研活动重工作布置、轻教学研究的现状。

（2）柔性流动，"一体化"育师

任课教师的相互交流、集体备课、资源共享，是"影子计划"中的关键环节。通过教师的柔性流动，实现两校真正意义上的"血脉相通"、无缝对接。制定《两校教师双向流动实施办法》，共计 14 位教师参与流动，涵盖语文、数学、英语等主要学科，柔性流动教师以问题为导向，做到双向流动"三必须"（必须深入课堂教学，必须参与年级组、教研组、备课组活动，必须推进教师专业发展）渗透性学习。

（3）联合教研，"协同性"研修

"三元制"实践模式注重加强实验校年级组、教研组、备课组的三组建设，转

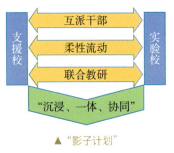

▲ "影子计划"

变教研组长工作思路，注重教研组内涵发展，加强教研修质量，做到定点、定时、定主题，通过教研活动、校本培训、支援校联合研修等多种途径，开展深入的、有主题的、有系列的专题教学研究 95 次。强校工程实施以来，支援校与实验校的教研活动蓬勃开展，每周、每月、每季度都有相应调研活动的开展，现已有 208 次调研，通过联合"走出去"，学习消化融合后的"引进来"，实现了两校的共同进步。

3. 实施"支援校 + 课堂"计划，推进学生学业水平建设的靶向工程

"支援校 + 课堂"计划以"实验校学生实践——社区问题解决方案的实施计划"为抓手，以"中考改革背景下以'三小'模式提高初中学生社会实践活动有效性的探索与实践"市级课题申报为契机，加强实验校校本课程和校重点项目建设，聚焦学生创新精神和实践能力培养。"支援校 + 课堂"计划的目标是让实验校100% 的学生有支援校的教育体验，100% 的学生有各种获奖的成功体验，100% 的学生有生涯教育的经历体验，100% 的学生有社区志愿者服务的实践体验。

（1）开展支援校"四个一"体验活动

组织实验校每一位学生，到支援校做一天学生、听一次课、参加一次节庆活动、参加一次比赛 / 课题，共计 2000 人次学生受益。通过全员参与体验支援校的课程资源、师资条件和活动空间等，为两校学生营造共生、共振、共鸣、共赢的双向学习环境，让学生在活动中体验自我管理和自我教育。

（2）立体化建好三类特色课程

提供"适合学生的教育"就是要建设出"适合学生的课程"，构建适合学生发展的学校课程体系。一是坚持"以人为本"的基本理念，建强主干课程体系。二是以校情深度分析为基点，构建辅助课程体系。三是以要素有机整合为主体，优化活动课程体系的链条。

（3）引入职业生涯教育特色课程

针对实验校 80% 外地生源且主要进入中职学校学习的特点，立足学生实际情况和发展意愿，适时引入职业生涯教育，体验职校课程。合理引导适当外地生源毕业后进入中职，明确学习目标和方向，有效增强学生的职业发展综合素养。实验校专门制定"实验校——中职学校实践体验课程简要方案"，针对七八年级非上海市户籍学生中成绩比较优良，家庭期望能够于毕业后继续在上海求学的学生，提前提供职业学校的优质专业课程体验，让学生对未来升学道路有所明确思考。

（二）开发三类特色课程，探索强校建设的系统中枢

1. 主干课程，打牢学生知识能力结构的基础

（1）打造主干精品课程

借助专家引领，联合教研团队具体实施，深研课标、明确目标、提高实效、保证质量、发展学科素养、打造精品课程。一方面，强化课程内容多样性；另一方面，强调核心素养落实多样性，整合推进，互为融通，实现主干课程与核心素养的全面落地。通过实验校与支援校的融合探索，主干课程关注教育者与受教育者的双向互动作用，重视教学方法、教学手段、教学理念的改革与创新。

（2）推进基础型课程校本化

"三元制"实践模式落实"标准—单元—课时"的教师教学理解与教学设计能力的发展框架。依托市、区两级学科教学指南，支援校与实验校教师协力共进，合理确定学生学习发展分级目标，合理解读与选择教材单元学习内容，合理确定课型与设计及有效学习的活动与评价，形成校本学科教学手册与课堂教学范式。

（3）建设校本"三题"题库

做好课堂例题、作业习题、考试考题的三题配套建设。"三元制"实践模式针对课时教学重难点内容，开展学案课堂教学，运用学案帮助实验校学生完成课堂教学任务。作业习题做到有巩固、有分层、有提高，题题精准、题题有效；考试考题做到帮助实验校学生复现与梳理单元学习核心内容，发现盲点与学习薄弱之处，做好知识的融会贯通与综合运用。这一举措，也为支援校丰富了题库。

2. 辅助课程，引领学生综合素养的全面提升

"三元制"实践模式通过资源共享，构建科技类、运动类、艺术类三大领域的实验校校本辅助课程体系。

第一，发挥学校团队作用，开展丰富多彩、陶冶情操、责任担当、培养能力的团队活动，让学生在活动中体验自我管理、自我教育。第二，适应中考改革，

借助支援校、校外机构等资源，组织辅导学生参与实践体验活动。通过集中培训、小组讨论、交流分享，不断提高学生课外实践的综合能力。第三，积累学生实践经验，鼓励师生积极申报相关德育实践研究课题，探讨提高适合初中学生社会实践的有效性。第四，搭建八大展示平台，鼓励学生自主参与，发挥各自潜能与特长，学会合作，追求最佳表现，200人次在活动中获得发展。

3. 活动课程，找准校本特色育人的目标定位

"三元制"实践模式下的活动课程设计强调突出学校特色，结合支援校和实验校的实际情况，开发一系列实验校校本活动课程，让学生对学校的归属感愈加强烈，这也成为实验校校园文化建设的重要组成部分。例如专项开展学生行为习惯，养成系列活动课程。第一，组织新生入学教育，通过讲解校史，教唱校歌，明确校规班约，引导学生遵守校园规范；政教处定期反馈学生行规，重点抓好六年级新生的养成教育。第二，加强校风督查队、值周班和早操学生检查队伍的管理及学生干部培训，注重学生自我教育，强化学生自主能力的培养，增强学生自主管理的能力。第三，视导年级组工作，通过"听、查、看、谈、结"环节，找到各年级学生行为规范存在的突出问题，提出教育对策和解决办法，为学生行为规范的养成、巩固助力。第四，关注重点学生，对不能持续遵守行为规范的学生，在点上着力，形成有序的班级、年级、政教处与家长携手育人的工作机制。

（三）建立健全机制保障，厘清强校建设的顶层设计

1. 组建工作领导小组体制

实验校要依托支援校的优质领导资源输出，联合组建工作领导小组，负责总体规划设计与配套政策制定，统筹推进强校工程改革工作，与支援校协商确定工作项目内容，明晰项目目标任务，细化工作措施，理清时间表和线路图，采取有效措施方法，确保强校建设各工作项目取得实效。

2. 积极构建学生综合素质评价机制

结合中招中考的政策要求，依托区域实施初中学生综合素质评价基地学校的政策红利，实验校积极探索建构学生综合素质评价机制，积极邀请相关德育和学科专家深入学校指导，广泛开展综合实践活动，为实验校不同需求的学生提供可选择的综合学习资源。实验校学生综合素质评价机制突出社会考察、探究学习、职业体验等综合实践活动记录，加强学生的社会责任感，培养学生的创新精神和实践能力。

3. 建立健全教育科研协同机制

实验校探索主动开展创新性教学和研究，在规范中求创新，在创新中求突破，积极向教育行政部门申请学校成为本区域教育科研基地校，依托区、校两级的联动教育科研模式，推进区域内优秀教科研成果在实验校的转化应用，探索总结强校工程中的优良经验和待改进之处，为今后将经验推广辐射到其他公办初中学校做好基础示范工作。

指向人文素养提升的"中和位育型"教师队伍建设的实践研究

金　琪

———

教师是教育事业发展和学校办学、育人品质提升的第一资源。教师人文素养的提升不仅是教师专业发展内涵体系的重要组成部分，也是教师更好地承担立德树人教育根本任务，引领学生全面发展、成长成才的重要支撑。从当前教师职后培养的实践看，很多地区已经在通过制度化的设计明确提出教师人文素养培育的价值要求和行动路径，但是总体上看，学校是教师职后成长的重要阵地，学校层面如何充分整合发挥独特的资源优势，创建教师人文素养提升的有效路径，依然需要给予更多的关注和探索。西南位育中学试图通过将"中和位育"学校文化与学校教师队伍建设相结合的方式建构教师人文素养提升的特色路径，进而更好地促进学校教师队伍建设，打造"中和位育型"新时代教师。

一、课题立项和开题的基本情况

本课题是 2021 年度徐汇区教科研一般项目，立项以后，课题组举行了课题开题论证，马云、顾非石、潘露三位专家莅临指导。课题组负责人向与会专家报告了课题研究的选题背景、核心概念、主要目标、研究内容、方法步骤和研究的基础条件、保障举措。与会专家对课题研究的整体设计情况表示满意，在充分肯定研究的问题意识、实践价值、方法举措的同时，也对课题的后续研究提出了指导性意见：对教师人文素养要进行校本化的界定；建构"中和位育"学校文化与教师人文素养提升的内在关联；对"中和位育型"教师的关键特征进行厘定；注重教师队伍建设精神文化领域的研究；重视教师自身的需求；注重问题调查和实践研究之间的内在关联；进一步凸显研究的创新之处等。

根据开题论证的专家意见，课题组对课题研究的方向和思路进行了进一步明确和调整，决定从学校"中和位育"的独特文化入手，进一步强化指向人文素养提升的"中和位育型"教师队伍精神文化建设研究，以精神文化建设带动教师全面发展和素养提升，带动教师专业发展校本支持体系建设，带动课题研究整体开展。

二、前期取得的主要研究成果

自开题论证以来，项目组围绕课题研究的主要目标和任务，进一步明确责任分工，立足学校实际，扎实开展行动研究，在一年半左右的时间内，主要取得了如下维度的研究成果：

（一）调查了学校教师人文素养培育的现状与需求

对于教师人文素养的培育，逻辑基础和实践基础分别是教师人文素养的缺失和培育实践中存在的问题。我们通过文献梳理和实证研究的方法，从整体情况和学校情况两个维度调查分析了教师人文素养培育的现状、问题和教师的需求。整体上看，大量实证调查的文献都指出，中小学教师普遍存在人文知识、人文品格、人文价值等诸多方面的人文素质欠缺，且这些欠缺会对其教书育人工作产生直接的不利影响；大量研究呼吁重视对教师人文素养的培育，倡导教师将涵养人文知识积累的文化底蕴，形成的人文品格和高尚师德，树立的人文价值和教育理想，追求的人文精神和终极关怀，最终转化为在教育教学实践中的人文行动。

本校对 114 名教师的调查问卷显示，超过 95% 的教师认同人文素养培育对于自身工作和成长的重要价值；大部分教师认为自己的人文素养有提升的必要和空间；绝大多数教师认同学校"中和位育"的理念。以年级组为单位的集中访谈显示："中和位育"的学校理念能够为自身人文素养的提升提供支持；教师普遍认同的人文素养提升方式包括学习传统文化、学习型团队建设、教师自我反思、教书育人实践、参观考察等。基于这样的调查分析，我们认为，教师人文素养的提升是教师队伍建设整体面临的重要任务，"中和位育"的学校文化与教师人文素养的提升具有内在关联，精神文化层面的建构能够为教师人文素养提升提供有效支撑。

（二）厘清了"中和位育"与教师人文素养培育的关联

"中和位育"作为一种独特的学校精神文化，与教师人文素养培育之间是否存在内在的关联，是本课题研究可能性与可行性的基础。通过文献研究、专家论证、集中座谈等方式，我们认为：人文素养本质上是体现一个人对待自我、他人及社会的心理、精神和态度的修养。从实践的角度看，对于任何一个生命个体而言，人文素养是建立在对一定文化知识学习和内化的基础上形成的学识和修养，包括人文知识、人文精神、人文行为三个方面，人文知识是基础，人文精神是灵魂，人文行为是关键。对于教师而言，"中和位育"的精神文化对其人文素养的提升具有显性作用，主要表现在："中和位育"出自中华传统文化，能够引导教师涵养民族文化自信，丰富传统文化知识，提升自身知识、伦理、人文积淀，丰富自身人文知识；"中和位育"彰显了对自然、对生命的尊重，体现了一种独特的道德观、价值观，能够引导教师摆脱传统教育思维、寻求教育本真、尊重学生本身的意义和价值、致力于自身人格的完善，进而提升教师的人文精神；"中和位育"倡导一种"求中贵和、位而善育"的教师工作理念，引导教师在教学过程中不再单纯关注知识的传递，而是注重学生精神世界的提升和综合素养的培育，通过以"爱"为纽带的情感交流形成师生之间丰富的情感体验，把教学真正打造成一个文化熏陶、启迪人生智慧的过程，这是教师人文行动的体现。由此，"中和位育"能够整体关照教师的人文知识、人文精神和人文行动，对于教师人文素养的整体提升具有重要价值。

（三）进行了"中和位育"学校文化的深度阐释

"中和位育"是学校独特的文化基因，也是学校办学理念的集中体现。为了更好地实现这种独特精神文化对教师人文素养培育的实践价值，我们借助课题研究对"中和位育"的学校文化进行了与时俱进的深度解读。

"中和位育"语出《礼记·中庸》："致中和，天地位焉，万物育焉。""中和"是"真善美"的统一。"中和"之"真"是对真理的认识和追求，是恰如其分、不偏不倚，不过犹不及；"中和"之"善"是追求至德至善，是德善的和谐与团结；"中和"之"美"是一种和谐之美，万物因和而生，因和而长。"中和"体现为人自身的中和，与他人、与社会、与国家、与自然的中和。但"中和"并非无原则地调和折中，它体现了原则性和灵活性的高度结合，是一种美美与共、和而不同，是在求同存异中实现共同发展。

"位育"是一种安所遂生的理念，这一理论落在教育方面，便是怎样培养人，以及培养什么人，强调的是教育即教人得到位育，个人与社会相位相育。"位育"教育是一种对人格的、讲求本末的、自由的教育。"中和位育"是中华传统文化中关于律己修身、待人处事、齐家治国等方面的一个极重要的思想方法和道德标准，其基本内涵为"执其中，时其中，安其所，遂其生"。从人才培养和教师发展的角度看，"中和位育"是一个立身处世的重要道德标准，是一个待人处事的重要思维方法，是一个修身养性的重要修炼途径，是一个营造顺畅发展环境的重要法宝。

（四）明确了"中和位育型"教师的关键特征

"中和位育"是中国传统人文精神的核心追求。在中国历史的演进过程中，中国先民将"中和""位育"思想内化为民族精神，以此构建了和谐的理想社会秩序。在全球化时代，人类已经成为一个不可分离的命运共同体。构建命运共同体的关键在于如何化解共同体各组成部分之间的矛盾和冲突。

▲"中和位育型"教师发展培训

当下的大环境下，"中和位育"这种优秀的传统思想正能涵养新时代教师的集体主义和家国情怀。本课题将"中和位育型"教师定义为受"执其中，时其中，安其所，遂其生"的传统文化精神影响的，着力于"求中贵和，位而善育"的教师群体。这也是对习近平总书记提出的"有理想信念、有道德情操、有扎实知识、有仁爱之心"的"四有"好老师的具体回应。

1. 求中贵和

"求中"，就要求我们根据党的路线、方针、政策、法规，用辩证唯物主义指导，在教育教学实践中努力寻找种种相关的"适中点"。"贵和"，就必须包容事物的多样性，善于兼顾各方，交流沟通、取人之长、补己之短、互帮互学，善于找

"共同点"，求同存异，彼此和谐协调。

西南位育要求教师"思想有高度"。这是对教师队伍在理想信念和道德情操上的要求，也就是教师要有坚定的政治信仰和博大的家国情怀，要明确意识到肩负的国家使命和社会责任，在尊重教育教学规律的基础上，个人要有高的道德境界以身立德、以身示范。

学校是培养人的地方，全校师生员工要一起努力营造亲和向上的群体氛围、构建和谐协调的人际关系［包括师生关系、师师关系、生生关系、领导与被领导关系、家校关系，以及对上敬重、对（校）外谦恭等诸多方面］，这些都是与学校前途命运息息相关的大事。教师要处理好与学生、家长、学校、同事，以及与自己的关系，形成合力，实现优势互补，建立命运共同体，谋求共同发展。这也是对教师在理想信念和道德情操上的要求。西南位育以校园文化认同来规范教师教育教学行为。学校自主编著体现学校文化精神的《五常新说》《西南位育人的成长轨迹》《激发成长自觉——"中和位育"引领的求索之路》，引导教师树立良好的师德风范。在西南位育中学，教师、学生、家长，大家都是这个"风雨同舟、荣辱与共的共同体"中的一员。学校强调"向校风要质量""视氛围为生命"，提出了三大氛围建设：一是严肃的求学问风气与亲和的家庭式温馨完美结合的集体氛围；二是亲切勤快、严细求索的教学氛围与静心求学、奋力攀登的学习氛围；三是忙着并快乐着的工作氛围。"中和位育型"教师要共同营造良好的校园氛围，推动学校工作的开展，共成事业。

"求中"，能使言行举止恰到好处，使人舒服。"贵和"能使团队内部以及上下左右的人际关系与工作联系均通畅协调。求中贵和，就是要紧紧依靠全校师生员工，共同切实具体地营建和谐温馨的氛围，创设和谐协调的环境，不能光靠空泛地喊口号。无论在事业发展、团队建设，还是在个人长进、家庭生活等方面，都要防过极、避偏执，谨慎踏实地"求中""用中""贵和"，努力营造一个和谐协调的良好局面，开辟一条顺畅通达的康庄大道。

2. 位而善育

"位"是践行"中和位育"的关键。尊重个体差异、人人各得其所，便是践行"位育"理念。这就要求教师能在个体与个体、个人与群体上各安其位，把握教育教学规律，不断充实、拓展、提高自己。这便是西南位育对教师"学养有厚度"的要求。它对应了学校对教师在扎实知识上的要求，教师要始终处于学习状态，站在知识发展的前沿，以自己的行动去实践"天理之节文，人事之仪则"。

化育创生是西南位育中学的教师在善育上的体现。西位教师要始终保持创造新生、积极向上的活力。精心培育、教育、训育、化育，生生不息地前进发展。除了要把握教学规律，还要有在仁爱之心上的要求，要求教师"心灵有温度"，能带着饱满圆润的生命，对学生这个后觉者的精神生命和意识灵魂进行导向开启。学校提出了"老师人人是心理按摩师"的要求，而落实"考试练习三步曲"的过程，就是师生之间、生生之间相互心理疏导、心理按摩的过程。秉承温存的善意之心和深切的关爱之情，实现对每个学生的生命关怀和精神引领，实现培养"有理想、有本领、有担当"的新时代社会主义建设者和接班人的目标。

"人文立校，适位育人"是西位特色高中建设项目，其中"适位育人"是教师的根本职责。识位才能适位，教师要牢记自己职业岗位的重要性，明白做本校教师岗位的特殊性，尽心教书育人，与西位共命运；要正确认识自己，扬己之长、律己之短、补己之缺，力求最妥帖有效地做好教书育人工作；要细致踏实地落实因材施教原则，努力使不同基础、不同特点的学生人人不断有进步，个个走上不同的成功之路。

（五）完善了彰显"中和位育"思想的教师发展制度体系

在"求中贵和，位而善育"这一理念指导下，依托课题研究，学校着眼于激发教师个体创造性劳动激情与凝聚全员合力的价值导向，不断建构、创新、完善教师工作和专业成长的制度体系，让"中和位育"的思想通过一系列制度的修订和完善渗透到学校教师管理和教师队伍建设的方方面面，让个体与集体和谐融合、相得益彰。

求中，即持中守德。于教师而言，就是在日常教学工作中明师德、守师德。学校通过制定师德每月提醒制度、师德积分制度、西南位育中学师德实施规范，从坚持先进理念、关爱全体学生、努力提高师能、彰显高雅品位、坚守为师底线五个方面，制定了既符合国家教育方针又体现学校自身发展特色的师德规范。在此基础上，从系统提升教师育德意识和育德能力方面，提出"思想有高度、学养有厚度、心灵有温度、育德有效度、创新有力度、辐射有广度"的六度指标，进一步明确教师德育意识与育德能力提升的目标，引领教师的专业化发展。

贵和，即和合同心。教师的日常工作皆是围绕学生的成长发展来展开，因此，良好师生关系、家校关系的构建也尤为重要。其中，班主任作为班级的组织者、领导者和教育者，既是学校办学思想的贯彻人，又是联系班级任课教师和学生团队组织的纽带，沟通学校、家长和社会的桥梁。因此，学校制定《班主任职级制实施方案》，通过实行班主任职级制，有效地调动班主任的工作积极性，提高班主任管理班级的水平，努力培育一支具有现代教育观念，适应素质教育发展需要的班主任队伍。

位，即践位行礼。教书育人是教育工作者的基本职责，教学工作是学校的中心工作，教育质量是学校的生命。为保障日常教学的顺利开展、稳步提升教学质量，全体教师务必坚守教学岗位，遵守教学规范，发扬"亲切勤快，严细求索"的教风。因此，学校制定了《西南位育中学教师教学常规20条》，从备课、上课、作业、考查、辅导、教（科）研六个环节规范教师的教学工作，切切实实抓好各个教学环节，培养学生"静心求学、奋力攀登"的学风，建设"高雅、务实"的校风。

善育，则是化育创生。西南位育把"激发学生成长自觉"确立为办学的核心追求，事实上，在"激发学生成长自觉"的工作中，最离不开的是教师的成长自觉。因此，学校通过《西南位育中学"十四五"教师队伍建设行动方案》的讨论修改，

▲ "承中和理念　育成长自觉"专场展示活动

以"指路子、结对子、树杆子、架梯子、暖心窝子"的"五子"工程这一促进教师专业发展的行动策略，有效地激发了教师的成长需求，引领了教师队伍的成长追求。

（六）探索了教师人文素养提升的多元举措

教师人文素养的提升是本课题研究的直接问题。我们认为，教师是教育教学工作的主要承担者，教师人文素养的培育目的不仅仅在于提升教师的人文素养，也要引导教师在教书育人实践中更好地开展具有人文精神的教学行动，实现教师人文素养培育"输入"与"输出"的有机结合。基于这样的认识，在实践中，我们着重从四个渠道入手建构教师人文素养提升的实践策略，其中集体研讨和参观考察注重教师人文素养的"输入"，教学渗透和课程开发注重教师人文素养的"输出"。

1. 集体研讨策略

从教师人文素养培育的角度变革学校的校本培训机制，将传统文化、人文素养等内容纳入教师校本培训和校内研修的内容体系。牢牢抓住"中和位育"学校文化内核，在教职员工中开展广泛讨论，提炼出西南位育精神，通过"我与西南位育的品牌"征集，把"我与西南位育的故事"结集成册，旨在通过"西位精神、西位品牌、西位故事"的再凝练、再认识、再实践，形成"中和位育"文化强大的凝聚力，实现学校理念与教师思想自觉统一。让教师从学校独特的文化和中华传统文化中汲取营养元素、厚实人文素养。

2. 参观考察策略

教师人文素养的培育，不仅仅是单纯的知识摄取的工作，更是教师在丰富感知体验基础上的内化工作。近年来，我们充分利用上海和徐汇丰富的红色教育、传统文化教育等资源，结合主题党日活动、教职工政治理论学习、学生研学旅行等活动，引导教师走出学校，在丰富的自然世界和实践活动中拓展眼界、增长见识，引导教师通过感知、体验、反思，丰富自身人文素养提升的渠道，从而提升教师人文素养的培育成效。

3. 教学渗透策略

我们认为，教师的人文素养，不仅要体现在教师自身人文知识的丰富上，更重要的是要将这种人文素养的内涵和要求落实到课堂教学特别是学科教学之中，更好地通过教学培养学生的人文素养，实现"双新"改革的目标和立德树人的价值要求。我们从整体上变革教学的价值导向，引导教师在教学中体现以"中和"文化为核心的人文素养培育。这种变革，既浸润在以语文、英语、政治、历史、地理、艺术等为载体的人文强关联学科之中，也渗透在数学、物理、化学、生物等自然学科之中，即弱关联学科。要以学科核心素养为重点，寻求学科核心素养与人文素养的有机性融合，在强关联学科与弱关联学科中分别做到差异性浸染熏陶，实现教师和学生人文素养的同步提升。

4. 课程开发策略

课程开发是教师专业素养的重要体现，通过主题式的课程开发，不仅能够丰富教师的人文素养，也能够让教师已经形成的人文素养通过课程的形式进行展现和承载，进一步丰富学校的课程体系。我们引导教师，充分借助家校社丰富资源，针对学生需要，围绕"五立并举"，聚力打造"中和书院"课程群，下设22个子课程群，子课程群下设66个子课程。在课程开发的过程中，教师广泛涉猎各种课程资源，不断丰富自身的文化储备和积淀，既有效培养了教师自身的人文素养，也丰富了学校的课程体系，给予了学生充分的校本课程选择权，让学生在多样课程实践中获得成功体验与个人发展自信，实现"人文立生　适位育人"之目标。

（七）建构了彰显"中和位育"思想的教师成长机制

"中和位育型"教师的打造是本课题研究的核心价值导向，这种独特的教师队伍打造体系，既需要各类规章制度来规范，也需要建立相应的机制来驱动制度体系的进一步落实。因此，在逐步建立健全基于文化理念认同的制度体系的同时，学校管理主体也应注重建立有效的激励机制，促进教师形成专业发展的动机，从而实现教师的自主专业发展，丰富"中和位育型"教师培养的实践机制。

首先是建立专业发展的驱动机制。其一，通过制定《西南位育中学教师三年发展规划》，明晰教师职业生涯规划。党委通过对教师队伍，特别是刚入职

▲ 新教师入职满月仪式

的青年教师发展进行分层分类指导，帮助青年教师在学校发展的战略布局中找寻到自己的坐标系，确立清晰的个人发展目标，形成科学的职业生涯规划。其二，推行职级制考核评价，在阶梯上勇攀登。"西南位育中学班主任职级制实施方案"和"西南位育中学中和位育奖教金评选条款"等机制激励教师不断提升育人能力。

其次是落实研训合一的学习机制。"研训一体化"坚持"研"中有"训"，"训"中有"研"，"研训合一"。其中代表性的有以下两种研训合一的学习模式：一是问题工作法研训模式；二是案例学习法研训模式。抓常规，重教研，促使教师专业发展稳定。学校坚持每学期以"三课"为切入口开展专题听评课，积极探索"适位课堂"的探索实践。

再次是实施分层分类的发展机制。多渠道、多方式帮助青年教师适应工作环境，掌握基本工作技能，积累一定的工作经验，促进青年教师成长。比如实施青年教师师徒带教制度、组织青年教师开展"晓荷杯"教学评比活动等。在鼓励青年教师迅速成长的同时，还聚焦骨干队伍的培养。学校近年来努力打造过硬的德育队伍，通过师徒带教、点对点带教、班主任工作室、市班主任高研班学习等方法和平台，为不同年龄、不同发展需求的人才提供发展平台。

最后是形成实践智慧的共享机制。建立教师发展的专业支持网络，为青年教师量身定制了"3D"带教制度，同时把年级组、教研组、备课组作为学校管理基点建设成为信息沟通、情感交流、互帮互学、共享经验的学习与合作平台，让每位老师依托"三组"共同成长。由学科骨干教师、班主任、在职教师和学科带头人组成的导师带教群体，开设中青年骨干教师研训班，高级教师工作坊积极为骨干教师创设平台，承担中青年教师的带教培训。此外，还积极邀请教学专家、名师等来校指导，通过讲座、培训、课题带动等不断促进骨干教师专业成长，用好每周五的一小时学习时间。

三、存在的问题及后续努力方向

从整体上看，目前学校围绕课题研究的目标和任务，在理论和实践层面均取得了一定的成果，但仍然存在三个方面的问题与不足：

首先，教师队伍文化精神建设的实践研究中，缺乏具有代表性和示范性的典型案例。这些案例可以为其他学校和教师提供借鉴和参考，有助于推广和普及文化精神建设的理念和方法。

其次，当前教师队伍文化精神建设理论研究尚未形成一个系统的框架和聚焦点，各个具体实践之间的内在逻辑关系不够清晰，导致难以对其进行全面和深入的研究探讨。

最后，教师队伍文化精神建设的实践研究中，缺乏一条清晰明确的探究路径。当前的研究仅停留在表面现象的探索上，没有深入探讨其内在本质和规律性，也没有建立相应的评价标准和体系。

针对上述问题，接下来，为进一步推动课题研究，我们将建构一个"中和位育型"教师的培养模型，明确其思想、教学、成长等领域的特征和要求。

党建引领下的大思政课"三融"工作范式探索

金琪 王凡

为深入学习贯彻党的二十大精神，坚持以习近平新时代中国特色社会主义思想为指导，深入学习习近平总书记关于教育重要论述，强化学校"为党育人、为国育才"的使命担当，根据上海市第四轮民办中小学特色学校创建要求，上海市西南位育中学特制定本创建方案。

一、创建主题

思政课是落实立德树人根本任务的关键课程。2021 年两会期间，习近平总书记提出善用"大思政课"的要求，指出"思政课不仅应该在课堂上讲，也应该在社会生活中来讲"，这为大思政课建设指明了方向。西南位育深刻学习领会习近平总书记重要讲话精神，认真贯彻《关于深化新时代学校思想政治理论课改革创新的若干意见》，着力推动学校思政教育改革创新，凸显党组织的核心引领作用，打造系统化的课程体系、一体化的实施机制和专业化的教师队伍，在实践中探索"一引三融"的大思政课建设新范式，着力开创学校思政教育铸魂育人的新局面。

二、创建思路

特色创建以调研为基，坚持问题导向的创建思路。一个问题包含问题域和解决域两个部分，大部分解决者只专注于解决域，而忽视了问题本身。定义问题、达成问题共识是问题域的关键，聚焦问题、寻找解决方案是解决域的重点，而问题域和解决域间的桥梁便是学校大思政课建设的创建思路。

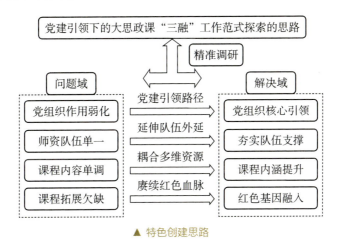

▲ 特色创建思路

三、创建措施

（一）一引：充分发挥党组织的核心引领作用

民办学校党建工作是党的建设工作中的重要一环，也是特殊一环。在推动大思政课建设和改革的过程中，学校党委既充分学习领会和贯彻新时代加强中小学党建工作的普遍性要求，也充分立足民办学校办学体制上的特殊性，努力探索新时代民办学校党建工作的新模式，构建"职责明确、全程嵌入、内外和谐"的党建工作新格局，让党组织真正成为领导思政教育改革和学校各项事业发展的坚强核心。

1. 贯穿调查研究

注重调查研究是党的光荣传统，更是新时代推进各项工作的重要原则，党委领衔各支部把调查研究贯穿特色梳理、特色确定、特色实施、特色完善与特色推广的全过程，从而不断推动问题检视整改，检验教师担当作为，确保特色建设不走偏、不走样、不走空。

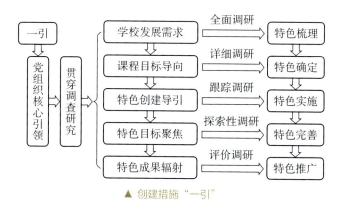

▲ 创建措施"一引"

2. 注重顶层设计

坚持命运共同体理念，努力建构现代学校治理体系，理顺理事会、校行政和校党委之间的关系，现已出台 16 项党建工作制度，保障学校工作与党的工作同步计划、同步实施、同步考核。学校党委将完善党建制度，并始终把思政工作作为重要议程，在工作格局、队伍建设、支持保障等方面采取有效措施，推动形成全校努力办好思政课、教师认真讲好思政课、学生积极学好思政课的良好氛围。

3. 凸显思想引领

学校党委一方面将注重加强自身的政治理论学习，系统学习和深刻领会习近平新时代中国特色社会主义思想，明确新时代学校教育改革，特别是思政改革的主要原则和根本遵循；另一方面，将注重通过学校核心价值观的凝练，推动学校文化建设，以"中和位育"作为统揽全局、凝聚人心的文化内核，让思政工作的核心价值与学校文化有机融合，让师生的思想价值有清晰明确的引领载体。

4. 落实主体责任

注重思政教育改革的从严治理和科学管理相结合，落实党组织负责人的思政教育主体责任。学校书记、校长将带头走进课堂，带头推进思政课建设，带头联系思政课教师；学校党委书记将带头给教师、学生上党课，既努力营造全校上下重视思政课改革的良好氛围，也为思政课品质的提升和形式的多样提供新的可能。

（二）三融：融师资、融课程、融血脉

1. 融师资：夯实队伍支撑

"办好思想政治理论课关键在教师"，一支强有力的思政课教师队伍，是推进学校乃至区域"大思政课"建设的有力保障。学校充分发挥教师队伍的关键作用，对应习近平总书记"四有"好老师的要求，提出西南位育中学思政教师"六度"指标，推进建立协同联动的育人机制。

（1）打造通专并重的学校思政教师团

学校注重处理好思政教师个体发展和教研组集体发展的关系。将依托教研组，使学科带头人和骨干教师能够更好地发挥对青年教师的引领作用，能够集合整体力量系统开展思政教学改革和思政社会实践类课程的研发，能够及时交流共享课题研究和教学改革的成果，能够为每一个思政教师"一专多能"（每个思政教师在

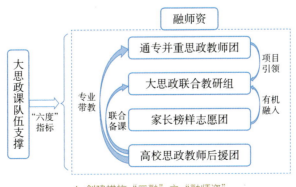

▲ 创建措施"三融"之"融师资"

站稳讲台的同时，都有一个能够带领学生走进社会的实践社团）的成长提供组织保障；努力与高校结成学习共同体，获得理论学习专业支持。

（2）组建大思政联合教研组

由教导处牵头，政治、历史、地理、艺术等学科教研组长、学科带头人、骨干教师联合参与组建大思政联合教研组，以《大思政背景下的上海红色基因与课程融合实践研究》项目为抓手，打破学科界限，在联合研修、联合备课中，丰富大思政课程内涵。

（3）成立家长榜样志愿团

大思政课建设不仅是学校的事，也是社会、家庭都要关心的问题。在广泛调研基础上，通过深入的家校联动，将成立家长榜样志愿团。家长榜样团将参与学校德育活动，参与大思政联合教研组活动，走进西位课堂，开展系列大思政拓展课之家长榜样篇，以自身学习、工作经历与学生零距离沟通，共同帮助学生树立正确的政治意识、良好的道德观念和美好的人生品格。

（4）创立高校思政教师后援团

大思政课建设不能忽视高校在思政课一体化建设中的作用，学校已先后与复旦大学马克思主义学院、华东师范大学马克思主义学院、上海师范大学马克思主义学院对接建立思政课教师研修基地。接下来，学校将进一步拓展高校资源，邀请更多专家学者指导团进行系列型、针对性专题指导，让高校思政教师带教学校思政教师并联合备课；推动学校思政教师参与高校思政教师教研团队相关课题研究，扎实推进青年思政课教师专业成长，全面提升青年思政课教师的理论功底与知识素养。

2. 融课程：提升课程内涵

课程是开展思政教育的基本载体，优质的思政教育必然建立在优质的思政课程之上。而思政课不仅应在课堂上讲，也应该在社会生活中讲，故学校以"融课堂"为突破口，探索"思政课教学改进五步法"，并据此建设大课堂、探寻跨学科、打造大平台、推动大实践。

（1）建设大课堂——红色场馆行走课程

在新的时代背景和教育改革体系中思考大思政课。结合思政教材，融入习近平新时代中国特色社会主义思想主题课程，将理想信念教育、爱国主义教育、价值观教育、文明礼貌教育、传统文化教育、心理健康教育等相关内容统筹融入大思政课体系，在办好思想政治课程的同时，努力挖掘不同红色场馆的思政教育价值，开展以爱国、爱党、爱家等为主题的红色场馆行走活动课程。

（2）探寻跨学科——大思政跨学科融合课程

要达成"大思政课"的目标，需借助跨学科统整的方法，把相关学科知识融入思政课程教学。以思政学科为核心，统整语文、历史、地理、艺术等相关学科知识，打破学科界限，在教学设计过程中建立以思政课程为核心的知识体系，把更多教学资源集中应用到思政课堂，有效落实"思政课是落实'立德树人'根本任务的关键课程"。在实践中，可由大思政联合教研组领衔，思政课教师牵头组成跨学科、跨年级的项目组，围绕设定的项目化主题，统整相关学科的知识体系和

▲ 沪藏教师两地思政远程教研

区域单位的教育资源。

（3）打造大平台——大中小一体化

大中小思政一体化建设着眼于时间维度（思政课的育人长周期），大思政课则侧重于空间维度（思政课的社会大课堂），两者的结合体现了纵向全过程与横向大视野的有机统一。学校作为学区主任单位，与学区副主任单位田林四小同为上海市大思政课建设整体试验区（上海师范大学——徐汇区）试点学校，在上海师范大学全力支持下，为大中小思政一体化建设贡献力量。学校也将以学区德育品牌——德润田林（2014 年成立，2018 年荣获"改革开放 40 周年上海思想政治工作创新成果品牌卓越品牌"）为抓手，联合学区十所学校（公办初中 3 所，公办小学 7 所），成立学区十一校大中小思政一体化，探索实施有效路径。

（4）推动大实践——三类模拟课程

在思政教师"一专多能"基础上，由思政教师担任社团指导老师，探索模拟人大、模拟政协、模拟法庭等创新性的思政课程实施载体，将校内模拟实践平台与现实社会平台有机结合，将更为广阔的社会教育资源引入思政教育工作之中，拓展丰富思政教育的课程内容，让思政课程更贴近学生生活，更贴近时代发展，不断提升思政课程内容对学生的吸引力，建立以区人大常委、区人民法院、区政协、核工业研究院、田林街道社区事务受理服务中心等为载体的思政实践基地。

3. 融血脉：激活红色引擎

"抓好青少年学习教育，让红色基因、革命薪火代代传承。"学校以办学理念和目标为切入点，着力思考红色基因融入学生思想政治教育的有效方式，努力探索"举红旗、溯红源、播红种、育红苗、显红心、聚红力、走红路"的中国红系列思政拓展路径。

举红旗，指通过少先队队校、共青团团校、党章学习小组的一体化课程，着重从理论上阐释红色基因教育的价值、内涵和性质；溯红源，主要是调查分析学生红色基因的现实情况，以家谱家训家风为抓手，追溯红色印记；播红种，主要是结合不同学段学生认知与思想发展规律，探索红色基因教育融入思政教育的基本原则；显红心，主要是通过系列活动让学生"同心向党话未来"，将个人发展与国家发展紧密联系；育红苗、聚红力、走红路主要是探索"多元融合""分类实施""实践导向"的红色基因教育路径。

四、创建进程

第四轮创建周期为三年（2024—2026年），具体创建进程如下：

1. 调研规划阶段（2024年1—3月）

完成党建引领下的大思政课建设的相关准备工作，在党委领衔下，建立学校领导执行小组，学区各成员单位领导召开讨论会，统一思想，步调一致，集思广益，大兴调查研究之风，充分挖掘学区内资源，做好前期准备。

2. 试点运行阶段（2024年4月—2025年6月）

聚焦调研现状分析的实际问题，基本构建"职责明确、全程嵌入、内外和谐"的党建工作新格局，确定党组织成为领导思政教育改革和学校各项事业发展的坚强核心。

融师资、融课程、融血脉顶层设计架构并基本实施，部分实施成果展示。

3. 深化推进阶段（2025年9月—2026年6月）

融师资、融课程、融血脉全面深化推进实施；进一步成果展示；治理体系、实施路径、典型案例规划梳理。

4. 总结提炼阶段（2026年7月—2026年12月）

总结三年的主要工作，评估大思政课程实施成效，对成功的典型做法与经验进行总结、宣传、推广与辐射。

五、创建保障

1. 组织保障

由党委领衔，架构"管办评改"立体组织保障结构，保证特色工作高效运转。

2. 制度保障

由党委领衔，制定党建、师资、资源与课程各方面的各项制度。

3. 经费保障

设立专项资金用于大思政课程建设工作的日常开支。

4. 宣传保障

结合定期举办的大思政课程展示活动，特别针对家长、学生、社区进行宣传，推出系列报道，将阶段成果辐射至学区乃至更大平台，丰富宣传手段，扩大宣传力度，提升宣传效果。

同心同向，聚智聚力 构建"内和外合"学区 党建新模式

田林虹梅学区联建共创党建的实践与探索

金　琪

　　党的建设关系重大，牵动全局。党的十八大以来，习近平总书记围绕新时代党的建设发表了一系列重要论述，提出了一系列重要论断，为加强改进新时代党建工作提供了根本遵循。学校基层党建工作是党的建设的重要组成部分，加强学校党的建设工作内涵丰富，意义重大。中小学校党组织是党在学校中全部工作和战斗力的基础，在学校各项事业发展中发挥着重要的政治核心作用。根据中小学的实际情况，这种政治核心作用可以具体落实为把方向、领风气、带队伍和强基础四个领域。通过四个领域的通力合作，能够保障党的建设真正融入学校各项工作，发挥引领和保障价值。

　　传统的学校党建工作中，施力的重点主要是充分挖掘学校的特色资源，打造党建工作品牌，发挥党建对学校改革发展的引领价值。但

▲ 德润田林·"导师群英汇"

是在这一工程中，往往面临党建工作缺少宏观谋划，党建资源缺少深度整合，党建成效缺少师生认同等问题。基于这样的现实，田林虹梅学区充分利用学区化办学的体制优势，主动对照新时代学校党建工作要求，将现代治理理念融入党建工作，打破学科、学段、资源壁垒，打通课堂内外、学校内外、体制内外的联系，在实践中探索形成了"内和外合"的学区党建新模式。

一、把方向：以理想信念教育引领立德树人政治方向

中小学教育对于"扣好人生第一粒扣子"、促进青少年健康成长至关重要。习近平总书记指出，要让社会主义核心价值观的种子在少年儿童心中生根发芽、真正培育起来。在田林虹梅学区看来，坚持社会主义办学方向，坚持立德树人的教育根本任务，核心就是强化学生理想信念。学区成立"中小学生理想信念培育联合体"，每年开展为期一个月的"沐浴新时代的阳光"成长节，以此为基础丰富学区化党建载体，提升学生理想信念教育的实施成效。

"田林虹梅学区中小学生理想信念培育联合体"是一个多元主体参与、多维沟通互动的正式组织。这个组织的运行，由市委党校作理论指导，社区党员服务中心整合资源，每个学校的队校、团校、党校具体实施，实现学区内党建工作的系统谋划和中小学生理想信念教育目标、教育资源、课程内容、师资研修、教育评价的一体化设计与实施。目前，"中小学生理想信念培育联合体"已经围绕四个层面开展了大量工作：

其一，梳理各校理想信念教育的传统做法，形成可借鉴、可共享的党建工作经验，形成党建质量提升的"集群效应"。其二，开展学生理想信念教育调研，利用大数据统计分析，明确区域内学生理想信念教育的实施状况、师生的现实需求，以及理想信念教育改进的理念和路径。其三，组织各学校定期与家长、街道团工委、高校及其他相关机构、组织开展研讨，通过集体协商建构多元参与的学生理想信念教育协同机制，形成理想信念教育的育人合力。其四，成立思政联合教研

组，提升学区内教师的理想信念教育意识和能力。推广德育校本课程，提升德育实施质量，让学校德育工作真正承担起筑牢学生理想信念的应有价值。

二、领风气：以多元机制建设强化教师师德师风建设

党风建设是党的建设工作的重要内容。以学校党组织党风建设质量的提升，带动校风、师德师风建设和学风的整体改善，是加强和改进新时代中小学党建工作的题中应有之义。在这一过程中，特别应该重视的是把党的建设与教师队伍建设，特别是教师师德师风建设有机结合，让党建工作成为师德师风建设的重要引领，成为教师育德意识和育德能力提升的重要保障。在长期的实践中，田林虹梅学区依托"四项机制"的系统建构，打造全员育德的文化氛围，着力强化师德师风建设，提升教师的育德意识和育德能力。

（一）建立思想价值引领机制，强化教书育人责任心

思想价值引领是最为深层次的引领，也是党建工作与教师队伍建设有机结合的首要任务。学区统筹谋划和组织，常态化开展"中国梦、学校梦、我的梦"主题教育活动，把中国梦转化为党员和教师真真切切的学校发展之梦，转化为与学校共成长的事业梦想，不断提升教师的思想高度。在教师师德问卷调查的基础上，学区统一牵头制定了《学校教师师德培训计划》，与教师签订了《教师师德承诺书》，帮助教师强化立德树人意识，筑牢职业道德底线。学区每年组织师德建设项目评选，通过榜样的选树和宣传，鼓励教师坚持育人本位，潜心治学，以师德促进生德，以教风带动学风。

（二）建立学科育人探究机制，激发提神铸魂事业心

党建引领教师职业道德建设，最终的落脚点必须在立德树人的实践之中。田

林虹梅学区紧紧抓住学科教学这一学校教育的基本载体，以学科全员育德工程推进课程全面育人，通过学科育人探究机制的建构和实施，强化教师的立德树人意识，提升其学科育人的综合能力。

依托学科育人的研究机制，田林虹梅学区提出了指向立德树人的学科教学、校本研修和教师行为规范体系：教学组织和形式能够对学生形成合作、包容的心理品质起到潜移默化的作用；教学过程所营造的自由、民主、平等的氛围，能够有利于学生形成创新精神和追求真理与正义的品性；教师在教学中严谨的治学态度和敬业精神，在学校生活中体现的人生准则和处世规范，能够成为学生的示范和榜样。

除了宏观的规范，依托学科育人的研究机制还以"融课堂"为突破口，形成了"学科育德五步法"，以求在教育工作场景中更有针对性地提升师德水平。"学科育德五步法"即：课堂育德在备课层面要精准调研，把握状态；课堂育德在内容层面要研究教材，挖掘素材；课堂育德在方法层面要汇集案例，探索策略；课堂育德在评价层面要融入作业，进入试题；课堂育德在拓展层面要拓宽视野，延展功能。

（三）建立课程开发联动机制，增强职业发展自信心

党组织牵头，整合区域内各学校的校本教师培训资源，建构区域性的教师育德意识和育德能力提升支持体系，将师德研训课程的开发和教师有效的深度学习相结合，形成结构化的课程体系。目前已经形成的研修课程包含三个模块，即"意识篇""能力篇"和"反思篇"。

"意识篇"聚焦教师的育德意识，重在内化新时代的育人之道，唤醒教师的育德自觉。

"能力篇"聚焦教师的育德能力，重在提升教师在学科教学、学生活动、班集体生活等具体教育场景的师德师能，着力提升教师的四种能力。其一，提升校长的德育领导力，旨在帮助校长运用正确的德育思想，进一步提炼学校培养目标，提升整个学校的立德树人水平。其二，提升分管德育副校长、书记或中层谈德育

的设计力，旨在促进上述人员根据学校整体办学理念和目标，整体设计学校德育课程和活动。其三，提升班主任的执行力，旨在帮助班主任主动把握学生需求，根据班级情况，创造性地、校本化地实施德育，体现德育常态化。其四，提升任课老师的渗透力，旨在帮助任课教师学会因势利导，强化其学科育德意识，提升其在学科教学中主动、巧妙地渗透德育的核心能力。

"反思篇"聚焦教师的反思提升，帮助教师在实践、体验的基础上，从学生的德育效果反观教师育德成效。

（四）建立考核评价激励机制，培植自我驱动进取心

以考核评价体系的完善为导向，按照习近平总书记对教师提出的"四个引路人"要求，在综合分析学区教师队伍建设实际情况的基础上，学区党组织明确提出了"思想有高度、学养有厚度、心灵有温度、育德有效度、创新有力度、辐射有广度"的教师师德师风建设和专业成长"六度"评价指标体系。

"思想有高度"对应教师队伍在理想信念和道德情操上的要求；"学养有厚度"对应教师队伍在扎实学识上的要求；"心灵有温度"对应教师队伍在仁爱之心上的要求；"育德有效度"就是要求教师要能够充分利用课堂教学的主渠道，主动追求德育有效性；"创新有力度"就是要求教师在教学活动中强调体验性和新颖性，不断创新活动形式、载体；"辐射有广度"就是要求教师在实践中不断提炼和总结教书育人的经验。

除了上述"六度"评价指标设计之外，学区还定期开展"师德之星"评选，对学区的先进教师加以宣传奖

▲"中国精神　传承有我"系列活动

励，形成比学赶超的良好氛围。同时，在教师的相关评选、评比活动中，强化师德师风比重，比如在教师个人年终考评和年级组的综合评议中，突出师德表现和育德情况，并增加其在评优、评先进中的权重；在中级教师、高级教师的评审中，量化细化评价指标，师德和育德标准有切切实实的依据。通过上述系统性的考核评价体系建构，有效保证和鼓励教师"三全育人"的积极性和主动性。

三、带队伍：以现代治理理念打造多元协同德育队伍

抓好德育工作是加强和改进中小学党建工作的重要内容。《关于加强中小学校党的建设工作的意见》指出，要建立党组织主导、校长负责、群团组织参与、家庭社会联动的德育工作机制。在田林虹梅学区看来，德育队伍的建设是关乎学校德育有效性的核心问题，要以现代治理理念为引领，进一步打通课内课外、校内校外的联系，建构多元主体共同参与的德育体系，打造多元协同的德育队伍。基于这样的认识，田林虹梅学区在近年来的党建工作中，非常注重寻求社区、企业、家长的支持，形成学校——社会之间培养和建设德育队伍的巨大合力，形成了以"三个力"为主体的德育队伍建设之道。

其一，校外兼职的助推力。充分利用区域内的机构和组织资源，通过聘任法制辅导员、法制副校长，成立"关工委"等，丰富学校德育的实施主体，助推学生健康成长，营造良好育人氛围。

其二，学生家长的协同力。充分认识现代家庭教育的重要意义，构建家长党建联合体，发挥家庭、家长对于学生道德成长和全面发展的协同力量。学区党建共同体精心打造全员、全程、全方位育人的德育大格局，做深做实家校联动，充分发挥家长党员的先锋模范作用，拓宽学区党建共同体内圈，成立"学区家长党建联合体"，织密了点面结合、纵横交织、校际家校合作的"融合"育人网络，这

也是提升区域育德有效性与水平品位的关键。

其三，周边社区的感染力。建立 360° 德育队伍共同体，进一步整合周边社区内居委会主任、社区居民的资源，共同助力青少年成长。设立学区党建微信公众号，及时传播和辐射学区党建工作的经验和成绩，扩大学区党建工作在区域内的影响力和辐射力，引发社区对学校教育的深度关怀和支持，为学校持续性的变革提供源源不断的支持与保障。

四、强基础：以党课模式创新夯实师生思想道德基础

着眼于筑牢师生的思想道德根基，强化师生对于习近平新时代中国特色社会主义思想的内在认同，构建以"专家、书记、老师、学生"为主体的"理论与实践"相融合的"4+2"党课模式，联系实际、贴近基层、靠近焦点，全面提升师生用习近平新时代中国特色社会主义思想指导解决问题的能力，不断强化师生的"四个意识"，提升"四个自信"，夯实师生成长与发展的思想道德基础，让学校党建工作的改善真正做到对师生的"入脑入心"。

（一）专家党课："党建＋专业"见成效

聚焦习近平新时代中国特色社会主义思想深度精准学习，邀请上海市委党校专家为学区全体党员教师开展系统化、理论化主题党课，创新性构建"主讲主问"互动性理论党课模式，从"学习贯彻落实十九大精神辅导讲座"到"深入学习习近平总书记考察上海重要讲话精神"，再到"习

▲ 同心向党　共绣党旗

近平新时代中国特色社会主义思想学习纲要"，在专家主讲、教师提问与答疑解惑中，切实提升习近平新时代中国特色社会主义思想学习的吸引力、深度与实效。

（二）书记党课："党建 + 文化"显特色

自带能量与粉丝的学区十一校党支部书记，围绕习近平新时代中国特色社会主义思想内核，聚焦学校文化与理念，领衔开展"习近平新时代中国特色社会主义思想进校园精品微党课"。支部书记们以学校发展史的"故事党课"激发党课活力，让学区师生打破校际壁垒，共享学区文化，以学校发展感悟习近平新时代中国特色社会主义思想真谛，在聆听故事的同时受感染、受教育、受启迪，增强党课教育的感染力和吸引力。

（三）教师党课："党建 + 学科"抓实践

充分发挥学区各学科党员教师专业优势，利用徐汇区乃至上海市内优质场馆资源，成立由学区各学科青年党员教师组成的"习思想馆校合作课程实践小组"，将学科知识与场馆相结合，将场馆与习近平新时代中国特色社会主义思想深度融合，让同学们在"行走的党课"教育中领悟"人民城市人民建，人民城市为人民"重要理念！

（四）学生党课："党建 + 同伴"促共育

切实发挥学区十二年一贯制优势，充分利用朋辈教育资源，由学区已毕业的大学生党员和历届青年党校优秀学员组成"学生党课宣讲团"，以学生视角与学习经验，生动、新颖解读习近平新时代中国特色社会主义思想。青年党校高一李同学听完课后写道："离我们更近的学生党员和我们做分享，更能引起共鸣，听着他们分享经历有一种心潮澎湃的感觉，我深受启发和教育。"

西位故事

3

同向

不只是站在讲台上

范秀娟

从踏上讲台起，思想的主干似乎都指向如何站稳讲台，我以为从站稳再到站好便是事业上日臻成熟的最好体现了。同身边的同事们一道行路，耳闻目睹的故事多了，才知自我的浅薄。

立于讲台，传道授业解惑，是职业的使命所在与常态。而讲台之外，走到学生当中去，尊重与热爱，育人于无痕，显得稀缺且珍贵。这不是必须的工作，是富于艺术的，是需要在行进中伸出旁枝去细细琢磨的。以下这些故事片段，给了我很大的触动，原来我们还可以这样做老师！

近

教书育人的工作，少不了谈话。谈的不过是学习与生活、发现与探索，也无其他。谈的地点多是办公室，正襟危坐，老师尽可能展现亲和，有的学生揪着衣角，心扉紧闭，局促且不安。许岚老师班里也有这样一个心细敏感的女生，在班级里成绩欠佳，朋友甚少。许老师叫她来聊聊，她的头越埋越低，再抬头眼中业已酿了一汪眼泪，谈话的行进有点艰难。一次偶然，在这个女生交上来的周记里，许老师写了几行字，没想到学生的回复满满当当。面对面怯生生的孩子，拿起笔时却那么富有表达欲，从此师生间开启了另一种长久的沟通方式。在周记的笔谈中，她们聊人际的交往，朋友的选择，处事上的"求大同，存小异"。意见相左的时候，学生不一定是被说服的那个，老师也没有高屋建瓴，只不过是怀揣着一份心思——给这个惯于向内探索的孩子，打开一个向外交流的窗口。

▲ "百善孝为先"预初年级主题班会

　　原来我只知道谈话不是容易的事，哪里懂得面对特殊的学生，还要想着怎样谈、去哪里谈，帮学生卸下包袱与负担地谈。技术活成了艺术活。

　　沈佳玲老师早年在上 SBS 课程时，家长会上有对父母特地找到了她，跟她讲，孩子最近好像有点心事，闷声不响，只说您是她最喜欢的老师。沈老师细想，班级里的确有这样一个女孩，学业文体方面都相当出色，却总是独来独往、郁郁寡欢，眼里带着点倔强，有种难以靠近的清冷。学期就快结束了，找她聊一聊？直至在校最后一天，沈老师都没有邀约。见面是在寒假，约的地方是茶坊。临窗听冬雨，对坐闻茗香，师生真正地畅谈了一次，聊童年得到的滋养，与师长的相处，学习上的困惑……开学后，在走廊中相遇，彼此微微一笑，简短打个招呼，也算是短暂的一次会面。从班主任的口中和家长的短信里，了解到学生的近况，知道她最近情绪不好，这时沈老师又会找到她。师生相约去田林的绿地上，散散步，谈谈心，说说自己类似的经历……那天说了什么，那段时光聊了什么，时至今日，这个已成人的孩子估计已记不太清，但和老师并肩走在课堂之外的那些记忆、情绪，应该已经形成了足够集中而强烈的感受了。我想那种感受应该是很难忘怀的。

　　姚磊老师在学生中是极具人气的，学生私下唤他"磊叔"，一届又一届的毕业生在百度百科为他"筑高楼"，词条字数已上万。姚老师从来不认为学生应该被

"管"，而认为贴近学生的实际多想一想，很多问题并不是问题。他无意强调着一种天然的秩序感，没有刻板顽固的要求。班级卫生打扫不到位，老师自己带头来打扫，标准无须再多言。班级践行"入室静"，老师更早地坐进教室里，学生鱼贯而入，在自己的方寸之地丰富自我，绝不打扰别人。姚老师的口袋里一直装着红黑两支笔，批改订正或是填写材料，无论何时何地学生有东西递上，他都会及时解决。

讲台之外开辟的新"领地"，可以是一次有思考的谈话，可以是一次有温度的倾听，也可以是简单两支笔的准备就绪。无论是哪种，都是为了走近。

小

谢敏老师带班时，有段时间班级里学生上课吃东西，风气渐长。谢老师在课上提醒不断，学生暂且收敛，没过几天又按捺不住。又是一周的班会课时间，班主任站上了讲台，学生们都等待着一周小结。谢老师不慌不忙从衣兜里掏出一块巧克力，撕开包装纸，众目睽睽之下把巧克力塞进嘴里，旁若无人地吃了起来。只听班级里立即嘘声一片，谢老师故作不明，反问学生："怎么了？"一学生大叫："老师你怎么上课吃东西？！""哦？老师上课不应该吃东西？这令你们不舒服不自然了？那么同样的事情，这段时间你们怎么经常做呀？"小事不小，谢老师来了个"以彼之道还施彼身"。

一个班级总归会有各种状况，刘敏利老师有一年带教的班级，是同事羡慕的省心班——"学优生"很多。在大家看来，这些"学优生"遵守校规校纪，课堂活跃，学习主动，成绩突出。可是，作为班主任，刘老师看到的更多，学生中有一部分其实常常自卑与焦虑。有那么几个学生，但凡下课基本埋首刷题，遇到体育体锻课，得挨到铃响才下楼。更有甚者总是在政治、历史课上，做语数英作业。哪怕出去春游了，仍是与一张张试卷彼此黏合，暗暗较劲……当贴上了成绩优秀的标签后，好胜的孩子自我判定必须按照这个方向继续努力，便约束自己的行为，压抑自己的个性，迎合标签的标准。每次考试，班级成绩瞩目，刘老师欣喜，但自己所看到的这一个个小问题，像是一块块秤砣压在另一头，很难真正雀跃。刘老师在课余开始了跟学生的分享：一本闲书，"奇文共欣赏，疑义相与析"；一趟旅行，生活在别处的体验；一次讲座，了解一些别人对世界的观察；一场辩论，与学生聊庄子与惠子的"大而无用"之争。刘老师没有刻意在教什么，只不过给学生传达一种意识，我们的脚所能踩踏的，的确只有一小块，但在这之外还有无限广袤之地，多点探索才能走得更远。

看似很小的问题，在老师们那里，总是会被放大，因为他们看得更远。

亲

新生开学统一购买校服时，王红妹老师也买了一条女式校裤，只是自己一次也没穿过。这条裤子是给班级女生应急的。两年来，这条咖色校裤，让不少女生避免了尴尬，甚至其他班的学生也来借过。遇上春、秋游，王老师还要带着这条裤子出校门。虽然这条裤子派上用场的机会不多，但是带着就觉得放心。王老师那里还有清校时捡到的马甲。学生出操时着装要统一，总会有孩子穿错。站在操场上与众人有所差异，这对学生而言是一件有点难堪的事。所以，马甲也洗好备着。王老师的抽屉还有一些杂物，学生们管它叫"百宝箱"，感冒药、创可贴、针线、纽扣、纸杯、别针、发卡……小物件的流转，传达了温暖、关怀与谢意，而老师想到的只不过是，学生在最需要帮助的时候会找到我。

方洪老师对于师生亲近也有自己的信条：和学生荣辱与共。很多时候，当班级为活动赛事做准备时，我们常能看到班主任作为一个指导员、一个风向标，甚至纠察队长，为携集体共进，可谓朝乾夕惕。指导排练集体舞的过程是曲折且痛苦的，方老师深谙其道，在激发活力和收揽散漫之间不断切换，最终极佳的创意和整齐的舞姿让这个集体摘得桂冠。欢呼那一刻，方老师觉得自己和学生站在了一起。本以为集体舞到此画上句点，正想舒口气，来自艺术节的表演邀请又飘然而至。继续排练，谁承想距开演两天，主跳病倒了！还剩一天，一筹莫展。文艺委员突发奇想，方老师上吧！整个过程老师都在，总好过再找个同学从头教。由不得班主任半点犹豫，全体同学开始鼓掌，热烈且兴奋。就这样，演出前一天傍晚，方老师成了学生群中的演员之一。作为老师，一开始实在有些放不开，身后的几十双眼睛都紧紧地盯着自己，如芒刺背。连跟了两次，还是跟不上节奏，方老师想放弃了。这时，学生开始解围、支招、指导："老师，没事，再来！""老师，这里是这样……"人人都在帮助，给他们的老师鼓励。那天的排练应该是学生回忆起来最轻松也最激动的一次吧，以前是陪练的方老师，而现在是尽管动作生涩但仍愿意夹在他们当中共舞的方老师。生怕因为疏漏而砸了所有人的演出，那夜方老师排练到很晚。担心老师心里有负担，站在老师附近的小家伙告诉老师到时会提醒她重要的动作。演出终于结束了，老师长长地吁了一口气，学生却是一脸为师骄傲自豪的样子。这一次，才是真的"荣辱与共"吧，跟以往的任何一次都不同，方老师与学生是拉紧了手站在一起的。

实

在薛毅俊老师的班级里，学生有一种掰着指头盼生日的热切。在那一天，过生日的孩子会收到一张"黑板贺卡"。一块小黑板，手绘图案，书写生日祝福。听起来似乎平平无奇，但是集体人多，每年没断档，还要迭代，着实不简单。绘制贺卡，唱生日歌，捧着大贺卡与好朋友合影——这是初始年级时的基础版。到了初一，绘制组的同学开始根据小寿星的喜好，设计个性化的黑板贺卡，还会留出空间让全班同学签名，合影之后还有特约嘉宾的节目表演——这是相处一年后的扩容版本。到了初二，薛老师想着快分班了，送祝福活动还可以再丰富一点，于是有了专场主持人串场，制作忆过往视频，但黑板贺卡仍是压轴之作。每期生日会的主持人、筹备组和表演嘉宾都是不定的，但又是有所交叠的，无数个同学的生日串起了全班同学的友情链接。每个同学的生日便成了那一天集体共同的节日。邀请好友拍照留念，是生日会最热闹的也是最无序的环节。预初时还只是三两个小友端着小黑板，到了初一成群簇拥在台前，到了初二几乎是全班冲上来，乌泱泱地埋没了贺卡，拍照的薛老师还要不断高喊着：贺卡举高点！谁谁露出脸来！一块小黑板，承载的祝福不断累加，化为深情与厚谊，于是也就能理解，为什么分班时会有那么多的眼泪与不舍。

高二年级有一项传统的教育活动：走石子路。"走两圈吧"，丁黎萍老师把学生带到了一条两百多米长的石子路上，和学生光着脚开始了艰难的行路。"不行，痛死了！我不行了。"说"不行"的是谁，哪个学生吗？不，是丁老师。走之前，现场的发言她都想好了，不外乎古人所云"艰难困苦，玉汝于成"之类。只是没想到真正走上了这条路后，才发现整个行程中叫苦不迭、喊声最响的是自己。那种痛已让人顾及不了老师的身份与形象了，脑中只有一个词：咬住。终于走完了一圈。说好两圈的，丁老师想着，继续咬牙走。两圈是任务，愿不愿意走第三圈？丁老师又带头走在了前面。活动结束后，丁老师请学生写感想。感想中有对挫折的认识，有应对挫折的方法，也有对人生之路的思考。有一位走完后专门跑来为老师加油的学生，他写道："在这一过程中，我们需要激励自己、激励他人。激励自己的时候，我们怀着痛苦开出一条道；激励他人的时

▲ 高二年级传统德育活动——走石子路

候，自己的路在无意中也平坦了许多。"不由得感叹：认识源于体验。活动还没结束，一个星期后的班会课上讨论"第三圈要不要走"。有人回答不需要走，这在意料之中。但当绝大多数学生都认为不需要走时，几乎一边倒的答案还是让老师有些吃惊。真实的交流才能完成真正的教育。学生畅所欲言，老师在听的过程中快速分类，把学生们所有肯定的回答都改以问句的方式一一回应。学生们陷入了沉静，开始沉思。丁老师对教育活动的成效，有着自己的理解与主张。学生的"多元解读"理应受到格外的重视和尊重，但学生的个性化理解并不意味着是最佳理解，在强调学生主体的同时不能放弃教师的指导。

丁老师曾在文章中坦言，"每个人都想成功，但没想到成长"这句话给了她很大的感触。活动总是多的，尽量做到更实处，那么学生的情感、意志、人格和精神，循着各自的生长点，即使缓慢，总还是在成长的。

活

高三学业重、压力大，学生或多或少都有点紧张焦虑的情绪。有些孩子心理负担特别大，尤其需要减减压。"视其所以，观其所由"，老师们具有发现症结的慧眼、金石为开的诚心，但有的学生始终是怀有戒备疑虑的。苦心孤诣不得法，那么换个思路，薛垣老师有他的"喝一杯"工作法。置买饮料、茶包、咖啡、一次性杯子，并向学生宣传，欢迎他们随时来"喝一杯"。学习累了、心情不好了、想要闲聊一会儿，都可以来，只是要喝完才能走。一开始，来的学生不多，保持观望。喝过一次后，便越发主动了。越来越多的学生愿意来"喝一杯"，也乐于和老师随意讲讲话，聊聊近况，谈谈志愿。在成长的经历里，我们的学生可能接受了太多的"疏导"，他人淬炼了时间和经历所分享的间接经验，固然是宝贵的，但有些时刻他们也需要自我咀嚼和消化的体验，逼仄的空间里可以随便喝一杯，放松放松，就挺好。

在学生的印象里，金琪老师不只是典礼活动中颁奖致辞的校党委书记，更是一位很"会说"的老师，热情亲切。每周一午会金老师的周总结，被学生亲切地称为"一周金琪秀"。金老师和学生聊些什么呢？群星耀西位，发现身边的美，行规专题，活动总结……作为在德育领域追寻探索三十多年的专家，胸中自有丘壑，从高位理念到落地德育的实践，金老师想要呈现得更多的是学生需要了解的，学生能够理解的。无论是框架设计，还是内涵导引，这之中有驻足凝视梳理总结的必要，也少不了去粗取精由表及里的考量。有了材料，还要精心加工，把"盐"放进"汤"里，用浅易通俗的话去讲，大命题"立德树人"需要渗透到细节里去盘活。

▲ 金琪书记和学生在一起

有时是国际赛事获奖的学生被邀请到演播室，有时也有帮食堂师傅推一把餐车的背影亮相。有时谈论的是文化自信与公民人格，有时也讲学习计划和生活琐事。毕业了的学生会在纪念册上写，以后再也看不到"一周金琪秀"了。书记去北校开会，还有低年级的学生拿着小本子蹲守在会议室外，天真地想要个签名。一届届的学生，金老师圈了一波又一波粉，俨然是学生眼中的脱口秀明星。只是这些孩子哪里知道，他们才是真正的主角，金老师心中的明日之星。

中和育人，没有标准答案与统一姿势，方法是活的，但又是协调的。

身边这样的故事还有很多，不一而足，难以尽举。学生思想品德的培养，是个大命题。教育的方法与路径也总是多元的，行之有效与否亦未知。但终究起点还是回归到我们的心——以真诚相待，不只是站在讲台上。

▲ 2023 年艺术节闭幕式

表现高中课外实践活动的音乐剧《最美的期待》串联起了军训、学农和毕业典礼，2023 年歌舞《盖世英雄》结合东方绿洲，使艺术真正地走进了生活。

西位艺术节如今是全校 3000 多名师生共同参与的一次盛会，是台上精彩绝伦、激动人心的表演，是台下欢呼雀跃、此起彼伏的人浪，更是西位人"追求完美，力求发展"、不断挖掘艺术之美的坚守。

社团　丰富又有趣

除了一年一度的艺术节，最让西位学生挂怀的要数社团活动了。"百团大战"、游园会等，更是让西位学子印象深刻。

作为学校明星社团，北山话剧社自 2005 年建社以来，始终是最受学生欢迎的社团之一。而话剧社组建的土壤，则要从西位资深语文老师刘亚晶最初排演语文课本剧、开展"语文月"活动开始。如今已成为知名青年导演的西位校友周申和胡晓庆回母校聊起在西位排戏的点滴往事，感激之情溢于言表。刘亚晶老师为热爱戏剧表演的学生打开了一扇窗，让有表演、编剧天赋的学生汇聚到了一起。而同为华师大毕业、华师大"扬之水"话剧社成员的薛垣老师和乐可达老师的加入，给话剧社增添了专业力量，让话剧社走上了稳步发展的道路。

热爱的力量在于坚守

小王同学初二时便很想加入北山话剧社，顺利升上西位高中后，通过了北山话剧社面试的她觉得不可思议："通过话剧社的面试可谓奇迹，毕竟那时候，我的台词功底可糟糕了！"乐可达老师后来聊起她入社时的表演说，当时真正打动他们的，并不是小王同学的演技，而是她在表演时的热情。

小王同学此后便积极投入北山话剧社的活动中，在社团课上跟着薛垣老师和乐可达老师认真学习表演基础，争取一切可以参加公开表演的机会，努力排练。在第一次校内登台前，小王同学还约着和她合作的演员，每天早上 7 点便偷偷来学校私下排练。

高二时，兢兢业业的小王同学当选为北山话剧社的社长。在指导老师的帮助

▲ 北山话剧社排练场景

下，她进一步完善了社团课程和管理，熟悉了排一出大戏的方方面面。当年，她也参演了上海市中学生话剧节剧目《项链》，获得了优秀个人表演奖。

大赛前每个排练的夜晚紧张而略显焦躁，乐可达老师总是陪伴他们到最后，离开学校的时候已是万家灯火。薛垣老师擅长剧本改编，每次中学生话剧节的剧本都由薛老师操刀。薛垣老师指导表演的风格也与乐可达老师不同，当乐可达老师手舞足蹈地给学生说戏、示范的时候，薛垣老师经常在一旁默默观察，然后冷不防地蹦出一句金句，且往往能抓住此时排演的症结，生动形象，一语中的。

近几年，北山话剧社的成绩斐然，在每届中学生话剧节上斩获颇丰，最佳导演、最佳改编剧本、优秀表演奖、最佳指导老师等几乎都拿了一遍。小王同学也如愿以偿考入了上海戏剧学院，继续她的戏剧梦想。

和羹之美　在于合异

在西位的校园，挑灯夜战的不仅有初三、高三备考的学生，也有准备演出和比赛的各路人马。音乐教室不时穿梭着艺术节表演的队伍，如北山话剧社和轻音社乐队；机器人实验室里，准备"西南位育杯"机器人比赛的机器人社团成员轮流写作业、调试机器人；办公室、大会议室也不时驻扎着准备"西南位育杯"模联赛、"西南位育杯"英语辩论赛的学生。而他们的指导老师也不辞辛劳，不但要为学生的后勤提供保障，更要在关键时刻给学生以坚定的支持，化解难题。指导老师的陪伴是学生最大的心理支柱。

早年负责学校科技活动的叶新建老师与学生一起住在学校备赛，早上学生家长来送早饭。如今机器人社团的指导老师李启晨带学生备赛时也常常通宵达旦。曾带领模联社打江山的指导老师王红妹也深有同感，有时只能轮流睡两三个小时。

俗话说，台上十分钟，台下十年功。西南位育中学的老师以各自的专长为兴

▲ 西位模拟联合国大会闭幕式

趣广泛的学生创造了发挥的空间、展示的舞台，对学科的热爱和对学生的使命感让他们自愿放弃了大量业余休闲的时间，毫不犹豫地挑起重担，一切为学生的发展着想，这才有了今天西南位育中学人才济济、欣欣向荣的面貌。

大咖面对面——前行的光　信念的火

2017 年，著名考古学家、中国社会科学院学部委员王巍为高二年级师生作了题为《从考古发现看中华文明的起源》的报告。王老师带领同学们了解了全国各地的重大考古发现，及其对于探明中华文明起源的意义：远古时期留下的一个牛脚印，可证实当时的农业生产已出现犁耕；一处墓葬里的玉器，可帮助判断墓主的身份地位……学生们在讲座结束前的问答环节热情高涨，踊跃地提出自己在讲座中、生活中的疑问。

西位学子在 2013、2015 年曾先后与张杰院士、闻玉梅院士和丁奎岭院士面对面畅谈人文精神与科学人生，话题从"宇宙的奥秘""人才与创新""病毒的害与利"到"合成"我们的未来等，顶尖学者的渊博学识和人格魅力给西位师生留下了深刻印象。

学生们在与一流学者的零距离接触中，与目前学习的学科相联系，开阔了学科前沿的视野，看到了自己未来发展的可能。除此之外，高中三年还开展职业生涯系列活动——高一的"各行各业进校园"职业规划讲座；高二的大学及专业导航；高三的校友综招拆招、综招模拟面试等活动。学校积极提供平台，设置课题，让学生在其中养习、炼能、明志、厚积薄发。各年级"走进 Google""走进检察院""走进研究院""走进高校""跟着爸妈去上班""非遗进校园"等实践活动，亦使学生从中感受到未来对人才的专业要求与品质要求。在西位，前行之路有"大咖"指引、名师点拨，学生定能找到属于他们的梦想之火。

你好，北京——西位的独家记忆

受新冠疫情影响，2020 年 6 月下旬，高一学生仍然在繁忙地复习迎考，不少学生不禁回忆起 2019 年中考结束后，实验班远赴北京研学的美好时光，几乎同时在朋友圈发布了游学一周年纪念。

2023 年，初三学子重启北京研学，本次北京研学的行程由初三年级组组长及实验班班主任经过几轮研讨才最终确定下来。本次初三实验班最后一次"一月一行"，通过"学习历史文化""培养爱国主义情怀""走进大学校园"三大研学主题，让西位学子带着浓厚的民族自豪感，感受京城的历史与文化积淀。

短短六天的北京研学之旅紧凑而充实，除了集体参观游览外，同学们还在自由活动时间体验了北京的风土人情。当归程的路上同学们开心地分享心得、认真地记录所见所想时，北京之旅为初三"一月一行"系列活动画上了圆满的句点，也为同学们开启高中新生活打开了大门！

▲ 初三年级北京研学活动

　　西南位育中学设计基于完中特色的国内社会实践研学方案，让不同学段的学生以小组为单位，每年可以带着相应学段的课题进行主题研学，打造系列"行走课堂"。行走课堂的目标定位，让学生在活动中达成知识的建构、能力的发展，同时还有更为上层的情感态度价值观的逐步建立。以学生自主选择为前提的多样化行走课题，将"校内课堂"和"社会大课堂"相结合，直击学生素养提升！这次旅行见证了他们的友谊、他们的成长和他们思考的点滴，是属于西位的独家记忆，令人久久难以忘怀。

穿花寻路　找到属于自己的航道

　　由在读校友陪同，实验班学生首先参观了北京航空航天大学的航空航天博物馆，听学长讲解相关的物理原理，了解人类和中国航空航天的历史；在绿荫下，学生们席地而坐，在学长学姐的指导下，学着组装小飞机。当看着自己制作的小飞机飞上天空时，有学生在考察日记中写道："虽然飞机飞得不够高不够远，就如

▲ 参观中国商飞上海飞机制造有限公司

现在跌跌撞撞的我们一样，但我心中也有了一种信念，未来我们一定能像 C919 一样稳稳地翱翔于天际，不畏风雨，见到我们想见的彩虹。"也有同学表示，看了大飞机，做了小飞机，"以后的志向是要为祖国造大飞机做贡献"。

大学校园行共访问了北京三所知名高校，这在学生心中无疑埋下了种子，让大家对未来的发展有了一定的思考。有学生表示："看到这些，我知道我想要的是什么了。人生仅有一次，我不是天才，但我明白我要做什么了。"

这些点滴思考让带队老师颇感欣慰，上海高考 3+3 改革后需要学生更早地立志定位，做好选科的准备。尽管老师带学生赴外地考察责任重大，压力不小，但读着学生们的考察日志，老师觉得付出的苦心也值了。

西位这所红房子，承载了西位学子七年的少年时光。在这里，学生磨炼自我，展示才华，圆梦舞台；在这里，有学者名师传道授业解惑，点燃学生心中梦想的火花；在这里，有亲切勤快严细求索的老师，为西位学子打好身心健康、终身学习、走向社会的基础。

聚年轻的心
引前进的路

———

夏玉婷

西南位育中学教工团是青年教师的小家庭，他们有凝聚力、战斗力、生命力，他们在西位大家庭的关怀和爱护下茁壮成长，逐渐成长为学校建设的主力军。

青蓝于飞，共话成长

换座位和选小组

2019 年 3 月 1 日，周利琼老师给团员老师们分享了班主任的教育艺术。周老师从换座位和选小组出发，总结出 6 个关键词——选择、离别、珍惜、机会、争取、适应，进而引申出对于学生幸福获取的讨论与思考。

邵祺璋老师说："在我的班主任工作中，这样的场景遇到过，虽然有过相似的做法，但今天发现还可以做得更完善，让学生在日常小事中感受成长的快乐。"周老师从个人和集体关系、责任、包干区工作的目的几个方面向老师们分享了自己的所思所感，她告诉青年老师们，要时刻抓住教育的契机，灵活运用教育的"道"和"术"，让学生在学校和班级的集体生活中感悟成长。

"周老师分析得生动形象、深入浅出，真让我受益匪浅啊，以后我碰到这样的问题就知道该如何做啦。"叶婷老师如是说。"青出于蓝"，西位就是这样一个温暖的地方，前辈老师为懵懵懂懂的青年老师指点迷津，帮助他们在职初期迅速成长，传递的不仅是西位的品格与精神，更是教育者的初心和使命。

感恩与传承

西位有这样的一个传统，每学年末都会举办见习教师座谈会，校长、书记、青年委员们共同与会，聆听职初期老师的感想和希冀。

犹记得 2019 年 6 月 17 日的午后，14 位职初期老师济济一堂，讲述着他们的感恩与传承。其中说得最多的就是感谢师父的无私帮助。高一年级组的林书婷老师称师傅丁黎萍为"贵人"，"贵在能遇到如此热爱教育、关怀学生、乐于分享的师傅"，其实每每走进高一办公室，总能听到两位师徒就某一课本知识展开的热烈讨论。没有师傅的倾囊相授，也就没有徒弟的人才辈出，得益于西南位育的师徒带教政策，新教师得以更快进入角色，少走弯路。"成长过程中，陪你走过每一程的人都值得感恩。"这是张建中校长在某届艺术节上的致辞，他希望新老师要学会感恩，感恩个人的成功必有师傅的付出与教诲，投之以桃，报之以礼。

预初年级黄佳琪老师坦言作为新教师最棘手的是面对家长，尤其是碰到不

▲ 2022 学年新入职教师交流会

明事理、爱"找茬"的家长。庆幸的是，她背后总有强大的后盾免去她的后顾之忧——德育师傅、年级组长以及学校。德育工作，尤其是和学生的交流重在渗透细节，见微知著，只有拥有强烈的责任心和水滴石穿的恒心，才能赢得学生的爱戴、家长的信任，进而形成良好的家校互动。

未来，学校还有一批批的青年教师，每一位老师能够站稳讲台都离不开师父和学校的帮助，所幸我们在这里，在幸福的西南位育。

听课、备课、反思那些事儿

青年教师的成长不仅要有德育工作的浸润，更要有专业素养的提升。

2019 年 11 月初，在学校教导处的组织下，西南位育中学"0—2 岁"青年教师齐聚二楼阶梯教室，共同学习由曹永娥老师和方洪老师带来的关于听课、备课和课后反思的经验指导。

方洪老师首先分享了自己听课记录的那些事儿。从听课历程出发，方老师详细介绍了自己从课堂实录、板块梳理、逻辑与时间到即时性思考、判断与评价五个阶段的思考，向青年教师展示了听课记录与反馈是提高自身专业素养的重要方式。接着方老师向在座的老师分享了教案撰写和备课的心得：青年老师要写详案，保证课堂顺畅的逻辑联系；课后需要对教案进行及时调整，让课堂教学更加完美；通过问题教学法达成教学目标；关注课堂的预设与生成……一个个宝贵的经验让老师们受益匪浅，也让他们明白备课之前要先自己思考，再去吸取他人的经验，即从素读到他读，做个勤学善思的有心人。

曹永娥老师以三个教案问题为起点，引发大家思考有效的课堂实践应注意哪些方面。带着疑问，曹老师深入浅出地道出了课堂秩序管理、有效提问设问、合理教学评价是提升课堂效率的关键环节。接着，曹老师着重介绍了课后反思的精华，即反思"败笔之处"，做好再教设计；反思"创新火花"，提升教学理念；反思"课堂生成",积累教学经验;反思"学生见解",教学相长促进步。独到而精辟的经验分享让青年教师眼前一亮,也让他们在感叹资深教师的敬业和专业的同时找到了未来努力的方向。

西南位育中学就是这样一个温暖的地方,从学科到德育的师徒带教,学校为每一个西位人提供了坚实的发展平台。学校关注每一位教师的发展轨迹,前辈老师们无私相授,使得年轻的西位人迅速成长起来,实现职业技能的大丰收。

凝聚情谊,携手并进

新年聚会的幸福

从 2017 年开始,每年年末,教工团里的师父和徒弟都有一场庆祝新年、表达感谢的联欢会,感谢师父的谆谆教导,感恩伙伴的热情帮助,感念学校的悉心呵护。

瞧,2020 年 1 月 14 日,五十多对来自各个学科的师徒们在繁忙的期末工作中欢聚一堂,共同讲述这一学期的故事。活动一开场便以一首由徒弟送给师父的诗歌朗诵打开了大家的话匣子,一张张稚嫩青涩的面孔在师父的带领下已悄然消退,成熟稳重的气息扑面而来。紧接着是直呼其名的游戏和乒乓接力的活动,共邀请了四组师徒进行互动,分两组 PK,考验了彼此之间的默契,大家在一片欢声笑语中,加深了对彼此的了解。中间休息时,王军老师的一首《倔强》引起了大合唱,全场跟着节奏鼓掌挥手,每个人都乐享其中。最后,在陆梦老师的钢琴独奏《起风了》中,这场快乐轻松的约会结束了。

这场没有华丽服装的演出,在每个人心里都留下了深深的痕迹。因为这是一段关于成长的记忆,这是一段关于陪伴的旅程,这是一段关于西位的故事。这样的"暖心活动",使温馨在青年教师中浸润,让和谐美好在西位传承。

走走停停　谈笑风生

每个学期，西位的青年老师们还有一次校外的结伴游，结伴游让老师们更好感受新上海的魅力，更快融入西位大家庭。

2018 年 10 月 13 日，13 位小伙伴首先来到了位于上海西岸的龙美术馆，伴随着自由愉快的心情，参观了傣族《孔雀公主》故事的连环画展，感受到了古代对于爱情的忠贞不渝；看了《为伟大祖国站岗》这幅画创作的不易历程，深刻体会了背靠一个强大的祖国是多么幸福；也当场体验了古琴的美妙与高雅，感叹中国传统文化的精致与厚度。接着一行人来到了预订好的饭店，觥筹交错，谈笑风生，在岁月静好中感受着学校所带来的温暖和幸福，也增进了彼此的了解和感情。就像乐可达老师说的："这样的生活真美好！"

还有 2019 年 6 月 15 日的射击射箭运动。老师们跃跃欲试，认真对待每一发子弹、每一支箭，都希望能取得好成绩。结果我校两位女老师的成绩尤为突出，打出了 93 环的好成绩。虽然有些老师的成绩不太如意，但是大家感受了射击射箭的魅力，体验了运动中的坚韧和果断。

▲ 教工团青年教师红色寻访联合活动

志愿奉献，以心传心

不仅仅是接受帮助，青年教师们也带着满满温情反哺社会，积极参与社会慈善。

▲ 青年教师"520"表白西位

每年青年老师们都积极报名义务献血，远远超过计划名额，充分发挥了生力军和突击队的积极作用。

社区卫生整治志愿者行动

社区是我家，环境靠大家。西位处于田林街道辖区，身为社区的光荣一员，西位青年教师经常参加社区组织的各项志愿活动。叶婷、魏巍、钟娟、张婧琳、曹颖、庞盼盼、陈丽、黄辉玲等教师参加了 2017 年 9 月 22—25 日的田林街道创全志愿者活动；盛菁、李晓颖、陈浩翔、蒋丽洁、宋震鸣等教师参加了田林街道暑期志愿活动。通过大家的努力，街道的环境焕然一新，得到辖区居民的一致好评。

排堵疏导——义务交通协管员

早上校门处的"丁"字路口交通拥堵，易造成安全隐患。为协助交通指挥员缓解混乱，指挥行人和车辆有序通过，党支部在全校范围内开展志愿者报名活动。教工团老师们积极报名，参与到交通协管志愿工作中。大家手拿着引导牌，身穿志愿服，一丝不苟地指导着行人交通，为形成良好的校园周边环境做出了一份贡献。

以学习活动激励人，以暖心活动融合人，以志愿活动历练人。西位教工团就是在这样的氛围中，在多姿多彩的团组织生活中，释放才情、挥洒激情、凝结友情，紧密团结在党支部中心，更好地发挥党的助手和后备军作用。

西位记忆

3

愿景

始于西位，
扬帆起航

陈泽豪

　　"西位对我影响最深的人和事"对我来说是个伪命题，生活在红房子屋檐下七年，西位带给我的影响是潜移默化、细水长流的，而不是一锤定音的。但，西位在"一切为了学生一生幸福着想，一切为了学生终生发展奠基"办学理念指导下所进行的教育，带给我的影响确实是一辈子的。

　　在西位的时候，我觉得这不过是一句素质教育的噱头。可走出西位，步入自己后续的人生，才发现，西位在这七年里早已经给我们打好了坚实的基础。

　　初中，高中；中考，高考。在以考学、升学为目的的教育大环境下，西位的教学体系培养出来的学生，不是只会做题的机器，他们有自己的思维，保持着自己的个性。西位一贯不提倡题海战术，老师上课的教学方法一直是以引导学生思考为主。应试教育所能带来的是对于题目的掌握，成为"做题家"。获得好成绩的方法有很多，培养"做题家"是一个很直观的

▲ 陈泽豪

途径，但从学校毕业迈向后续人生的时候，"做题"的重要性慢慢降低，取而代之的是一个学生的思辨力。步入社会，做人、做事需要主观能动性，而所有的主观能动性都是通过自己灵活敏锐的思维衍化而来的。西位倡导主动学习去创造价值，正是激发主观能动性的一种表现。这一点绝对是在应试教育大环境下的超前思维。

作为身处一线的教育实践人，西位的老师功不可没。除了本职的传道授业之外，西位老师的"解惑"，如此与众不同。西位老师说话春风化雨，娓娓道来；西位老师包容，体谅。我是一个多愁善感的人，当我还是一个十多岁的正在经历三观塑形的少年时，我很幸运遇见了我的班主任们：初中的班主任李红玫老师、陆秀叶老师、倪婉绮老师；高中三年的班主任李华老师。无论是学业上的不顺心，同学交往间的小摩擦，抑或是原生家庭带来的困扰，我都会去找她们聊天排解。她们倾听、安慰、鼓励我，现在回头来看，她们用心呵护了这个十多岁小男孩敏感而又执拗的内心，言传身教地告诉他，生活很美好，做人要善良，要学会感恩。

在学生的多元性发展上，西位投入了许多精力。即使离开西位已经五年多，但我至今仍记得每年一度的运动会、科技节、艺术节；仍记得初二东方绿洲的14岁成人礼，初三直升班的一月一行；仍记得高中时走过的石子路，高考前18岁的成人典礼。当时只顾着沉浸其中，现在想来，更多的是让我们做一个敏锐的人，多方涉猎，感受生活，体悟成长，厚积薄发。

西南位育坚持把"人"放在"成绩"之前。

我们常常认为努力就会有回报，但事实是，我们所取得的成就，不仅是个人努力的结果，环境也造就了我们。我们之所以会认为努力就会有回报，实际上是我们一直以来所处的环境有人鼓励我们，在背后推着我们往前走，把优质的资源向我们倾斜，并在过程中给予我们反馈与鼓励，所以才有我们最后的呈现。

求学路上，所有人都希望学子金榜题名，而西位教会我的是，金榜题名固然好，但人生不是竞技，只关注于高处相见，海底的美景就无法欣赏。如果梦想是趟列车，那车票就是选择做自己，尽力而为，接纳结果，未来可期，不负韶华。

感谢我的青葱岁月中，有西南位育浓墨重彩的一笔。

陈泽豪，2011—2018年就读于上海市西南位育中学，牛津大学经济学在读硕士。

成长之沃土，
青春之港湾

————

忆我的七年西位时光

————

张芷宁

从 2013 年到 2020 年，我在西南位育中学度过了青春中最宝贵的七年时光。从无知懵懂到自信成熟，我有幸接受了母校的素质教育，为我的人生发展打下了坚实的基础。

在我的眼中，西南位育是一所自由而开放的学校。在这里，课业负担适中，课余活动丰富，学校还鼓励学生"敢想敢为"，提倡学生自主管理。我清楚地记得，西位的老师们总是强调"要学，更要会玩"，鼓励我们参加涉及学科拓展、职业规划、陶冶情操等多个方面的各类活动，这在当时升学竞争激烈、应试教育占主流的大环境下，可谓是独树一帜。从初中开始，我先后担任过班长、宣传部部员、学生会主席等多个学生职务，曾在模拟联合国比赛中获得过"最佳代表""杰出代表"等荣誉称号，曾尝试过 NSDA 英语辩论赛，参加过校内外的各类志愿者活动，甚至还以高中生

▲ 张芷宁

的身份参与了学术课题研究！平时学校的活动多得数不清，艺术节、运动会、音乐节、班校会……我的高中三年过得肆意、快乐，积攒了许多宝贵的回忆。

如今我在上海交通大学念书，已步入本科的最后一年。回顾往昔，我惊讶地发现，从前在西位的诸多"玩乐"经历，其实给我带来了许多个体竞争意义上的"红利"。中学时劳逸结合、多元尝试的学习生活模式极大地锻炼了我，使我很早就具备了自我规划、平衡多项任务的能力；曾经参的与各类校内外社会实践，培养了我耐心、细心的特质以及我的团队合作意识，使得我对实习工作与社会服务更加得心应手；更重要的是，在师长们的谆谆教导下，我学会了独立自主、对己负责，充分意识到要"发挥自身核心竞争力"。这一切，都彰显了西位独特的素质教育理念，也赠予了我这个学生一份无价的人生礼物。

我要感谢母校带给我的教育之成果，也要感谢母校带给我的人际之温情。在七年的学习生涯中，我遇见了许多良师益友。我的高中班主任曾说："要把老师当朋友，把西位当作港湾。"的确，西位的老师不仅尽老师的责，更行了友人的善。可以说，如果没有他们的循循善诱与无微不至的关怀，我不会成长为现在这个自尊自信、仁爱谦恭、爱国敬业的三好青年。而昔日在西位结识的同窗之中，有许多成了我的挚友，如今我们的友谊也愈发深厚。人生在世，能够在人情淡漠的现代社会中收获人际间的温暖，着实令我感到欣慰。

立志用功，如种树然；方其根芽，尤未有干；及其有干，尚未有枝；枝而后也叶，叶而后花实。西位正如沃土，给予了我纵情生长的养分。三十载风风雨雨，这所红房子给莘莘学子以港湾。值此母校生辰之际，我由衷地送上祝福：祝愿母校不断书写华章，更加辉煌！

张芷宁，2013—2020年就读于上海市西南位育中学，现就读于上海交通大学法学专业。

关于西位，
我们的答案

陆文博

转眼毕业已经两年了，我还没有回过西位。几次路过红房子门口，也只是从栏杆缝隙间窥向熟悉的大操场，恍然间，好像白衬衫又上了身，宽松的校裤正在腿上晃荡……察觉到路过的大爷异样的眼神，悻悻离去——热闹是他们的，我什么也没有。不过曾经，我们倒是有过……金牌五班！

▲ 陆文博（右二）

我和金牌五班的缘分起于那年盛夏。告别东校，穿过宜山路的车水马龙，走进一间陌生的教室，我似乎记得在放什么视频因而灯关着，衬得同学们的脸有些阴暗，我局促加倍，低头从一溜桌椅边滑过，直奔空座而去。当时的我怕是很难想象，一两年后再面对这群起初看起来"阴暗"的同学，局促不再，甚至还能有两分潇洒。

金牌五班的第一次每月一行，是精心设计的破冰——分组收集指定物品，数量多者胜。众（嘴上）："切，这么老套。"大丁："这轮我们收——袜子。"瞬间雷倒一片的同时，一些有志之士已经以迅雷不及掩耳之势扯下了袜子，另一些同学在经过肉眼可见的心理挣扎后也开始了行动。一时间，网球场里不是单脚跳的，就是坐地上的，鞋子遍地，班主任大笑不止。袜子臭不臭已然不记得了，但是"脱袜之交"建立起的革命友谊长存！

谈起五班，必提我们四年的数学老师、三年的班主任陈惠老师。自初三一照面起，惠言惠语便成了五班人头顶一朵挥之不去的乌云，无数催促叮咛不绝于耳。犹记得高一从新西兰游学归来，学业上落下了些，第一次数学测验，面对一卷子的花括号、圆括号、冒号，我脑子里只有问号。果然，怒斩 21 分，全班第一，倒数的。我稍有些懊恼，不过陈老师很急，要安排我天天中午跟着她做题。多么令人向往的自由中午啊，我只能做题——做题，讲题，再做题，但陈老师一直耐心地待在我边上，细心地引导、鼓励，肯定我的每一次小进步。就这么过了小一周，便迎来了第二次数学测验。再战，又拿了个第一，不过这次是正数的。倒数第一变成正数第一，搞得陈老师也是有些哭笑不得，不知道她有没有感到一丝欣慰呢？

在执笔写下这些往昔的小故事，搜肠刮肚翻找出一些值得纪念的事时，我才意识到，西位于我，已是遥远的了。随手点开一个沉寂许久的群聊，才发觉曾经春夏秋冬从早到晚挤在一起的同学们，现在已走得这么远了。他们一个个去往何方、近况如何，未来有何打算，我竟一概不知，这些旧友变成了故人。毕业，牵扯着七年西位所有的回忆。我这才意识到，西位于我，不仅有同学老师和活动这些美好的记忆，她代表的更是那时我们天真又充满朝气、莽撞又富有激情的青春岁月。红房子里揣着的这段年华，有位同学说，就像从一个住了很久的房子搬走以后的感觉，憧憬的，又回不去的从前。

陆文博，2014—2021 年就读于上海市西南位育中学，现就读于上海纽约大学数据科学专业。

在西位，
发现你的热爱

————

田子卉

我与西位的故事，是从东校的一方天地开始的。

在东校，轨道交通 4 号线会浅浅地带着震动从脚下穿过；操场没有跑道，女生需要跑五圈多才能考完 800 米；虽然没有大的图书馆，但每层楼都有小小的读书角，盛满了知识的厚重……东校虽小，但却很温暖。四个班的编制同学间彼此熟悉，班与班之间的篮球赛、排球赛更加深了我们之间的友情。我就在东校每一天的学习探讨、嬉笑玩闹中，度过了三年的初中时光。东校三年的快乐学习生活也让我坚定了继续在西位读书的想法。初三开始，我去总校继续学习，尽管面对新的伙伴与新的班级，但西位人的友善、真诚品质却始终如一。在六班这个和和美美的大家庭，我常难以感到时间飞逝，破冰、苏州行、初中毕业典礼、东方绿舟学军、课题研究、高三疫情的守望相助……点点滴滴的时光中藏着我与六班、我与西位的宝贵回忆。就这样，我在西位读了七年书。

离开西位一年，莫过于怀念西位对每一个

▲ 田子卉

同学不同发展轨迹的培养。面对看起来有些头疼的"综合评价"课题要求，西位让同学们自行发散思维，观察生活中的点点滴滴。我们小组选择了"慈善超市"课题，在课题完成期间，指导老师全程跟进，为我们小组提出新点子、新概念，甚至牺牲自己的休息时间，放学后在办公室里为我们指出课题报告的不足。西位充分激发学生的求知精神，加上老师的负责态度，总能在各大课题比赛中斩获佳绩。很多同学也因课题研究对某一领域有了更深的了解，并愿意为之奋斗终生。

在能力锻炼方面，我在初三时便和大多数同学一样，加入了学生会、团委的招新。提前一年的工作培训，让西位的学生组织运作有序；而扩大至整个年级的招收部员，较高的录取率也让每位同学都能获得自己的锻炼机会。在学生会工作两年后，我通过竞选成为学生会主席，为自己的热爱，也为成为指引学弟学妹们继续前行的光。

西位的社团活动五彩纷呈，只要你想，就可以创办一个属于自己的"爱好天地"，小小的教室容纳的，是一群志同道合的同学们。老牌社团以学长学姐代代传承，指导老师温柔鼓励而焕发光彩；新兴社团以同学们的热爱与指导老师的帮助而熠熠生辉。

我想，在西位，尽管校舍不大，但你始终能在教室中、操场上、实验室里，找到属于自己的一方天地。一颗颗热爱的种子在西位的精心呵护下被种下。W同学自初三便加入了人工智能社与机器人社，参加了一次次调试训练、一次次比赛，机器人室记录了他成长的每一刻。

西位的包容与宽广，还在于倾听同学需求后的创造。D同学自初中以来即对表演情有独钟，在初中时便组建合唱团登台表演。升入高中，他在艺术方面的潜力被进一步激发。担任麦克台风评委、艺术节的节目编导，甚至亲自导演一部又一部英语话剧，登上英语月的舞台。一台大戏不仅需要一个天才导演，更需要让梦想落地的舞台。而西位则给予他许多支持：提供场地设备，帮忙宣传，支持巡演……敢想敢为的不仅是 D 同学，还有坚定支持他的学校。每年一部英语话剧的产出，体现了他对艺术创作的热爱。西位支持一切敢想敢为，也让每一个梦想绽放光彩。

后来，我抱着对人文科学的热爱，进入大学学习法学专业；W 同学选择了机器人工程，延续着他对机器人的热爱；D 同学则坚定选择了艺术方向的专业，坚守着每年一部戏甚至两部戏产出的承诺。西位的平台搭建与志趣培养，让我们找到了心之所向。学校给予学生的，不仅是良好的学习氛围与环境，更是在有限的空间里尽可能满足每个学生多元成长的需求。在生物实验室，或立足微观，于自然世界探索科学奥秘；在多功能教室，或立足宏观，于全球视野捕捉天下大事；在图书馆，或沉心读书，于人文讲堂发掘文化底蕴；在操场上，或挥洒汗水，于篮排球场强健身体素质……一个综合性人才绝不应只有学习能力，更应有持续学习的动力，而热爱就是最好的引擎，这是西位送给我们每个人的礼物。

在西位，尽管成长于方寸天地，但心怀着无限热爱。

田子卉，2015—2022 年就读于上海市西南位育中学，现就读于华东政法大学法学专业（涉外卓越国际金融法律人才实验班）。

寻"位"

莫 斐

　　从东校橙翠青涩的凌霄花架下走出，从西校威严冷峻的雄石狮旁走过，在充满笑语伤感的暖阳中跨出银色的大门。从稚嫩懵懂到明朗坚定，我从少年成长为青年，母校也从一个细心引导的长者变为一个欣慰目送的"家长"。这，是我的七年，也是母校与我的七年。

　　七年前，带着期待与迷茫，我走进了一幢暖红色的房子。西位的东校校园不大，但木制栈道和小桥流水俨然将校园点缀得诗意盎然。在初中的懵懵懂懂中，我开始思考探索学习和生活的意义。还记得，为帮助我们思考和确立自我发展方向，班主任领着我们写自己的周计划、月计划，并且组织前后桌同学结成学习小组，互相交流、督促；也不忘，为提升我数学的薄弱部分——几何，数学老师时常嘱咐并监督我每天加练，不厌其烦地帮我批改、订正。西位严谨务实的学习氛围、开放包容的环境、良好的师生关系、友爱的同学情谊，让我度过了愉快的初中时光。当我和父母沟通确定要去美国留学时，"留在西位"自然成为我们的共识。

▲ 莫斐

三年前，从东校到西校国际课程部，熟悉的红房子给了我莫大的安全感，但国际课程和体制变化也带给我一定冲击。国际课程部的师生比很高，这让我能够得到更多关注，但老师们并不会事无巨细地安排好一切，他们总是鼓励我们自己思考。更大的探索空间也让我觉察我内心坚定的想法：我想要去追逐更大的成就，去挑战不一样，追求更高更非凡的东西，就如同西位的校训——"追求完美，力求发展"。

国际课程部的三年，我参与读书分享会，和小组成员一起为项目作业而拼搏，和同学们一起参加净海活动，竞选国际课程部学生会学习部长，参加 AMC 数学竞赛……这些或成功或失败的体验铸就了更加强大的自我，让我对未来也有了更加清晰的描画。升学指导老师引领我找寻自己的热爱，在文书写作时给予我建议，反复复盘各项申请材料确保万无一失；班主任用细致的关怀陪伴我走过最艰难的申请季；标化考试受挫时，我主动需求 ESL 老师帮助，她耐心听完并向我推荐了适用的训练方法，并告诉我有困难，随时可以寻求帮助；AP 老师们知道我总是有许多试卷的问题求解，常常会约时间给我开会议室专门讲解这些问题……在我为实现梦想"死磕到底"的时候，西位的老师们总会给我最大的支持。

有几次夜晚，从窗户飞进来许多臭虫，在房间里面横冲直撞。我最怕虫子，但为了达到自己的小目标，就一边和虫子打游击一边做题，直到凌晨 3 点。虽然学到很晚，但那时我确实感觉没有比这更快意的时光了。我突然明白这就是我一直想要的：体验这种不断向一个地方前进的感觉，不断从无到有创造的感觉。生命是体验，不是结果，经历就是幸福。

七年前金黄的秋天，我走进西位；七年后金色的秋日，我又将飞越大洋。在西南位育的七年经历将永远留在我的生长印记之中，无关岁月，无关喧嚣。

莫斐，2016—2023 年就读于上海市西南位育中学，现就读于纽约大学商学院统计＋商业计算专业。

从 1993 年创办至今，西南位育中学已经走过了三十载春秋。

中国古代著名教育家孔子曰："三十而立，四十而不惑。"三十年来，西位人筚路蓝缕、孜孜以求，在中国教育改革的大潮中迎难而上，蓬勃发展。今天，西南位育中学已经发展成为拥有 3 个校区、80 多个教学班、3500 余名在校生的民办完全中学，也是上海市民办中学教育的一张"亮丽名片"。

"欲求木之长者，必固其根本；欲流之远者，必浚其泉源。"自创校之日起，西南位育中学就高度重视传承和弘扬中华优秀传统文化。学校以"位育"二字作为校名，正是对中国古代经典哲学思想"致中和，天地位焉，万物育焉"的高度浓缩。在高瞻远瞩的创始校长庄中文先生带领下，学校逐渐形成了独特而深厚的"西位"脉络，而"中和位育"的理念如同血液通过脉络，给予其无穷无尽的养分。在本书"中和立校　以启山林"部分，我们收录了年届九秩的老校长多年来对于古代优秀教育思想的精研体会（如"浅说'中和位育'"等），以及我校在发掘和弘扬这些优秀思想传统方面的经验与实践。"成长自觉　薪火相传"部分收集了我校第二任校长张建中先生在"凝练中和位育文化　激发师生成长自觉"方面的办学思想。从这些文章可以看出，从办学精神到理念的发展充实，从学生、教师的发展及课程的开发、课堂价值的追求，到学校党组织的"嵌入式"设置……无不体现着我校融传统于现代，在传承中创新的办学智慧。通过梳理这些办学思想，西位人不仅可以了解学校之既往，更能明晰未来之所向。

三十年来，西南位育中学的发展与办学成绩离不开各级领导和社会各界的关心与爱护，也离不开学校广大教师的共同努力。自办学以来，学校始终严格贯彻党的教育方针，始终以高质量党建引领学校高质量发展，始终以党建赋能民办学校改革与发展。在本书各部分中，我们还收录了金琪书记和部分老师在教学、教改与党建第一线的回忆和工作体会。这些文字不仅凝聚了他们多年来辛勤付出的收获，也充分印证了我校提出的"打造民办品牌，追求卓越教育"不只是一个憧憬，更是一个正在不断完善的现实！

桃李不言，下自成蹊。三十年来，西南位育中学已经为社会培养了数万名优秀毕业生，他们在国内外各高等院校毕业后已成为各个行业的骨干力量，正在为实现中华民族伟大复兴的"中国梦"而挥洒汗水。在每一部分结尾，我们都特意邀请5名优秀毕业生代表撰写了对母校的回忆文章。在西南位育中学，"一切为了学生一生幸福着想，一切为了学生终生发展奠基"决不是一句口号，而是每一位师生都身在其中、努力践行的教育实践。感谢生生不息、朝气蓬勃的西位学子和校友们，美丽的校园因为他们而富有生机，新生的学校也因为他们而更加光彩照人，他们的回忆文章更是让本书增色不少。

对于一所学校来说，三十年也许只是一个开端。面向未来，我们将在陈勇校长的带领下继往开来、砥砺前行，进一步发挥"中和位育"的内生动力，为下一个三十年的精彩华章写下最美最好的序曲。西南位育中学将继续用优秀的传统文化和校园文化凝聚师生，用好学校过往的精神财富，挖掘出汩汩活水，滋养出更多的硕果。未来学校将继续推进"人文立校，适位育人"特色普通高中建设，致力于初高中教育的有效衔接，以及国内课程和国际课程的高效联动，深入探索融合创新的中国特色教育之路。

本书的顺利出版，离不开各位撰稿人的辛勤付出和努力。上海市教育委员会原副主任、上海市徐汇区教育局原局长李骏修先生在百忙之中为本书赐序，他的支持和鼓励一直是我们前行的动力。令我们十分痛心的是，本书撰稿人之一刘斌老师已于2022年不幸离世，我们认为本书的出版也是对他最好的纪念。西南位育中学沈效征老师不仅为本书积累了诸多素材，而且提供了许多宝贵建议。谢敏、何君、张娜、董国俊、王晶、乐可达等老师也为本书的联络、编辑和梳理等付出了大量心血，我们也要向他们表示最诚挚的感谢。由于编者水平有限，本书还有很多不足和遗憾，敬请读者谅解和指正。

编者

2023 年 8 月

图书在版编目(CIP)数据

一个叫"西位"的地方:西南位育中学三十载办学
实践/上海市西南位育中学编. —上海:学林出版社,
2023
ISBN 978 - 7 - 5486 - 1970 - 3

Ⅰ. ①一… Ⅱ. ①上… Ⅲ. ①中学-学校管理-研究
-上海 Ⅳ. ①G647

中国国家版本馆 CIP 数据核字(2023)第 201225 号

责任编辑 王 慧
装帧设计 谢定莹

一个叫"西位"的地方
——西南位育中学三十载办学实践
上海市西南位育中学 编

出 版	学林出版社	
	(201101 上海市闵行区号景路 159 弄 C 座)	
发 行	上海人民出版社发行中心	
	(201101 上海市闵行区号景路 159 弄 C 座)	
印 刷	商务印书馆上海印刷有限公司	
开 本	720×1000 1/16	
印 张	20.5	
字 数	28 万	
版 次	2023 年 11 月第 1 版	
印 次	2023 年 11 月第 1 次印刷	
ISBN	978 - 7 - 5486 - 1970 - 3/G·758	
定 价	128.00 元